Berthe Guin

Marion Leloup : J'ai vaincu la maniacodépression

autobiographie

819-774-0782

Editions
LOSANGES

*Bonne Lecture
Berthe*

*Données de catalogage avant publication
de bibliothèque et archives Canada*

BERTHE GUINDON

MARION LELOUP :
J'AI VAINCU LA MANIACODEPRESSION

autobiographie

EDITIONS LOSANGES

ISBN 978-2-9806799-4-0

1. Guindon, Berthe. 2. Maniacodépressifs - Québec (Province) -
Biographies. I. Titre.

RC516.G84 2007   616.89'50092   C2006-941544-7

Dépôt légal — Bibliothèque Nationale du Canada, 2007

Révision et adaptation : Maryse De Meyer, La Plume Magique
Courriel mdm@ste-agathe.net

Diffusion au Canada et aux États-Unis
SOGIDES
955, rue Amherst, Montréal (Québec) H2L 3K4
tel. 1-800-361-4806

Diffusions-Distribution en France
G-DIL 10 rue de la gare 78710 Rosny s/ Seine
Distribution COMPTOIR DU LIVRE
10, bis bd de l'Europe -BP 29
31122 Portet sur Garonne Cedex
Fax 05.61.72.32.59 E-mail : comptoirdulivre@wanadoo.fr

Ce livre a été publié sans aucune aide ni subvention.

Table des matières

Remerciements

Lorsque vient le temps de remercier, le tourbillon de mes émotions est si grand que je m'y noie. C'est donc munie d'une boussole, ancrée dans le cœur, que je dis merci à tous ceux et celles qui m'ont aidée de près et de loin, ne fût-ce qu'un instant ou durant des mois ou encore des années pour certains.

Je dis merci à Claire Couture pour les heures qu'elle a passées à lire le manuscrit qu'elle a vu prendre forme année après année et pour ses conseils précieux. Dès le premier jet d'encre en 1984, elle était là ! Merci pour tout. Pour leurs commentaires et recommandations, je dis merci à Huguette Gagnon, Sylvie Gorgeff, André Couture, Basil Gauthier et Robert Côté, mon compagnon actuel. Et pour la correction du premier (super-gros) manuscrit, merci à Stéphanie Poulin.

À Marie-Pia Joannette : Chère Marie-Pia, sans ta participation, je ne crois pas que je serais arrivée à raccourcir ce premier manuscrit de près de 50 % ! Je lance un grand merci vers le Ciel où tu vis maintenant, car je suis sûre que, de là-haut, tu m'entends. Merci !

Merci à François Simard pour sa lecture si attentive de la deuxième version du manuscrit et pour sa révision linguistique. Merci à toi, François, qui a su si bien me comprendre entre les lignes et m'aider à condenser certains chapitres. Merci à Monique Morin et Colette Beauchamp pour l'analyse du contenu final, leurs conseils et leur correction.

Aux lectrices et lecteurs du premier manuscrit, Danièle Gagnon, Lise Côté-Morin, Gaétane Niles, Marguerite Julien, Christian Perron, Diane Julien, Rachelle Pruneau, Diane Garand et Céline Paradis, sans vos encouragements, je ne crois pas que j'aurais trouvé le courage de réécrire le tout. Merci !

Je ne peux oublier ceux et celles qui m'ont soutenue dès le début de ce projet d'envergure et à travers les différentes étapes que j'ai dû traverser. Merci Jeannine Pinto, Carmen Simon, Diane Vachon, Stéphanie Gorgeff, Micheline De Ladurantaye, Francine Vigneault, Lilianne Poitras, Lynda Gougeon, Chantale Roy et tous ceux que j'oublie.

Comme ce livre est un fait vécu, j'ai créé le personnage de Catherine, qui représente ceux et celles qui ont croisé ma route. Je forme donc le souhait que vous vous sentiez remplies d'amour de l'Univers en vous reconnaissant à travers les anecdotes que nous avons vécues et les phrases que vous m'avez dites. Merci à toutes et à tous, chers amis et amies.

Un grand merci à Jean, Norman Gillespie, mon compagnon de 27 ans de vie commune, pour ta générosité et pour avoir accepté que je dévoile une partie de notre intimité, car je ne pouvais écrire ce livre sans parler de toi. Merci pour tes encouragements à poursuivre mon projet, lorsque nos vies ont pris des chemins différents Merci surtout à Daniel (Robert Côté), mon second compagnon, qui a su si bien comprendre le défi de ma vie et m'a aidée à le mener à terme.

À vous, intervenants et spécialistes de la santé, envers qui je ne suis ni douce ni tendre tout au long de ce récit authentique, je vous dis ceci : que vos interventions agréables ou pas, aient duré un instant ou se soient situées sur une base fréquente, qu'elles aient eu l'effet de me mettre en colère ou de me rassurer, il n'empêche que vous avez participé à mon cheminement. Merci à tous, sans exception.

Dédicaces

À mes deux filles et à mon fils qui se reconnaîtront sous les prénoms d'emprunt que j'ai utilisés pour les désigner : « Claudelle », « Mira » et « Niko » et tout spécialement à mes deux petits-fils : Richard et Rock, grâce à vous j'ai refusé de baisser les bras et de m'enterrer vivante dans une institution spécialisée, ce qui était ma plus grande tentation.

À vous deux, mes petits-fils, j'ajoute ceci : Votre amour inconditionnel (bien que nous ne nous voyions que rarement) m'a permis de tenir le coup dans mes moments les plus difficiles, car c'est en pensant à vous que j'arrivais à me raisonner face au désespoir qui m'envahissait. Alors aujourd'hui votre cousine Noémie, vos cousins Anthony, Sean et Yoan, votre petite sœur Laurie partagent la grand-maman que je suis. Je pense aussi à mes petits-enfants à venir.

Auprès de vous tous, chers enfants et petits-enfants, j'ai appris la Vie et grâce à vous, j'ai choisi de la vivre jusqu'au bout et je grandis encore. Que ce livre vous enveloppe de tout l'amour que j'ai mis dans chaque page, chaque ligne et chaque mot.

Merci de votre exceptionnelle et fidèle compréhension à mon égard !

Maman/Grand-maman

Avant-propos

Ce livre se veut le témoignage de douze années d'expériences, vécues en santé mentale, avec le diagnostic de maniaco-dépressive. Depuis plus de dix ans maintenant, je suis parvenue à me sortir de ces longues années de consommation de lithium et de somnifères (Halcion et Dalman). De ce fait, je crois que je peux offrir ce cheminement à tous mes « frères » et « sœurs » maniaco-dépressifs et aux membres de leurs familles, pour qui nous ne sommes pas toujours faciles à suivre.

Je tiens à souligner que je n'ai aucune formation qualifiée, permettant d'accorder un crédit « professionnel » aux moyens que j'ai choisis pour m'en sortir. Mes connaissances en la matière se résument à ma propre expérience. Ce qui compte, c'est qu'aujourd'hui, je peux dire avec conviction que j'y suis arrivée grâce à ma détermination de m'en sortir par mes propres ressources, au lieu de me fier uniquement aux professionnels pour résoudre mes problèmes.

Durant cette aventure de tous les instants qu'est la vie quotidienne, le plus difficile fut de comprendre ce qui m'arrivait. J'ai cherché en vain des livres susceptibles de m'aider. Tous ceux qui me sont tombés sous la main étaient écrits par des professionnels, leurs termes spécialisés ne permettaient pas que je m'y retrouve. Par contre, les exemples puisés dans leurs années d'expérience me donnaient envie de lire l'histoire de leurs patients. Je comblais ce besoin en écoutant tous ceux qui partageaient leur vécu dans des entrevues d'émissions télévisées.

Un soir, à l'émission « Ad Lib », un certain M. André Viger, qui était en chaise roulante, nous fit part de tout ce qu'il pouvait faire avec et sans elle. WOW ! Ce soir-là, je me suis dit : Si sa chaise roulante est devenue invisible pour lui et son entourage, je devrais réussir à apprivoiser ma « chaise roulante mentale ». Il devint mon idole et mon mentor.

Je fis alors un rêve, celui d'écrire mon histoire pour qu'elle puisse en aider d'autres comme moi. Qu'elle serve à n'assister qu'une seule personne et le jeu en vaudrait déjà la chandelle. À la 500ème page, devant le bien-être que je ressentais, je déduisis qu'une partie de mon but était atteint puisque je m'étais aidée moi-même en l'écrivant.

Après mûre réflexion, j'ai compris que partager son expérience est une source d'énergie vivante. Des entrevues avec des gens connus m'ont été d'un grand secours. Parmi eux, il y a eu M. Pierre Péladeau[1], Michel Jasmin[2] et Ginette Reno[3], pour ne nommer que ceux-là.

Lorsque j'ai eu la chance d'entendre M. Pierre Péladeau raconter son vécu à l'émission « L'heure juste », je me suis rassurée sur ma perspicacité. En plus, les membres de ma famille ont compris enfin ce que je vivais. Je n'avais pas vendu le piano de ma mère ni perdu 15 millions de dollars dans une transaction financière, mais… mes achats non essentiels de moins de cent dollars me nuisaient probablement plus que ne le firent les 15 millions de dollars pour M. Péladeau. Je réalisai mes démesures en entendant le témoignage d'un homme d'affaires : Monsieur Michel Jasmin, qui me fit comprendre que l'enfer des médicaments n'avait aucun rapport avec la folie. Madame Ginette Reno devint un symbole de détermination lors de chacune de ses entrevues. Que ces gens aient eu les mêmes difficultés que moi ou pas, ça n'avait pas d'importance. Leur réalité partagée dans un langage « ordinaire » m'a permis de me comprendre et de conserver l'espoir qui m'habitait.

Si vous me demandiez qui je suis, avant d'entreprendre la lecture de ce livre, je vous répondrais ceci :

De prime abord, j'étais rebelle à toute médication et ce, en raison des expériences que j'avais vécues auprès de mes parents et, également à cause de tout ce que nous entendons à droite et à gauche sur le sujet. Ces connaissances m'ont aidée, tout comme elles m'ont nui par moments, mais cela me prendra plusieurs années avant de le comprendre. Aujourd'hui, je crois que le refus total des médicaments est aussi nuisible que le fait de s'y fier uniquement.

À part mes fausses perceptions sur la médication, mes propres préjugés concernant la maladie mentale devinrent une difficulté à surmonter, et ce ne fut pas facile, croyez-moi. Ce n'est qu'à partir de cette victoire que j'arriverai à ne plus me laisser atteindre par les idées préconçues des autres, qui sont parfois cinglantes. Il n'est pas nécessaire de nous dire ou de nous accuser d'être « fêlés » pour nous blesser, juste le penser nous atteint déjà, car notre émotivité est toujours à fleur de peau. Et cela persiste, jusqu'à ce que nous arrivions à comprendre que nous n'avons aucun pouvoir sur les a priori des autres.

Aujourd'hui, je confesse humblement que c'est ma peur de devenir une grand-maman « capotée[1] », terme qui pour moi exprimait la sénilité,

---

[1] Célèbre patron de Québécor et maniaco-dépressif, maintenant décédé
[2] Animateur populaire de talk show
[3] Chanteuse québécoise bien connue

et que j'utilisais, à tort, en parlant de ma mère, du temps où je nourrissais des préjugés envers les personnes traitées en santé mentale. Cette crainte m'a motivée sans relâche tout au long de la rédaction de ce livre. Celui-ci prit forme en 1988, en partant de mon cahier de notes que j'utilisais, depuis 1982, pour arriver à comprendre ce qui m'arrivait.

Devant mes 500 pages, j'ai dû effectuer un recul pour comprendre le cheminement que j'étais en train de vivre. Mon premier geste concret a été de chercher mon totem et j'ai trouvé que c'était le loup. Comme pour le loup, la réputation de ceux et celles qui sont traités en santé mentale est entachée de fausses croyances. Ces mythes, nourris depuis des siècles par des légendes et des histoires fantasmagoriques, parlant de châteaux avec l'inévitable donjon de « l'héritier fou », nous influencent encore inconsciemment. C'est donc avec un flair de bête sauvage que je me suis débattue pour faire partie de la communauté, reconnue saine, dans une société souvent considérée comme malade.

Comme le loup, je gueulais contre tout ce que je vivais, faute de ne pas savoir comment agir autrement. J'avais soif de comprendre et faim d'être comprise. Aujourd'hui, je sais que le loup geint comme moi je me plains ou m'apitoie, qu'il grogne comme moi je bougonne, qu'il hurle comme moi je crie d'impatience ou de panique à tort ou à raison et qu'il rugit lorsque c'est nécessaire pour lui et sa meute.

Mon deuxième geste a été de trouver un nom fictif. J'ai choisi « Leloup » comme nom de famille et devant une tentation de dédoublement de personnalité, j'ai opté comme prénom « Mari » pour marier dans le sens de souder et « on » pour ne faire qu'un avec moi-même et la tentation qui m'assaillait. Ce qui me donnait comme prénom, Marion.

Marion Leloup a donc débuté la rédaction du livre en gardant les pieds sur terre. Je n'avais pas la sagesse d'un loup blanc, ni l'instinct d'un loup de meute mais je me rappelais constamment de ne pas me jeter dans sa gueule. Il fallait donc que je m'apprivoise. C'est ce que j'ai fait en écrivant. À mi-chemin j'ai constaté que j'étais en train d'écrire le livre que j'aurais tant aimé lire lorsque j'ai accepté de reconnaître mon vrai problème.

Voici donc l'histoire de Marion Leloup Durivage : « mon » histoire…

---

[1] Capoté : mot utilisé au Québec et qui a plusieurs sens dont celui de réagir fortement à un événement, cela peut signifier l'enthousiasme ou au contraire la panique. Ici l'auteure le vit à sa façon bien personnelle

Premier chapitre

Les signes avant-coureurs

Février 1982. Je revois le jour où, exténuée, j'ai emmené mes deux enfants souffrant de fièvre et de maux de gorge à la salle d'urgence de l'hôpital de Labrador City, situé à quelques rues de chez moi. J'entends encore le médecin insister pour m'examiner car, selon lui, je paraissais la plus malade des trois. Mais la Super-Woman demeura sourde et aveugle à cet appel. Alors, ce qui devait arriver arriva : au milieu du mois suivant, je me suis retrouvée alitée. Je dormais vingt heures par jour et voyais les murs devenir noirs au moindre effort physique. Je dépendais de la présence de mon mari Jean ou des enfants pour manger, ainsi que de l'assistance de ma fille Mira pour prendre ma douche.

Ensuite j'ai travaillé sans arrêt toute la journée, durant la soirée et souvent jusque tard dans la nuit. Je m'expliquais cet état d'excitation comme une suite normale des heures de sommeil accumulées. Bien que Jean me répétait de prendre le temps de respirer, je me suis retrouvée à nouveau à terre, avant de comprendre ce qui m'arrivait.

Une période négative a suivi durant laquelle je critiquais tout, ce qui n'était pas compatible avec mon caractère jovial. Les longues absences de Jean m'apparurent comme les responsables de mon manque d'enthousiasme. C'est fou la facilité qu'on éprouve à blâmer les autres pour ce qu'on vit. De son côté, Jean se sentait un peu responsable de mon état en se demandant si je me trouvais trop seule. Il traversait une période surchargée de travail en tant que professeur spécialisé en éducation physique. Les Jeux d'Hiver provinciaux avaient lieu à Labrador City et le comité organisateur de la ville lui avait demandé de participer à la coordination de tout ce qu'une ville hôtesse devait mettre sur pied pour un tel événement. Mais au fond de moi, je savais que ses absences n'avaient rien à voir avec ce que je vivais. Il avait toujours été un homme impliqué en dehors de son enseignement régulier, ce qui l'avait amené dans pratiquement toutes les écoles de la province de Terre-Neuve et du Labrador à donner des cours spécialisés dans son domaine. Alors son absence devenait une explication logique qui le rassurait. En ce qui me concernait, je vivais l'angoisse de ne plus savoir où j'en étais avec moi-même.

Deux semaines plus tard, remise sur pied, j'ai eu un regain d'énergie auquel je n'ai à nouveau pas fait attention. La veille de l'un de ses départs, il me dit : « C'est la première fois que je te vois aussi fatiguée. J'ai l'impression que tu te meurs d'ennui. Tu devrais rejoindre ton amie Prudence et sortir en fin de semaine ».

À l'époque, je ne comprenais pas encore ce que voulait dire se reposer.

Ce soir-là, je me suis couchée complètement épuisée. Dès mon réveil le lendemain, j'ai préparé les lunchs pour ma fille Mira et mon fils Niko qui devaient passer une audition dans le cadre du Festival des Jeunesses musicales du Canada. J'étais émue devant leur excitation et après leur départ, je me suis empressée de faire le ménage du vendredi, sans prendre le temps de m'asseoir pour manger. Vers la fin de l'après-midi, je me suis rendue au local de l'Association francophone du Labrador, pour inviter mon amie Prudence, la secrétaire, à une sortie en célibataires. Quand nous nous voyions, nous nous détendions grâce à nos blagues habituelles. Nous ne nous ennuyions jamais ensemble. Nous aimions philosopher et croire que nous pouvions changer le monde. Lorsqu'elle a eu quelques minutes à me consacrer, je lui ai raconté ma journée sans prendre le temps de respirer. « Moi aussi, je suis célibataire, me dit-elle. Je crois qu'il est temps que nous allions prendre un café ensemble. Attends-toi à ce que je te parle dans le blanc des yeux ». Je suis retournée chez moi, soucieuse. Il s'était passé quelque chose de bizarre en parlant avec elle. Je m'étais vue, à travers ses yeux, surexcitée, et j'ai tremblé de peur !

Ce soir-là, il y avait du sérieux à mettre sur table et Prudence prit les devants en m'avouant qu'elle était inquiète à mon sujet. C'est en tremblant et en bégayant que je lui ai répondu : « Moi aussi je me suis vue en état de surexcitation cet après-midi. Je ne dors pas beaucoup depuis plusieurs jours. C'est comme si ma tête n'arrêtait plus de penser. On dirait que je n'arrive plus à faire le vide ». Elle m'interrogea alors pour savoir si je dormais durant la journée, je lui répondis que non et que je me réveillais plus tôt que d'habitude le matin. Sidérée, elle m'invita alors à prendre un cognac. À l'époque, j'étais responsable du comité des spectacles de l'association francophone. Elle me dit qu'elle n'aurait pas besoin de mon aide pour le spectacle du mois. Elle ajouta en hésitant : « Tu sembles inquiète. Qu'est-ce qui te préoccupe autant ? »

Je lui confiai le fond de ma pensée : « Papa disait que ses dépressions commençaient par un manque de sommeil ». Prudence trancha : « Les dépressions, c'est différent pour chacun. C'est la perception que nous en avons qui fait la différence. N'oublie pas, pendant que tu te ronges les sangs, que toi seule es responsable de la sorte de déprime que tu veux avoir. Tu... ».

Je ne saurais me rappeler la suite. Mais je me souviens qu'elle me secouait le bras pour me réveiller, je m'étais assoupie sur la table du restaurant. Après m'avoir ramenée au moment présent, elle me dit : « Se pourrait-il que tu aies trouvé le somnifère qui te convient ? » Incrédule, je lui répondis : « Quoi ? La boisson pour remédier à des problèmes de sommeil ? » Elle a ajouté : « Toute une bouteille non, un verre au coucher pour une courte période, oui. Allez, habille-toi ; nous rentrons au bercail ».

Étendue dans mon lit, j'espérais pouvoir me rendormir. Ce fut en vain. J'ai dit à Prudence qui était restée près de moi : « Les enfants vont se demander ce qui se passe ». Elle m'a apaisée en me disant qu'elle s'occuperait de les rassurer. « Je ne partirai pas avant que tu dormes », me dit-elle. « Au point où nous en sommes, lui rétorquai-je, en riant à gorge déployée, aussi bien divorcer et nous marier ensemble ». Elle a répliqué : « On ne fera pas des enfants forts, faites comme nous sommes ».

Elle me réchauffa un verre de Cinzano pour m'assommer, ce qui me permit d'atteindre un certain calme, mais pas d'arrêter de parler. Je lui ai servi des coq-à-l'âne sur ma vie de femme qu'elle connaissait déjà par cœur. Me rendant compte de mon excitation incontrôlable, j'ai fait semblant de dormir pour qu'elle puisse retourner en paix chez elle.

Le lendemain à mon réveil, j'ai dit aux enfants que je consacrais ma fin de semaine à la lecture. Ce qui a contrarié Mira : « Si tu t'étais reposée comme papa te le chante à tout bout de champ, tu serais avec nous au concours musical. Nous t'avions préparé une surprise, Niko et moi. Nous avons une audition en duo de flûte et tu ne seras même pas là pour l'entendre ». Je lui ai donc promis d'y être.

Après leur départ, je n'arrivais pas à lire. J'ai dû me rendre à l'évidence que je ne pouvais pas me concentrer. J'ai prié en pensant aux dépressions de mon père et de ma mère. Curieusement, j'avais mal partout, ce qui m'a rappelé le mal imaginaire de ma mère. C'était donc de cela qu'elle parlait ! Et nous qui riions de ce qu'elle racontait. Je me suis sentie coupable de tous mes préjugés à son égard. Pauvre maman, pardonne-moi ai-je pensé. J'ai ensuite revu tous ses problèmes de santé ainsi que ceux qu'elle m'avait racontés. Elle avait subi onze interventions chirurgicales, pratiquement toutes reliées à ses organes génitaux et à sa vessie, ainsi que traversé une douzaine ou plus de dépressions nerveuses à partir de sa ménopause.

Le lundi matin, après le départ des enfants pour l'école et avant l'heure du retour de Jean, j'ai pris la décision de me rendre à la salle d'urgence de l'hôpital pour demander de l'aide. Je marchais d'un pas lourd comme si je suivais un cortège funèbre.

Assise dans la salle d'attente, je n'arrêtais plus de cogiter. Je me suis souvenu des symptômes de mon père qui m'avait dit : « On ne peut plus dormir, on n'a plus le goût de faire quoi que ce soit, pas même de manger. Une grande fatigue nous enveloppe et nous écrase. Tout nous dérange anormalement. C'est comme la sensation d'être au fond d'un ravin ». À cet instant, j'ai senti un vertige m'assaillir. Je me suis vue au bord d'un précipice.

Ainsi, remplie de terreur, je me demandais que dire au médecin. Étrangement, je n'arrivais plus à supporter les cris d'un enfant malade qui était assis auprès de moi. Je lui ai offert une gomme à mâcher qu'il a refusé en criant encore plus fort. Voyant plusieurs paires d'yeux rivées sur moi, je suis allée faire les cent pas dans le corridor. Inquiète, je cherchais comment j'allais expliquer au médecin ce que je vivais, dans une salle d'urgence, où seul un rideau de tissu séparait les civières les unes des autres. Une angoisse m'étreignit. Ma petite voix intérieure me disait : « Il ne faut pas que tu paniques ! » Elle répétait son message comme une litanie sans fin. Tout à coup, je me suis souvenue de la femme d'un professeur qui travaillait à l'hôpital, et comme je la connaissais, je suis allée lui parler de mon malaise. Par son entremise, j'ai été reçue dans la salle pour les opérations mineures, pièce adjacente à la salle d'urgence.

Assise sur le petit banc du bloc opératoire, j'attendais la venue du médecin, un médecin que je verrais pour la première fois et peut-être la dernière, ce qui était fréquent dans notre ville nordique.

En fait, un médecin de famille qui restait deux ans consécutifs, cela tenait presque du miracle dans cette région éloignée, même porter un enfant, en étant suivie par le même médecin tout le long de la grossesse, faisait partie de ce prodige.

Lorsque le docteur s'est présenté, j'étais prête à tout faire pour ne pas sombrer dans la folie. J'ai cru qu'en lui racontant l'historique de ma santé, je l'aiderais à trouver ce qui n'allait pas chez moi. Me suis-je nui en agissant de la sorte, je ne saurais le dire ? Mais à sa question : « Qu'est-ce qui ne va pas Mme Durivage ? », je me suis emballée.

– Plus rien ne va, Docteur. Mais avant de vous expliquer, je vous demanderais d'oublier votre savoir de médecin et d'ouvrir votre cœur d'homme. Je ne dors plus depuis près de 10 jours. Je me relève à peine d'une grippe de trois semaines où j'ai dormi vingt heures par jour. J'ai eu ensuite un regain d'énergie difficile à contrôler. Je... je connais mon corps ; mais il me donne du fil à retordre depuis...

Je me suis mise à lui raconter l'ensemble de mes difficultés de santé (toutes identiques à celles de maman), qui n'avaient pas de rapport avec ce que je vivais, en espérant qu'il trouve une cause physique à mon état. Je n'arrêtais plus de parler, j'étais motivée par ma phobie de maladie héréditaire en pensant à mes parents qui se débattaient à tour de rôle avec des dépressions à répétition depuis dix-sept ans. J'étais paniquée, je me sentais désemparée au point d'en devenir déboussolée. Au bout d'une demi-heure, peut-être plus, j'ai fini par conclure dans un sanglot que j'ai étouffé : « Je ne sais pas si ce que je vous raconte a un quelconque rapport avec ce que je vis aujourd'hui ». Puis, la voix agressive, j'ai ajouté : « Moi, je suis venue ici avant de tomber dans le fond du ravin. » Ensuite, passant à un ton accusateur, j'ai continué : « Si vous ne comprenez pas ce qui se passe, c'est vous qui allez me pousser en bas de ce précipice. Moi, je suis venue vous consulter avant qu'il ne soit trop tard. Maintenant, faites travailler vos méninges de médecin et dites-moi ce que vous en concluez. Mais avant de vous laisser la parole, je tiens à vous prévenir que si vous me dites que je suis en dépression nerveuse, je vous flanque un coup-de-poing entre les deux yeux. Suis-je assez claire ? »

J'ai même esquissé un geste de menace, ce qui l'a fait sourire et moi trembler.

Après une longue pause, il s'est risqué à me dire tout doucement : « Et si je vous disais que vous vous débattez contre une dépression nerveuse ? » C'était à mon tour de sourire. Il m'a prescrit une rencontre immédiate avec l'unique travailleuse sociale francophone de la région, en disant qu'il fallait que je continue à parler de ce que je vivais.

En sortant du bloc opératoire, je l'ai suivi pas à pas. Il s'est dirigé difficilement vers l'appareil téléphonique, tellement il y avait du monde dans la salle d'urgence. Lorsqu'il a raccroché le récepteur, une femme lui a exprimé quelques critiques à cause du service trop lent. Bien que ce ne soit pas dans mes habitudes d'intervenir lorsqu'on ne s'adresse pas à moi, je lui ai coupé effrontément la parole en disant : « Je suis la coupable de cette attente prolongée, Madame ». Le médecin m'a fait un sourire en coin, avant de confirmer mon rendez-vous avec la travailleuse sociale pour 13 heures. Je lui ai serré la main en le remerciant de sa patience et de sa compréhension. Je suis partie après avoir souhaité bonne journée à tout le personnel.

En empruntant le trajet qui me menait vers la porte de sortie, l'enfant de la salle d'attente qui était maintenant assis sur une civière demanda à sa mère, à voix haute, de quoi j'étais coupable. Bien que ce fût avec un certain malaise, tout le monde s'est mis à rire. J'ai alors vu des têtes se détourner pour me regarder par-dessous ou éviter mon regard. Je subissais les premiers préjugés à l'endroit des personnes qui sont soignées en santé mentale : rires retenus, silences feints, regards obliques et bien d'autres encore.

Une décision à prendre

Je connaissais la travailleuse sociale, France Laroche, en dehors de son contexte de travail, à cause de nos différents engagements personnels au sein de la communauté francophone. Libérée des convenances, je me suis enfoncée dans l'un des fauteuils de son bureau et j'ai posé mes pieds sur la table. « J'ai l'impression d'avoir cent livres de moins sur les épaules, lui ai-je confié essoufflée. Ton fauteuil est-il magique ? » Elle me répondit : « Tu parais être consciente de ce que tu dégages à première vue. Peux-tu me parler du contenu de ce poids dont tu fais mention ? »

Je me suis mise à lui raconter mes inquiétudes de santé en me référant un peu trop aux difficultés de ma mère. C'était devenu comme une idée fixe. À sa demande, j'ai effleuré mes souvenirs d'enfance avec mes quatre frères aînés. Je lui ai dit qu'à mon dixième anniversaire, la venue d'un petit frère, m'avait fait perdre ma place de benjamine, tout en restant surprise de mes propos. J'ai fini mon histoire familiale à l'âge de treize ans, me plaignant de la naissance de ma petite sœur qui était, à mes yeux, venue sabrer dans mon besoin naissant de liberté. Toujours le souffle court, je lui ai parlé de mes deux enfants, spécialement de Mira qui traversait une période difficile avec ses fugues par la fenêtre, ainsi que ses fréquentations avec son ami un peu trop âgé pour elle. J'ai enchaîné avec les difficultés d'apprentissage de Niko, soulignant la communication difficile avec son professeur. Enfin j'ai terminé en abordant mon inquiétude face à Jean et à sa consommation d'alcool.

Elle s'est montrée très honnête avec moi, en me disant : « Tu sais, Marion, je n'ai pas les qualifications requises pour t'aider dans ce que tu vis actuellement. Je peux seulement te tendre la main du cœur et agir de mon mieux. Accepterais-tu d'être hospitalisée ? Tu as un besoin urgent de dormir. Si tu n'arrives pas à le faire, c'est à Sept-Îles que nous serons obligés de te transférer. Ici... »

En entendant Sept-Îles ma pensée a basculé. Pour me rendre à cet hôpital, dont elle me parlait, j'avais 12 heures de trajet pour aller et 14 heures pour revenir, avec le service ferroviaire offert deux fois par semaine. La seule autre façon dont je pouvais m'y rendre, à l'époque, était l'avion dont les coûts étaient exorbitants. Alors ma réticence à me faire hospitaliser à Labrador City s'est atténuée en une fraction de seconde. J'ai tendu l'oreille à ce qu'elle m'expliquait : «... l'hôpital n'est pas équipé adéquatement pour ton cas. Mais, te connaissant comme je te connais, je crois qu'ensemble nous pourrons parvenir à redresser ton gouvernail. Il va falloir que tu m'aides ».

N'arrivant pas à comprendre pourquoi je devais être hospitalisée, je lui ai demandé de prendre le temps de me l'expliquer : « Je crois que ce qui t'arrive, c'est l'ennui. Tes enfants ont moins besoin de toi et ton mari est débordé par son travail et ses propres problèmes. Toi, tu es dans un tournant important de ta vie de femme. Excuse-moi, mais tu devrais te trouver un travail à l'extérieur au lieu de ne t'occuper que de la maison et de faire du bénévolat. »

– Je me sens bien à la maison.

– Ne viens pas me dire que c'est valorisant de faire du ménage ! Tu as besoin de…

– Je ne vois pas ce qu'il y a de dégradant là-dedans.

– Heu ! …ce n'est pas ce que j'ai voulu dire, Marion. Ce que j'essaie de te faire comprendre, c'est qu'il faudrait que tu trouves ce que tu aimes vraiment faire dans la vie. D'après ce que tu m'as raconté, tu as passé ta jeunesse à prendre soin de ta mère, de tes frères et de ta sœur pour ensuite entrer dans ton rôle de femme mariée et de maman. Aujourd'hui, tes enfants veulent sortir du nid, ce qui n'est pas encore évident pour toi.

– Je ne suis pas certaine d'arriver à suivre ce que tu me dis.

– Tu dois apprendre à prendre soin de toi pour la première fois de ta vie. Tu dois te prendre en main et c'est urgent

– Je te donne le bénéfice du doute ; je vais y réfléchir.

– Qu'aimes-tu faire, Marion ? Qu'as-tu toujours souhaité faire au fond de toi ?

– J'aimerais écrire, et ce depuis l'enfance. Un jour, je vais rédiger un livre sur la vie de ma mère et…

– Marion, sois réaliste. Je te parle d'un travail rémunérateur.

– Qu'est-ce qu'il y a de mal à faire du bénévolat ?

– Je ne condamne pas ce que tu fais. Marion, nous recherchons ce qui te manque dans ta vie présente. Quel travail aimes-tu ?

– J'adore le métier de serveuse, mais dans une salle à dîner, pas dans un restaurant où tu dois lancer les assiettes parce que les clients sont pressés.

– Alors, donne ton nom dans une salle à manger.

– Ici, dans le Nord, c'est un travail de soir seulement. C'est l'heure où mes enfants ont besoin de ma présence. Et si je reviens à ce que j'aimerais vraiment faire, ce serait d'écrire. C'est un désir qui remonte à mon premier rêve d'enfant.

– As-tu déjà écrit ? As-tu l'instruction requise pour le faire ? Crois-tu qu'on décide d'écrire subito presto, sans avoir la formation requise ?

– Tout ce que je sais, c'est que j'en rêve depuis toujours.

– Pourquoi n'as-tu pas écrit avant aujourd'hui ?

– Petite, je ne pensais pas avoir le droit de dire quelque chose ; ensuite j'avais beaucoup trop de responsabilités. Aujourd'hui, j'ai plus de temps à moi. Je…

Ma pensée s'est évanouie dans le silence.

Puis, j'ai poursuivi de façon incohérente. « Je me sens tellement fatiguée pour le moment. Je resterais affalée dans ce fauteuil pendant trois jours consécutifs. » J'entends encore ses paroles résonner à mes oreilles : « Tu es complètement claquée, ma fille. J'avais de la peine à te reconnaître lorsque tu es arrivée. Si j'avais un miroir, je… »

Dès ce moment-là, j'écoutai distraitement, car le tout ressemblait aux discours de ma mère, desquels je m'étais habituée à reprendre le fil au bon moment. Puis elle a terminé en disant : « Es-tu toujours d'accord pour l'hospitalisation ? Dans ce cas, j'appelle immédiatement l'urgence pour faire suivre la demande du Docteur Marten que tu as rencontré ce matin ».

Elle est sortie de son bureau pour organiser le tout. Seule dans le silence, je me suis aperçue que tout mon corps me faisait mal. Même la pointe de mes cheveux était sensible. Mes pensées sont encore allées vers ma mère. Lorsque la travailleuse sociale est revenue, je lui ai dit : « Un jour, j'écrirai un livre sur la vie de ma mère et ce, d'ici cinq ans. Rassure-toi, j'ai les deux pieds sur terre. » Elle a feint de ne pas m'avoir entendue puis me demanda : « Peux-tu te préparer afin d'être hospitalisée à 15 heures ? N'oublie pas de t'apporter de la distraction. Je te le répète, ils ne sont pas équipés pour ton cas. Apporte de la lecture, des mots croisés, du tricot, bref ce que tu aimes faire lorsque tu te reposes ». C'est en soutenant son regard et retenant ma déception que je lui ai dit : « Du papier et des crayons peut-être ? » Elle m'a répondu : « Comme tu veux, sur un ton d'impuissance, et elle a ajouté, nous en reparlerons lorsque tu seras plus reposée ».

J'ai quitté son bureau plus déboussolée qu'à mon entrée.

Arrivée dehors, j'ai emprunté le chemin de la colline pour m'y ressourcer. Passionnée de nature, j'ai pris le temps de m'asseoir sur la roche prédominante pour regarder le panorama. Je savourais le silence qui y régnait, les yeux plongés dans le bleu profond authentique du Labrador. Je suis parvenue à retrouver un certain calme, bien que ce ne fût qu'après avoir grillé trois cigarettes d'affilée. Ainsi, le calme revenu, seul le refrain du train électronique de la mine (qui fredonnait 24 heures par jour) atteignait mon oreille. Je bénissais sa cadence en la comparant au pouls de la population. Car, ce convoi sert aux transports du minerai brut extrait de la terre pour le mener aux différentes étapes de transformation et le convertir en boulettes de fer pur, celles-ci sont acheminées à Sept-Îles par chemin de fer, pour ensuite être expédiées à travers le monde par bateau. Il devait donc siffler continuellement par mesure de sécurité pour les hommes qui travaillaient dans son environnement. Comme le minerai de fer est l'unique raison de la présence des gens sur ces terres sauvages et éloignées, j'avais toujours comparé le chant de ce petit train aux battements du cœur de la terre qui était extraite. Ma pause terminée, je me levai en lui tirant ma révérence, puis j'ai intégré son rythme à mes pas jusqu'à la maison.

Cet endroit deviendra pour les années à venir un lieu de culte, un rituel apaisant qui m'aidera à passer au travers de mes nombreux orages intérieurs.

Hospitalisation 1982

Ce jour-là, j'ai appris que se présenter à l'hôpital avec un diagnostic de dépression nerveuse était bien différent que d'y être admise pour une maladie physique. L'employée à la réception m'a obligée à m'asseoir près d'elle, ce qui n'était pas demandé aux autres personnes qui attendaient leur admission, et elle s'est occupée de mon cas en me faisant passer devant tous ceux et celles qui étaient arrivés avant moi. L'infirmière qui devait m'accompagner à ma chambre est arrivée en courant et les deux femmes se sont retirées pour parler secrètement de mon cas. Ensuite, sans me regarder ni me dire bonjour, l'infirmière a soulevé ma valise en me disant de la suivre. Le poids de cette dernière l'a obligée à ralentir, ce qui a déclenché chez elle un fou rire qu'elle a tenté de camoufler. J'en ai ravalé ma salive.

Dans l'ascenseur, toujours aux prises avec son fou rire que je ne partageais pas, elle évitait de me regarder. Elle communiqua son attitude à une compagne de travail qui était avec nous. C'était pénible à vivre, mais j'ai passé outre, même si la moutarde me montait au nez. Arrivée à l'étage où je devais m'installer, je me suis rendu compte que tout le monde courait ; c'était le changement d'équipe.

Dans ma chambre, l'ouverture de mon dossier m'a fait vivre une expérience hors du commun car l'attitude de cette infirmière était bien difficile à comprendre. Elle courait de gauche à droite en quête de son équipement, ce qui la fit quitter ma chambre à trois reprises. Pendant ce temps, j'en ai profité pour ranger mes effets personnels. À sa troisième sortie, je l'ai interpellée en lui demandant un cendrier. Je n'ai eu aucune réponse. J'en ai déduit que je devais déranger sa routine. Mais peu m'importait son problème, je sentais monter en moi une vague d'impatience et j'ai donc allumé une cigarette.

Lorsqu'elle revint avec le chariot miniature qui contenait le tensiomètre, elle n'avait pas de cendrier. Plongeant mes yeux dans les siens, je lui ai montré ma cigarette. Ignorant ma demande, elle a poursuivi son travail en plaçant un brassard autour de mon bras. Je ne pouvais pas croire que mon anglais était si mauvais ni qu'elle n'était aveugle. Retenant difficilement ma colère je lui demandai à nouveau un cendrier. Peine perdue. Elle a pris mon bras pour placer son stéthoscope sous le velcro. J'ai refusé d'un geste de la main en lui montrant la cendre blanche qui menaçait de tomber sur mes draps. Alors, elle a enfin été chercher l'objet convoité.

À son retour, j'avais la cendre dans le creux de la main. J'ai alors éteint ma cigarette avant de lui présenter mon bras. Puis, il y eut un silence que ni elle ni moi ne voulions briser. Lors de l'interrogatoire de routine, elle était plus calme et moi aussi. En entendant sa question : « Quand êtes-vous allée à la selle pour la dernière fois ? », j'ai eu envie de lui rétorquer : « Qu'en pensez-vous ? » Lorsqu'elle a demandé la liste de mes effets personnels, je n'ai pas daigné lui répondre. J'ai choisi plutôt de l'interroger.

– Depuis quand faites-vous l'inventaire de nos effets personnels ?

– Pourquoi est-ce si important pour vous, Mme Durivage ?

– Est-ce à cause de mon diagnostic ?

– Moi, je dois faire le travail qu'on me demande.

– Regardez vous-même et faites-en le compte. De toute façon, je pourrais vous dire que j'ai une radio sans en avoir.

Lorsqu'elle a ouvert mes tiroirs remplis de livres, papiers, crayons, encres de couleur, cassettes de musique et enregistreur, elle est restée muette quelques instants puis elle a crié en s'étouffant presque : « Quel fouillis ! Ça n'a pas de sens, c'est plein de… »

Je l'ai interrompue : « Mme Laroche m'a conseillé d'apporter de quoi me distraire, car vous n'en fournissez pas »

Elle m'a demandé où étaient mon savon, ma brosse à dents, mon parfum, etc. Je suis restée bouche bée. J'avais effectivement oublié mes accessoires de toilette. Je me suis sortie de cette impasse en disant que j'avais chargé ma fille d'aller m'acheter une trousse neuve. Furieuse, elle est sortie de la chambre, en abandonnant son questionnaire sur place.

Je me suis retrouvée seule, face à moi-même, mes mains tremblaient au point de ne pas être capable de tenir ma cigarette que j'avais rallumée. Je l'ai écrasée brusquement en décidant d'aller faire une promenade. En changeant de couloir, j'ai rencontré une amie anglophone, Maggie, que je n'avais pas revue depuis plusieurs années. C'est avec une hésitation réciproque que nous nous sommes jetées dans les bras l'une de l'autre, mais aussi dans une explosion de joie. Tout à coup, j'ai entendu une voix m'interpeller. Elle venait de l'autre extrémité du corridor.

C'était la travailleuse sociale qui me faisait signe d'aller vers elle, ce que j'ai fait. Elle m'a dit tout bas à l'oreille : « Fais attention, Marion, lorsque tu ris. Tu as l'air hystérique. Essaie de rire moins fort. C'est pour ton bien. »

Outche ! Je n'avais même pas le droit de rire. C'était la cerise sur le gâteau.

J'ai couru me réfugier dans la chapelle qui était devant moi. Assise sur le premier banc, j'ai demandé au Seigneur de s'occuper de moi, avant que je ne lui expédie un de ses « zouaves » prématurément. Je me suis souvenue alors des batailles de maman au département de santé mentale de l'Annonciation. Son attitude défensive lui avait causé du tort. Après mûre réflexion, j'ai opté pour la méthode du mouton docile. En sortant de la chapelle, j'étais redevenue calme. Je suis retournée dans ma chambre. Assise devant mon plateau, je ne parvenais pas à avaler une seule bouchée. J'ai donc fait une petite sieste, qui a été interrompue par l'arrivée du médecin. Celui-ci ne fit aucune remarque sur la nourriture que je n'avais pas touchée. Il en mangea même une partie. Je n'en croyais pas mes yeux ! Notre conversation a été très courte. Il m'a laissée décider de prendre ou non des somnifères. En fait, c'est tout ce qui comptait pour moi. Après son départ, j'avais besoin d'air, je suis allée faire le tour de l'étage.

De retour dans ma chambre, j'ai vu sur mon lit une boîte enveloppée d'un ruban rose. C'était les chocolats que je préférais. En lisant la note de Jean, qui s'excusait de ne pas pouvoir venir avant la fin des heures de visite, j'ai ravalé ma déception. Au même moment, j'ai aperçu l'infirmière du quart de soir qui faisait sa tournée. Je lui ai demandé ce que je devais faire avec la liste non complétée qui avait été abandonnée sur ma table de chevet : « Oubliez-la, me dit-elle en la ramassant et bon séjour de repos ».

Bien qu'un peu désemparée par tout ce que je vivais, j'ai enfilé ma robe de chambre et vérifié mon maquillage en accrochant un faux sourire sur mon visage. Puis, bien étendue sur mon lit, je me suis assoupie. (J'apprendrai beaucoup plus tard dans ma vie que cacher ses vraies émotions, c'est mentir.)

Lorsque j'ai ouvert les yeux, Jean était devant moi avec un gros plateau de fruits frais dans les mains. Bien que la lumière était tamisée, j'ai vu qu'il était triste. J'ai ignoré son état en me plongeant dans la lecture de la carte de souhaits des enfants. Le tremblement de mes mains cachait mal mon état émotif. Jean a gardé le silence. Je me souviens de n'être pas parvenue à parler avec lui.

Après son départ, j'ai vu qu'il y avait une note de mon amie Prudence sous mon cendrier. J'étais déçue qu'elle ne m'ait pas réveillée. C'est donc en pleurant doucement que je me suis réfugiée sous les draps. Vers deux heures, j'ai eu recours à une pilule pour dormir. L'infirmière du quart de nuit m'a conseillé d'en prendre trois soirs consécutifs avant d'essayer de dormir par mes propres moyens. Allez savoir pourquoi, j'ai acquiescé à sa suggestion souplement. Puis le sommeil s'est rétabli en quelques jours.

Pendant mon hospitalisation, j'ai peu vu le médecin traitant et j'ai assisté docilement à mes sessions avec la travailleuse sociale. Durant ce temps, j'ai lu, j'ai écouté de la musique, j'ai dessiné et composé mon premier poème intitulé « Deux cœurs de maman pour t'aimer ». Il était dédié à ma fille Claudelle, que j'avais donnée en adoption quand j'avais 19 ans. Ensuite, j'ai fait ma première tentative pour écrire une pièce de théâtre.

La travailleuse sociale était de plus en plus inquiète à mon sujet. Elle parlait toujours de me remettre les pieds sur terre. Lasse de son idée fixe, je lui ai offert de lire mes écrits. Ce qu'elle a refusé en disant : « Plusieurs psychologues utilisent cette méthode, moi, je n'y crois pas ». Cette fois-là, j'ai quitté son bureau avec de la tristesse au fond du cœur. Je vivais de l'insécurité. Étais-je atteinte de nombrilisme ou d'égocentrisme ? J'ai alors réalisé que j'étais tout simplement écœurée d'être cataloguée comme hystérique devant le moindre enthousiasme de ma part. Chaque fois que je lui parlais de ce que j'aimerais faire de ma vie, comme elle me l'avait demandé, elle me clouait le bec en disant : « Repose-toi ». Pourtant, c'est bien elle qui m'avait posé cette question. N'arrivant plus à supporter l'incertitude, j'ai décidé de faire face à la réalité. Étais-je trop excitée ou pas ? Je voulais la vérité, mais avec une preuve. Mes écrits pouvaient sûrement répondre à la question. Je profitai de tout le temps que j'avais pour m'avancer un peu plus dans mes textes. Rassurée par ma stratégie, j'ai décidé de lui apporter, au prochain rendez-vous, la structure de ma pièce de théâtre, ainsi que mes dialogues déjà rédigés.

Au moment de me rendre à son bureau, je tournai en rond, les yeux rivés sur mes papiers. Devais-je ou ne devais-je pas ? Si elle ne lisait pas le tout devant moi, ça donnerait quoi ? J'ai décidé de lui faire confiance. Lorsque je lui ai présenté mon texte, elle m'a simplement dit de le déposer sur l'étagère derrière moi, avec un malaise qu'elle n'a pas su dissimuler. Après un certain moment de silence, elle m'a demandé d'aller l'attendre dans le corridor, prétextant un appel téléphonique urgent. J'en déduisis qu'elle appelait quelqu'un pour se faire conseiller sur mon cas, car ce n'était pas la première fois qu'elle agissait ainsi. À son retour, elle remit notre rendez-vous en disant qu'elle voulait prendre connaissance de mes écrits.

Deux jours plus tard, l'atmosphère de son bureau était imprégnée de sa nervosité. J'ai vu mon cartable au centre de la table. Elle m'a regardée droit dans les yeux et m'a dit solennellement : « Marion, il est plus que temps que tu retombes sur tes pieds. Sinon, je vais être obligée de demander ton transfert à Sept-Îles. Tu es ici depuis six jours et tu n'as pas fait d'autres progrès que d'arriver à dormir. Pense à toi. Cesse de penser à ta mère. C'est urgent que tu le fasses. Que dois-je faire pour te réveiller ? Je te donne deux jours pour te prendre en main ». Paralysée par son discours, je n'ai dit mot et j'ai quitté lentement son bureau. Qu'attendait-elle de moi ? Mes écrits ne parlaient pas de ma mère.

De retour dans ma chambre, je me suis accrochée à deux phrases qu'elle m'avait dites, lors de notre première rencontre ; « Tu sais, Marion, je n'ai pas les qualifications requises pour t'aider dans tout ce que tu vis présentement. Je peux seulement te tendre la main du cœur et agir de mon mieux ». Peinée, j'ai rangé mon cahier en me disant que rien ne m'empêchait de terminer ma pièce de théâtre à la maison. Le jour même, Prudence m'apporta, à ma demande, des livres sur l'Acadie. Je voulais trouver des expressions acadiennes pour un des personnages que j'avais créés. À ma grande surprise, la lecture me nourrissait autant que ma plume. Je ne saurais dire si c'était le fait d'avoir cessé d'écrire qui avait rassuré la travailleuse sociale, mais je n'ai pas eu d'autre rencontre avec elle. Au dixième jour de mon hospitalisation, j'ai reçu mon congé. Mis à part le conseil du médecin de poursuivre mon repos pendant les trois semaines suivantes, j'ai quitté l'endroit avec une ordonnance de somnifères que je devais prendre au besoin, ainsi que la suggestion de rencontrer la travailleuse sociale mensuellement durant un an.

De retour à la maison, j'ai été accueillie comme une reine. Le souper a été consacré au partage de tout ce que nous avions vécu pendant notre séparation. À la fin du repas, Jean nous annonça sur un ton solennel que nous serions tous en vacances pour l'été, ce qui nous a pris au dépourvu, car depuis dix ans nous passions nos étés à travailler à la pourvoirie[1] du Lac Justone avec lui. Mon travail comprenait la cuisson des repas, la responsabilité des menus, des achats et du service des repas, incluant aussi le bien-être du personnel et de la clientèle, sans oublier mon rôle de maman, d'épouse ainsi que d'instructrice auprès de Mira et Niko qui participaient aux tâches convenant à leur âge. Confuse devant sa déclaration de vacances pour tous, il nous apprit aussi qu'il avait transféré tous ses clients du Lac Justone au Club Caniapiscau, chez son ami pourvoyeur. Je ne saurais dire si j'étais soulagée ou pas, mais il y eut un long silence avant que je ne parvienne à m'unir aux cris de joie des enfants.

Le lendemain, mon inquiétude concernant mon désir d'écrire m'oppressait toujours. Devais-je suivre cet appel ou pas ? J'en tremblais encore de tous mes membres. J'ai alors pensé à ma cousine Claire-Aimée

---

[1] Établissement pour les expéditions de chasse et de pêche, offrant le logement

qui travaillait à l'Office national du film. Je l'ai appelée pour lui raconter l'expérience que je venais de vivre. Elle m'a éclairée : « Il n'y a rien de plus sain que d'écrire, Marion. Il faut d'abord exprimer le tout et en faire un tri, avant de cibler un sujet. Profite de cette période de repos pour coucher sur papier tout ce qui se passe en toi ces temps-ci. N'aie pas peur d'aller au bout de tout ce que tu penses. Apporte-moi ce que tu auras fait lorsque tu viendras à Sherbrooke cet été ». Entendant mes sanglots que je ne pouvais pas retenir, elle a ajouté : « Rassure-toi, Marion, il n'y a rien d'anormal à se découvrir le goût d'écrire. Il faut suivre son intuition sans se laisser décourager par qui que ce soit. Il n'y a pas d'âge normal ou anormal pour s'y mettre ».

Redevenue calme je suis arrivée à lui dire : « Je vais choisir de suivre ton conseil au lieu de me laisser dévorer par les connaissances de ceux qui prétendent savoir ce que je vis. À les entendre, nous serions tous dans le même panier, sans individualité » Claire-Aimée d'ajouter : « Dans tout ce que tu me racontes, j'entrevois un manque de perspicacité de la part de ceux qui t'ont soignée. Concernant ton niveau d'instruction, ne te casse plus la tête avec ça. Dis-toi qu'il est plus facile de trouver une correctrice qu'une écrivaine ».

À partir de ce jour, mon crayon devint un compagnon avec un petit livre noir. Ils font désormais partie des accessoires de mon sac à main.

Une visite à l'Annonciation

Notre séjour au Québec fut rempli de bons moments. Chacun revenait des vacances avec des souvenirs personnels. Pour Mira, c'étaient une baignade nue dans une piscine et le fait d'être tombée dans les pommes sur la plage. Pour Jean, c'étaient ses journées de golf et ses dix jours de pêche avec son père et son frère. Niko, lui, n'avait eu que du bon temps, mis à part son impatience de grandir pour pouvoir suivre les adultes. Quant à moi, Claire-Aimée m'avait encouragée fortement à développer mon potentiel d'écrivaine. Une seule ombre au tableau : une visite à ma mère, à l'hôpital de l'Annonciation.

Celle-ci pleurait lorsque je suis arrivée à son chevet. « Je dérange les autres, quand je vais aux toilettes la nuit, me confia-t-elle. Elles m'obligent à demander l'assistance d'une garde-malade. Quand je leur dis que je dois y aller, on ne me croit pas. Elles disent que c'est impossible d'uriner aussi souvent. Comme je ne veux pas mouiller mon lit, hé bien, j'urine dans ma poubelle. Je la lave moi-même à mon réveil et j'ai du savon « Lysol » pour la désinfecter. Elle a eu un spasme qui lui a coupé le souffle avant de pouvoir poursuivre : « Avant-hier, elles m'ont surprise en train de la nettoyer. Depuis, elles vérifient si j'urine dedans. Hier soir, elles m'ont accusée de faire exprès de boire beaucoup, afin d'attirer leur attention. Tu me connais, Marion, je ne veux pas déranger les autres. Si je bois autant, c'est parce que j'ai soif. » Ses pleurs me transperçaient le cœur. Je ne savais plus comment la consoler. Dans un geste de compassion, je lui ai offert de rencontrer une infirmière, pour lui parler des malaises qu'elle vivait, mais elle a refusé.

Avant mon départ de l'établissement, je me suis rendue à son insu au bureau de l'infirmière-chef pour lui parler des nombreuses opérations qu'elle avait subies à la vessie. J'ai profité de l'occasion pour lui demander si les médicaments pouvaient lui donner l'envie de boire. Celle-ci n'a pas répondu à mes questions. En silence, avec un air très hautain, elle s'est contentée de transcrire mes questions au dossier.

Dépassée par les événements, je suis allée voir mon père. Maman ne pouvait quand même pas commander à sa vessie d'uriner comme bon lui semblait pour ne pas déranger les autres ! Avant que je ne puisse dire un seul mot au sujet de ce qui se passait pour elle, papa m'apprit qu'il venait de recevoir un appel du psychiatre et qu'ils avaient décidé ensemble de la placer dans un foyer privé, en disant que son attitude rebelle envers les employés les y obligeait.

Le voyant rassuré sur les soins qu'on offrait à sa femme, je me suis tue. Mais je me suis mordu la langue à trois reprises pour y parvenir, car j'étais convaincue qu'elle ne pouvait pas avoir tous les torts. J'ai fini par me consoler en souhaitant qu'un foyer privé soit plus chaleureux et compréhensif durant ses périodes de détresse qu'un établissement psychiatrique froid et surchargé de patients.

Au moment d'aller me coucher ce soir-là, la situation de maman me préoccupait et je ne suis pas arrivée à dormir. Je me tourmentais en faisant des parallèles entre sa santé et la mienne. J'avais déjà à mon actif six opérations similaires aux siennes et je venais d'avoir ma première dépression, au dire des spécialistes qui m'avaient soignée. Le sommeil fut long à venir.

Cinq ans plus tard, à partir de ma propre expérience, j'apprendrai qu'elle disait vrai sur ces envies accrues de boire. L'imagination, la mauvaise volonté ou la rébellion n'avaient rien à y voir, pas même ses opérations multiples. Ce sont les médicaments que nous prenons qui les occasionnent. Mais avant de trouver ces réponses, j'avais plusieurs ponts à traverser.

L'automne avec ses odeurs de recueillement !

À partir du mois de septembre, au retour de mes vacances d'été, je me suis consacrée à l'écriture. Peut-être un peu trop ! Car les tâches ménagères étaient devenues secondaires. Il m'arrivait d'oublier le lavage, le repassage et parfois même de faire les repas ! Passons pour ce qui en est de la poussière qui, elle, poussait, comme de la mauvaise herbe, sur et sous les meubles. Puis, vers la fin du mois d'octobre, je ne suis plus arrivée à écrire. C'était très décourageant et embarrassant ! J'avais bravé la travailleuse sociale en lui disant qu'elle avait eu tort de me recommander de retomber sur mes pieds. Et là, j'étais envahie par la peur que mon potentiel d'écrivaine ne soit qu'une illusion passagère. J'en ai donc parlé avec mon amie Prudence.

« Il était temps que ça s'arrête, me dit celle-ci. Les écrivains ne sont pas en période d'inspiration continuelle. Ce serait anormal et dangereux. Tu devrais te consacrer à la lecture en observant le style qui t'attire le plus ». Préoccupée, je lui ai demandé ce que je devais faire avec mes écrits : « Tu ranges le tout précieusement dans le fond d'un tiroir, comme des œufs que tu dois couver. Tu sauras lorsque le temps de l'éclosion sera venu. Entre-temps, repose ton mental. » Ce fut notre dernier échange avant son départ définitif pour le Nouveau-Brunswick.

Bien que les départs de nos amis soient une caractéristique des villes minières, on ne s'y habitue pas et j'ai vécu notre séparation comme un vrai déchirement. Quelques semaines plus tard, ma joie de vivre pâlissait à vue d'œil. Je me suis retrouvée dans un état dépressif plus sévère que six mois auparavant. Inquiète, je suis retournée voir le médecin, le même qu'au printemps, question de faire un suivi de mon état de santé. Mais il n'a pas su répondre à mon besoin ; il m'a suggéré de changer d'amis, ce qui m'a fait réagir démesurément. C'est sur un ton agressif que je lui ai demandé si mon mari faisait partie des changements qu'il me proposait. Il a insisté sur le résultat des examens qui démontraient que tout allait bien. Puis il osa me dire : « C'est dans votre tête que… »

Je n'ai pas écouté la fin de sa phrase, j'ai tranché en articulant les mâchoires serrées : « Dans ce cas, je ne vois pas ce que je fais ici ». Je me levai et près de la porte de sortie, je me tournai vers lui, puis, m'accompagnant de gestes, je me dévissai la tête pour la placer sous mon bras. J'ai ajouté sur un ton très calme mais amer : « Personne d'autre que moi ne peut prendre soin de ma tête. Je suis la seule à savoir ce qu'elle contient. Au revoir. »

Les jours suivants, je me repliai sur moi-même. Je me sentais en dépression pour la première fois de ma vie. Je jouais aux cartes, le solitaire, comme un genre de méditation, question de ne plus penser à rien, pour éviter la panique devant l'état de vide et de lourdeur qui m'habitait, deux états d'âme toujours en concurrence qui m'enlevaient le goût de me battre.

Jean, inquiet, m'a dit : « Change de médecin, il y a sûrement quelque chose qui ne va pas. L'ennui te rongerait-il ? Je trouve étrange que tu ne te sois engagée dans rien cette année. Il y a une nouvelle structure à l'association, de nouveaux comités, entre autres, un sur les communications, tu pourrais y écrire. Si c'est vraiment ta voie, tu pourrais être la correspondante pour le « Trait-d'Union-du-Nord » qui cherche une personne pour couvrir le secteur de Labrador City. M'écoutes-tu, Marion ? »

Sans attendre ma réponse, il continua : « C'est un journal communautaire qui tente de réunir les régions de Fermont, Gagnon et Shefferville. Le but est de briser l'isolement des villes nordiques en les regroupant en un même tabloïde. Bien qu'il soit subventionné par le gouvernement du Québec et que nous fassions partie de la province de Terre-Neuve, notre statut de francophones permet que nous utilisions un secteur de leur journal. En plus, connaître ce qui se passe ici pour les gens de Fermont, comme pour nous les francophones de Labrador City serait utile puisque nous partageons plusieurs services essentiels tels que le même aéroport, le même hôpital et les classes françaises ou anglaises selon nos besoins communs. Ils offrent même de la formation si jamais ça t'intéresse ». Mais tout ce qu'il disait entrait dans une oreille et ressortait par l'autre.

À la mi-décembre, Jean est revenu à la charge. « Si tu savais comme j'ai hâte d'arriver aux vacances de Noël pour être avec toi. Change de médecin. C'est la troisième fois que je t'en parle et tu ne bouges toujours pas, dit-il sur un ton accablé. Fais quelque chose avant qu'il ne soit trop tard ». Puis il ajouta d'une voix plus calme : « Tu sais que je suis ami avec Billy Woods, et vu qu'il est médecin je me suis permis de lui parler de toi. Qu'en penserais-tu si nous le choisissions comme médecin de famille ? ». Me voyant tergiverser, il ajouta « Il ne demeure pas sur la colline des spécialistes de la ville dans les maisons de la compagnie Iron Ore, il s'est acheté une maison ».

Ça, c'était une nouvelle inédite concernant un médecin, depuis les quatorze années que j'habitais cette ville. Étonnée et toujours hésitante, je lui dis : « Je suis déjà allée le voir pour mon ordonnance d'hormones. Il m'a laissé entendre que mon anglais était trop pauvre pour qu'il soit mon médecin de famille. » Jean ajouta : « Je pourrais t'accompagner pour traduire, si tu veux. ». Désemparée, je répliquai : « Tu as toujours détesté les hôpitaux et les bureaux de médecins. » Ce à quoi Jean répondit « Ai-je le droit de changer et de devenir plus mûr ? Prends le temps d'y penser. Mon offre est sérieuse. ».

C'est donc au mois de janvier 1983 que je me suis retrouvée dans le bureau de ce médecin généraliste. J'écoutai la rétrospective de Jean sur mes difficultés depuis septembre, selon sa perception, il va sans dire. Le médecin ne m'a pas demandé ma version des faits. Il a enquêté sur ce qui s'était passé au printemps lors de mon hospitalisation. J'avoue que mes connaissances de l'anglais ne me permettaient pas de comprendre la totalité de leur conversation. Jean ne traduisait pas tout, ce qui me contrariait et ne passait pas inaperçu aux yeux du médecin. Il a tourné son regard vers moi en me disant de ne pas m'en faire. Puis, revenant à Jean, il lui dit qu'il croyait avoir cerné mon problème. Il a avoué qu'il avait secrètement jeté un coup d'œil sur mon dossier lors de mon hospitalisation. Selon lui, je n'étais pas en dépression nerveuse mais souffrais d'un déséquilibre hormonal.

Éclairée par son diagnostic, je lui ai confié que j'avais arrêté les hormones depuis un an et même un peu plus, alors que le chirurgien, qui me les avait prescrites, m'avait dit de les prendre durant cinq ans. « Voilà, précisa le médecin, ceci confirme mon pronostic »

Il a pris le temps d'expliquer le rôle des hormones chez la femme, en demandant à Jean de me l'exposer après notre visite dans son bureau. Ce qu'il a fait en route vers la maison. « Il a répété à deux reprises, dit Jean, qu'elles étaient encore plus importantes pour les femmes qui faisaient face à une ménopause postopératoire ».

Confuse, j'écoutais la traduction de Jean d'une oreille, tout en réfléchissant intensément Qui devions-nous croire lorsque deux professionnels de la santé n'avaient pas la même opinion ? En fait, mon chirurgien m'avait expliqué qu'une femme forte n'avait pas besoin d'hormones. Il m'avait répété à deux reprises, lui aussi, que le tout se passait entre les deux oreilles. Il n'en fallut pas plus, il va sans dire, pour que je décide d'en prendre le moins possible tout au long des cinq années qui ont suivi mon opération. La bonne nouvelle dans tout cela, c'est qu'à la suite de cette ordonnance d'hormones, en moins de deux mois, j'avais retrouvé le goût de vivre.

Lorsque je fus remise sur pieds, le docteur Woods, qui était devenu mon médecin traitant, m'a demandé si mes parents avaient déjà eu recours au lithium. N'ayant jamais entendu parler de ce médicament, il m'a demandé de me renseigner en disant : « Il se pourrait que cette information vous soit utile un jour. »

Rassurée sur mon état de santé, je replonge dans la vie

Durant l'année qui a suivi, j'ai fait danser ma plume à un rythme vertigineux. Outre mon travail de correspondante pour le « Trait-d'Union-du-Nord » que j'avais fini par accepter, deux monologues avaient pris forme ainsi qu'une sélection de chansons a capella sur magnétophone et une dizaine de poèmes sur le Labrador. J'avais aussi suivi des cours sur la « méthode des quatre W[1] » et j'avais participé à une soirée de poésie avec mes textes. En plus, l'Association francophone du Labrador (AFL), membre de la Fédération des francophones de Terre-Neuve et Labrador (FFTNL) m'avait choisie pour assister à un atelier de chansons offert par elle et qui se déroulait à Cap St-Georges sur la Côte Ouest de Terre-Neuve. Quand j'ai informé Jean de cette opportunité il m'a dit, hésitant et soucieux : « Je suis heureux pour toi et je m'organiserai pour te remplacer au Lac Justone le temps que tu seras là-bas. Par contre, je m'inquiète de savoir si ta santé te permettra de faire la saison ». Je l'ai rassuré en l'informant que tous les préparatifs d'ouverture étaient déjà faits.

Lors de ce voyage, j'ai accepté de participer au premier journal provincial francophone, « Le Gaboteur », pour couvrir le secteur de Labrador Ouest, et je me suis engagée à aller suivre un cours intensif en journalisme à Québec à la fin du mois d'août.

Entre-temps, j'avais terminé ma saison d'été au Lac Justone, appréciant le hasard qui fit qu'elle ne fût pas aussi chargée que les années précédentes. Lorsque la fin du mois de septembre arriva, j'étais épuisée et, croyez-le ou non, je ne comprenais pas pourquoi. À l'époque, je n'avais pas encore saisi qu'une pause-café n'était pas un caprice d'employé syndiqué, mais bel et bien un besoin essentiel.

J'attribuais mon mal de vivre à l'ennui causé par le départ de ma fille Mira qui était au CEGEP[2]. J'accusais la Terre du Nord de m'arracher mon enfant de dix-sept ans. Je suis allée jusqu'à détester les poèmes que j'avais composés sur ma terre adoptive. J'exprimais mes frustrations à tous ceux et celles qui croisaient mon chemin. Mes amis ne me reconnaissaient plus. Certains d'entre eux m'aimaient suffisamment pour m'en parler et d'autres m'apportaient leur soutien et leur aide par de judicieux conseils.

Un jour où j'engueulais (sans raison) la caissière de l'épicerie, un ami qui passait près de moi m'a demandé quelle mouche m'avait piquée ! Sa question m'a fait réaliser que j'avais fait le même coup à la caissière de la banque dans la matinée. J'ai revu en une fraction de seconde, toutes mes sautes d'humeur. La larme à l'œil j'ai regardé cet ami. Il m'a dit : « Tu ressembles à Nicole l'année où Maryse est partie pour le CEGEP. Elle aurait voulu que l'établissement soit dans la cour arrière. En fait, Ma-

---

[1] En journalisme : où, qui, quand, pourquoi ?
[2] CEGEP : Lycée

rion, elle est arrivée à comprendre que c'était le cordon ombilical qui était difficile à couper ». Ces paroles m'aidèrent, mais l'ennui que j'éprouvais, dû à l'absence de ma fille, ne s'envola pas pour autant. Je me souviens d'avoir causé du désordre dans sa chambre pour sentir sa présence. Puis j'ai acheté une plante vivace, ce qui demandait moins de travail…

Durant cette période, l'écriture ne servit qu'à remplir mes tâches de journaliste et j'ai dû faire des recherches pour des reportages, un aspect du travail qui refroidissait un peu mon feu sacré. Mais j'avais pris des engagements, j'ai donc cherché quelques personnes afin de former un comité des communications. Pendant ce temps, je me suis aperçue que je m'ennuyais du temps où je n'avais qu'à suivre mes inspirations. Elles étaient toujours là, mais je n'avais plus de moments à leur consacrer.

Puis, sans crier gare, mes problèmes d'insomnie ressurgirent. J'ai dû avoir recours aux pilules. J'ai accepté sans hésiter une nouvelle sorte de somnifère, le Halcion. Je n'ai pas fait attention lorsque mon médecin me dit que ces pilules étaient plus fortes que celles prescrites par l'autre praticien qui m'avait hospitalisée vingt mois auparavant, et ce manque d'attention me joua un mauvais tour quelque temps après.

Première ordonnance de lithium

À partir du moment où j'ai repris mes hormones en respectant la fréquence comme me l'avait suggéré mon médecin, plus rien de spécial ne m'arriva, à l'exception de quelques petits problèmes occasionnels de sommeil. Mais voilà qu'un an plus tard, je me retrouvais avec une ordonnance de lithium dans mon sac à main.

Que s'était-il donc passé ?

Un certain vendredi après-midi, j'étais épuisée, incapable de faire mon travail. J'ai donc décidé de faire le plein de mes énergies par le sommeil à l'aide d'un somnifère. Malencontreusement, j'ai oublié de vérifier le dosage en mg des Halcion que j'avais en main depuis peu. Alors, j'ai dormi du vendredi midi au dimanche soir au lieu du samedi matin comme je l'avais calculé. Que s'était-il passé durant tout ce temps ? Ça, personne ne voulait m'en parler. J'ai appris, le lundi matin, que je devais me rendre chez mon médecin en compagnie de Jean, après ses heures d'école. Puis, je me suis retrouvée avec une ordonnance de lithium en main, décision prise par le médecin et Jean, sans préavis ni consentement de ma part.

Mon cœur de louve, qui ne se fiait qu'à son instinct, a fait en sorte que je me sentis trahie. J'ai choisi de me taire au lieu de hurler, mais mon silence n'a servi qu'à ruminer ma colère. Ce n'est que, de retour à la maison, que j'ai laissé celle-ci paraître en claquant les portes et en cognant sur les murs. Cette façon de réagir était la seule que je connaissais à l'époque, mais Dieu du ciel qu'elle me faisait souffrir ! Pour calmer ma blessure, je me réfugiais tantôt dans un coin, tantôt dans ma chambre pour éviter de dire des choses que je regretterais ensuite. Lorsque je fus parvenue à être plus sereine, je me rendis au salon pour fumer une cigarette. J'ai entendu Niko qui interrogeait son père :

– Pourquoi est-elle aussi fâchée ?

– Je ne sais pas. Elle est comme ça depuis que nous sommes sortis du bureau de son médecin. Je n'arrive pas à la faire parler.

– Maman ne pas parler ! Serait-elle plus malade qu'on ne le pense ?

– N'exagérons pas. Ça ne réglerait rien.

Leurs paroles me rappelèrent les crises de maman. J'en tremblais de peur. Instinctivement, j'ai refusé de m'y engloutir. Alors j'ai ressenti un besoin vital de savoir ce que j'avais fait durant cette fin de semaine. Le doute entre une overdose planifiée ou pas, et une tentative de suicide, m'était insupportable. J'ai pris la soirée entière pour assouvir ma soif de savoir.

Les discussions ne furent pas toujours harmonieuses ni douces en ce qui me concernait. Et c'est avec une détermination sans borne que j'ai interrogé mon mari : « Jean j'ai fait une erreur de calcul sur la concentration des milligrammes des Halcion, comparativement aux somnifères que je prenais auparavant, ce n'est pas délibérément que j'ai fait une overdose de pilules ».

– Mon Dieu que ça te tient à cœur ! Quelle est la différence ?

– J'ai peur que le médecin et toi croyiez à une tentative de suicide.

– Je te le répète, je ne crois pas à une tentative de suicide.

– Dans ce cas, pourquoi est-ce que je me retrouve avec une prescription de lithium en main ?

– Écoute, Marion, je ne m'y connais pas beaucoup là-dedans. Je me fie à ce que je vois. Tu es de plus en plus malheureuse et peut-être que ce médicament t'aidera. Qu'as-tu à perdre en l'essayant ?

– Ma mère a été détruite par les pi…

–… lules ! trancha Jean. Oui je le sais, Marion. Tu me l'as dit tellement souvent que je le sais par cœur. En plus, c'est ta déduction personnelle sans preuves à l'appui. Permets-moi un conseil d'ami : oublie les expériences de ta mère avant qu'il ne soit trop tard. J'aimerais faire une petite sieste avant le souper ; nous en reparlerons en mangeant.

Insultée par ces propos, je me retirai à la cuisine pour préparer le souper.

Engloutie dans le bruit des casseroles en fonte et des ustensiles en acier, j'ai laissé ma rage éclater. J'ai ruminé le tout utilisant ma logique et mon bon sens. La quantité de somnifères que j'avais prise durant l'année était de 20 ou 25 dragées, pas de quoi fouetter un chat ! Et je me suis demandé quelle différence il pouvait y avoir, entre moi qui ne me rappelais plus de rien suite à une overdose de médicaments et une personne qui a trop bu et qui n'a plus le souvenir de ce qui s'est passé ? En tout cas, me dis-je, le lendemain de sa cuite, elle ne se retrouve pas dans le bureau d'un médecin avec une ordonnance de lithium à la sortie !

À la fin du repas, Jean m'a proposé de l'aide pour la vaisselle. Une coutume qu'il m'offrait seulement au Jour de l'An. Suspicieuse, je lui ai demandé : « Que s'est-il passé en fin de semaine ? »

– Pourquoi revenir encore là-dessus ?

– Excuse-moi d'insister, mais plus tu refuses d'en parler, plus je crois que tu me caches quelque chose.

– Écoute, je commence à en avoir assez de…

– De quoi au juste ? Moi, je n'arrive plus à vous reconnaître, toi et Niko. Pour être plus directe, je suis écœurée de tourner autour du pot.

– Mais il ne s'est rien passé, Marion, me dit-il en riant.

– Ah, ça te fait rire ! Est-ce ta façon de contourner le sujet ou me prends-tu pour une vraie cruche ?

– Marion !

– Non, plus de Marion ! Dis-moi plutôt pourquoi il y a autant de conséquences. De un, une prescription de lithium. De deux, toi qui cherches à me soutenir au point de changer le style de vie que nous avons depuis dix-huit ans ! De trois, Niko qui range sa chambre sans que je ne le lui dise. Et pour couronner le tout, la jasette et la tendresse que vous avez doublées, pour ne pas dire triplées. J'ai besoin de savoir d'où viennent vos changements d'attitude envers moi. Ça m'intrigue au point de me demander si ce n'est pas moi qui suis devenue subitement folle. Vous ne m'avez rien expliqué jusqu'à maintenant. Rien n'a été traduit. Selon le médecin, qu'est-ce que j'ai comme problème pour avoir recours à du lithium ?

– C'est un problème de métabolisme.

– Ça veut dire quoi un problème du métabolisme ?

– Ceci veut dire que ce n'est pas un problème mental comme on serait porté à le croire.

– Ouf ! Que veut dire métabolisme ?

– Le métabolisme est l'ensemble du fonctionnement de chacun des organes de ton corps. Ceux-ci doivent faire équipe pour son bon fonctionnement. Si l'un de ces organes est malade, il cause des troubles ailleurs. Alors, voilà, tu souffres d'un problème de métabolisme.

– Je ne sais pas si ce sont tes explications qui ne sont pas claires ou si c'est moi qui suis bouchée, mais… Pourrais-tu me donner un exemple concret ?

– C'est si simple à comprendre que c'en devient mélangeant. L'exemple du médecin m'a éclairé ; prends un diabétique, son problème n'a rien à voir avec son mental. C'est son pancréas, qui est une glande et qui ne fait plus son travail. L'hormone insuline qu'il devrait produire est remplacée par l'insuline en médicament. Conclusion : le lithium serait pour toi ce qu'est l'insuline chez les diabétiques.

– Hein ! Je suis prise avec des pilules pour le reste de ma vie ?

– Attends. C'est un exemple pour te faire comprendre un problème de métabolisme. Appelle ton amie infirmière, Danièle Lelièvre, elle saura sûrement te l'expliquer mieux que moi.

– Je vais y penser.

– Seigneur, que tu es entêtée. Dis-moi donc pourquoi ça te fait si peur d'avoir à prendre une ou deux pilules par jour ?

Je hurlai littéralement.

– On voit bien que n'est pas toi qui es aux prises avec ce problème. À tes yeux, il n'y a rien de grave. Ce n'est pas juste une question de pilules. Ce n'est pas toi non plus qui vis un mal-être permanent. Je suis fatiguée de me sentir comme ça. Nous avons dix-huit ans de mariage et ma santé a toujours fait des siennes. À ce moment, je me sentis défaillir et pour réagir à cette sensation d'étourdissement, alors, je me suis mise à faire une rétrospective de mes problèmes de santé « féminins » : et continuai « J'ai eu trois accouchements, une fausse couche, une opération pour raccourcir les tendons qui soutiennent l'utérus, ce qui n'a rien réglé. A suivi alors une triple ou quadruple intervention avec l'ablation de l'utérus et d'un ovaire, la suspension du dôme vaginal et la vessie qui fut attachée aux os du bassin. L'ovaire restant devait éviter que je me retrouve en ménopause prématurément. À la suite de ces interventions, j'ai eu un problème de rejet des corps étrangers qui a nécessité deux interventions chirurgicales afin d'arriver à éliminer les infections. Les spécialistes ont profité de ces opérations pour faire l'ablation du dernier ovaire afin d'éviter une autre chirurgie. Résultat : aujourd'hui, j'ai trente-huit ans et déjà six ans de ménopause. Selon les dires de ton copain Billy, mon médecin, je vivrais les effets secondaires comme toutes les autres femmes qui y passent naturellement. Au fait, à partir de quel âge ne parlent-elles plus de leurs maux de tête, de leurs bouffées de chaleur, de leurs sautes d'humeur ainsi que de leurs insomnies ? Soixante ou soixante-dix ans ? En aurais-je encore pour vingt-cinq ans et plus à prendre des hormones ? Puis, regardant Jean droit dans les yeux et refoulant mes sanglots, j'ai ajouté : « Et maintenant, en plus de tout ça, je fais face à la santé mentale, puisque ce médicament en fait partie et tu voudrais que je prenne ça avec dérision » ?

Jean m'a ouvert les bras et je m'y suis blottie.

Redevenue calme, je suis allée me rafraîchir le visage, ce qui m'a permis de reprendre mon souffle et de respirer plus lentement.

Pendant ce temps, Jean avait terminé la vaisselle et il avait servi deux tasses de café au salon. Il avait même placé la plus belle fleur du bouquet de pensées, dont il prenait soin comme de la prunelle de ses yeux, sur le rebord de ma soucoupe. J'ai alors mis un disque sur la platine de la chaîne stéréo avant d'aller le rejoindre.

D'une voix calme je lui ai dit : « J'ai vu ma mère subir quinze dépressions nerveuses à la suite de ses opérations multiples, comme moi. Et mon père, découragé, a fini par être malade lui aussi. Je me demande sérieusement si la solution ne serait pas tout simplement d'aller vivre ailleurs avec mes semblables. Ainsi, je ne vous ennuierais plus avec mes problèmes. Et puis, à part ça, pour ce que j'arrive à faire dans une journée, mon absence passerait probablement inaperçue en deux temps trois mouvements. Mon départ serait un soulagement pour tout le monde. Je… »

Jean, en colère, trancha : « Ça suffit ! J'en ai assez ! Tu as des périodes où tu n'es pas vivable, c'est vrai, je te le concède. Par contre, quand tu vas bien, tu es extraordinaire. Avons-nous le droit de te rejeter à cause de certains jours noirs » ?

– Non ! criai-je.

– Dans ce cas, toi non plus !

Il avait une boule dans la gorge. Émue, je me jetai dans ses bras. Retrouvant mon calme, j'ai levé la tête pour déposer un baiser sur sa joue. Je vis alors une ombre sous son œil gauche.

– Mais qu'est-ce que tu as sous l'œil, Jean ?

– Rien, dit-il d'un ton qui se voulait indifférent

– Bien, voyons ! On dirait une ecchymose. As-tu reçu un coup ?

– Peut-être au hockey, je ne saurais dire.

– Mais il y a plus d'une semaine que tu n'as pas joué au hockey. Dis-moi, serait-ce moi, en fin de semaine ? Oui ou non ? Son silence me fit tout comprendre. Complètement abasourdie, je me réfugiai dans le silence et je fumai cigarette sur cigarette. Au bout d'une demi-heure, j'implorai Jean de tout me raconter. Il hésitait encore, et j'insistai à nouveau.

– J'ai besoin de savoir contre qui et quoi je me débats. Connaître son ennemi, c'est gagner la moitié de la bataille. C'est ce que j'ai appris de ta bouche. Je suppose qu'on t'a sorti les mêmes couplets que les docteurs servaient à mon père ? « Ne la contrariez pas, ne la contredisez pas, gardez patience et espoir, ça va passer comme c'est arrivé ». Et ce, même s'ils sont les premiers à ne pas y croire. Dis donc, Jean, du temps où maman faisait des crises, ils disaient aussi à mon père : « Priez, Monsieur Leloup » Ce conseil a-t-il survécu depuis plus de vingt ans ?

– C'est vrai, tu connais mon côté de la médaille. Cet aspect m'a échappé.

– Oui, Jean, je le connais. Aide-moi à apprivoiser le mien.

– Bon, tu m'as convaincu. Mais auparavant, rappelle-moi pourquoi tu as décidé de prendre des somnifères au lieu de venir me rejoindre à la conférence comme nous l'avions convenu.

– Après ton départ pour l'école, j'ai constaté que je n'avais pas envie de rencontrer du monde. Je me sentais épuisée. J'avais besoin de réfléchir afin de faire des choix dans mes implications bénévoles qui sont devenues trop lourdes. J'ai décidé de me reposer. Comme ce n'est pas dans mes habitudes de dormir durant l'après-midi, j'ai pris un comprimé en oubliant qu'ils étaient plus forts que ceux que j'étais habituée à prendre. Couchée, j'ai entrevu la possibilité de me réveiller en soirée et de me retrouver avec une nuit blanche sur les bras. J'en ai donc pris un second en croyant que je dormirais jusqu'à samedi matin et me lèverais pétante de santé. Je ne pouvais pas prévoir, dis-je d'une voix tremblante, que je me relèverais en somnambule pour en prendre d'autres, tel que tu me l'as conté Voilà, c'est à ton tour maintenant de me dire ce que j'ignore.

– Écoute, Minou, je ne vois ni l'utilité ni de raison valable de te faire revivre cette fin de semaine. Je crains que ça ne te fasse du mal pour rien. Essaie de comprendre comment je le vois. Le résumé que je t'ai donné à ton réveil devrait suffire.

– Que me caches-tu d'autre à part ton bleu sous l'œil ?

– Rien d'autre, Marion, sinon j'en aurais parlé. J'ai été très étonné de voir qu'il y avait autant de colère en toi. Je ne savais pas que tu étais aussi rapide non plus. Et, aujourd'hui j'apprends que tu frappes fort, dit-il en riant.

– Ne change pas de sujet. Si tu trouves ça drôle, moi pas.

– Ne dramatise pas, ça ne changerait rien à ce qui s'est passé.

– Nous avons deux enfants. Savais-tu que Mira et Niko risquent de passer par les mêmes problèmes que moi ? Et leurs enfants, qu'en sera-t-il pour eux ? La seule chose que je puisse faire aujourd'hui est de comprendre ce qui se passe pour moi. Si ma mère avait reçu plus de compréhension, poursuivis-je, autant de notre part que de celle des spécialistes, je crois qu'elle aurait évité la majorité de ses dépressions. Cherche encore… j'aurais peut-être pu…

– C'est bon ! Tu viens de me convaincre. Je t'ai provoquée, Marion. Viens t'asseoir auprès de moi : ce sera plus facile pour moi.

Il m'enlaça. Je me sentais grande et je l'étais.

– Tu dormais, tu te levais, tu allais à la toilette, tu buvais un grand verre d'eau, tu prenais deux pilules et tu retournais te coucher et ce, toutes les deux heures environ. Ah oui ? Tu refusais de manger ! Dans tes allées et venues, tu ressemblais à une femme ivre. Tu te cognais contre les murs. Nous te suivions pour que tu ne te blesses pas, mais Niko et moi devions le faire en cachette, car ça t'exaspérait. Tu étais franchement désagréable. Tu critiquais notre travail. Niko t'a baptisée la forman[1] ce qui m'a fait bien rire.

– Comment est-ce que je réagissais à vos rires ?

– Tu y étais plutôt indifférente.

– Est-ce quand tu riais que je t'ai sauté dessus ?

– Non. C'est arrivé dimanche avant midi. Tu étais étendue devant la télévision pour la première fois, ce qui m'a fait croire que tu étais revenue sur terre. Je t'ai offert à déjeuner. Tu as refusé. Ensuite, tu as ajouté très clairement : « Je vais prendre deux pilules et je vais me recoucher, merci ». C'est là que j'ai perdu patience. Je suis allé à la salle de bains, j'ai pris le flacon de pilules, je me suis placé devant toi et je t'ai demandé pourquoi tu voulais en prendre d'autres. Tu as pris la même attitude arrogante que moi et tu m'as répondu en m'injuriant que ça ne me regardait pas. J'ai donc ouvert le contenant et je t'en ai mis plusieurs dans la bouche en disant : « Tu veux en manger, des pilules. Eh bien, manges-en ! » Alors, quelques fractions de secondes plus tard, je…

– Hein ! C'est toi qui me les mettais dans la bouche ?

– Attends une minute, c'était des pilules de sucre à ce moment-là. De plus, je me disais que ça allait te nourrir, car ton dernier repas remontait à vendredi midi.

– Alors, tu m'as enfoncé des pilules dans le fond de la gorge, et ensuite ? J'écoute.

– Tu les as crachées aussi vite que je te les avais mises en bouche. Ensuite, tu m'as montré ton poing et j'ai éclaté de rire. C'est là que je l'ai reçu en dessous de l'œil. Je ne savais pas que tu pouvais être aussi rapide. Si j'avais su, tu n'aurais pas réussi à me toucher.

– Te sens-tu brimé dans ta fierté de mâle ?

– Non, pas du tout. Disons que j'étais fier de ma patience d'homme. Laisse-moi te dire ceci, maintenant que tu sais tout. Je suis inquiet de l'agressivité qui t'habite. Il y a sûrement des choses qui se sont passées dans ta vie et que tu ignores. Je crois qu'il est très important que tu t'en occupes. Moi, je ne peux pas le faire à ta place ni personne d'autre, d'ailleurs.

– Que vis-tu face à tout ça, aujourd'hui ?

– Je me sens un peu coupable. Le médecin m'avait averti de ne pas te contredire. Ça ne serait pas arrivé si je n'avais pas perdu patience.

---

[1] Forman : mot anglais pour contremaître

36

Conclusion, le dimanche soir, tu es retombée sur tes deux pieds comme si rien ne s'était passé.

– Avant de clore le sujet, aurais-tu d'autres marques cachées ?

– Pas que je sache. Mais il se pourrait que toi, tu en aies ; nous sommes tombés à quelques reprises.

– Et j'imagine que tu as oublié le cendrier qui manque. Il doit être au même endroit que le coussin du salon qui a disparu.

– Comme je te disais, je suis tombé avec toi à deux reprises, par inadvertance, j'ai brûlé moi-même le coussin avec ma cigarette. Pour ce qui est du cendrier, je n'en ai aucune idée. Tu vas trop loin. Veux-tu que je passe au détecteur de mensonges pour te confirmer mes dires, Madame Colombo ?

– Désolée. Je te taquinais et tu marches. Le cendrier, c'est moi qui l'ai cassé la semaine dernière. Pour ce qui est du coussin, je viens tout juste de me rendre compte qu'il n'était pas à sa place. Souris, tu m'inquiètes.

Je vis alors ses épaules se détendre.

– Et si on oubliait tout ça pour écouter un peu de télé avant de se coucher. Qu'en pensez-vous, Docteur Durivage ?

Étais-je maniaco-dépressive ?

Je suis revenue à la charge de « l'opération lithium » le lundi suivant. Alors que je rangeais ma maison péniblement, mes pensées convergeaient toujours vers le même point : pilules, lithium, pilules, lithium,… je tournais en rond près du téléphone tout en regardant l'heure toutes les cinq minutes. Je composais les trois premiers chiffres de chez Danièle et je raccrochais ; c'était essoufflant. Après trois tentatives, je me suis placée devant un miroir pour me parler. Pourquoi as-tu si peur de savoir si le diagnostic est exact ? Qu'est-ce qui te ronge au juste ? La peur d'être jugée ? N'obtenant pas de réponse, j'ai quitté le miroir en me disant : Tu as toujours fait face à tout. Arrête de râler : ça n'a jamais rien réglé. Je suis enfin parvenue à faire le numéro en entier.

Après quelques mots d'échange sur le quotidien, je suis allée droit au but en lui demandant : « C'est quoi, du lithium ? » « Oh la la ! dit-elle, avec un sursaut, toute une question et directe en plus ! Pour qui as-tu besoin de ces renseignements ? »

– J'ai une ordonnance de lithium dans mon sac à main.

– Je vois. Il faudrait que je me rafraîchisse la mémoire pour pouvoir te répondre.

– Mon Dieu, je ne m'attendais pas à te faire fouiller dans ton dictionnaire médical. Excuse-moi, je mens. Je te pose la question, mais c'est comme si je ne voulais pas savoir la réponse.

– C'est tout comme. Pourquoi n'irions-nous pas prendre un café ? Moi, ça me ferait du bien de sortir de la maison. Je pourrais passer te prendre vers 20 heures. Qu'en penses-tu ?

– D'accord, à ce soir, dis-je en bégayant.

L'après-midi fut tout aussi pénible. J'allais, je venais, sans avancer à quoi que ce soit. Vers trois heures, complètement épuisée, je suis allée faire un somme d'environ une heure. Ce qui n'a réussi qu'à me faire sentir coupable de ne pas être parvenue à finir le travail que j'avais planifié. Le soir venu, c'est en courant que je suis sortie de la maison. À cette époque, je ne comprenais pas encore que c'était l'heure de vérité qui me faisait peur. En fait, je ne savais pas ce qu'était la peur, ni ce qu'elle pouvait causer en nous.

Alors que nous étions bien installées dans un coin discret de la salle à manger, au deuxième café, Danièle a amorcé la conversation : « Tu sais, Marion, je ne me sens pas tellement à l'aise devant les informations que tu me demandes. Je n'ai jamais travaillé dans ce domaine depuis que j'ai suivi mon cours d'infirmière ».

– Peu importe, tu en sais sûrement plus long que moi.

– Sous cet angle, tu as raison. Selon mes livres, on utilise le lithium principalement pour prévenir la psychose maniaco-dépressive. Celle-ci se caractérise par une alternance d'épisodes accentués de phases dépressives et de phases maniaques.

– Mon Dieu ! Je ne me retrouve pas là-dedans ! Je suis une fille positive. Pourtant, je fatiguerais parfois mon entourage avec mon enthousiasme, selon certaines personnes.

– C'est vrai que tu ne montres pas les traits typiques des personnes dépressives. Tu ne parais pas à l'aise devant cette prescription. Que s'est-il passé au juste ?

Je lui ai raconté ce qui était arrivé en l'informant que c'était les membres de ma famille qui restaient inquiets à mon sujet.

– Comment te sentais-tu avant ta « cure de sommeil », pour utiliser ton expression ?

– Fatiguée, crevée, complètement à terre. Pour ce qui en était du moral, pas pire que d'habitude.

– Écris-tu toujours ?

La douceur et le calme de Danièle me sécurisaient.

– Est-ce qu'il t'arrive de commencer quelque chose et de ne pas le finir, dit-elle, ainsi que d'être partout à la fois quand tu travailles ?

– Eh bien, là, par exemple, je me reconnais. Je suis une vraie queue de veau et je ne finis plus rien.

– C'est un symptôme qu'on retrouve chez les maniaco-dépressifs.

– Pour être franche, parfois, il vaudrait mieux que je ne fasse rien. Ce serait plus en ordre. Aïe ! J'en suis rendue à camoufler le travail. C'est comme si je me mentais. On dirait que je me cache de moi-même.

– Depuis quand as-tu remarqué cela ?

– Depuis plus d'un an, peut-être deux.

– Si je disais « sautes d'humeurs », te retrouverais-tu là-dedans ?

– Des sautes d'humeurs ? Jamais, voyons ! Mon Dieu, si Jean m'entendait, je crois qu'il m'avalerait tout rond. Des sautes d'humeur, Danièle, c'est à longueur de journée et parfois en pleine nuit que j'en fais !

– Tu corresponds à plus d'un symptôme. Je parie que si nous continuions à en chercher, nous en trouverions d'autres.

Après un certain silence, j'ai dit : « Prendre des pilules me fait peur. Ma mère a été détruite par celles-ci et je ne veux pas passer par le même chemin qu'elle ».

– Moi, Marion, quand je te regarde aller parfois, tu me donnes l'impression d'être une femme en pleine ménopause.

– Je le suis depuis sept ans.

– C'est vrai, je me souviens ; tu as subi une hystérectomie. Tu sais, ces problèmes sont très fréquents chez les femmes ménopausées. Marion, il faudrait que tu fasses la différence entre les personnes qui ne se fient qu'aux pilules et celles qui les utilisent pour aider leur corps. J'ose te conseiller d'essayer le lithium. Je sais que mon opinion ne sera pas la seule cause de ta décision. De toute façon, ça ne coûte rien d'essayer.

– C'est vrai. Je vais tenter l'expérience. Comment te dire merci pour tes renseignements ?

– Ta franchise vis-à-vis de toi-même mérite des réponses. Veux-tu d'autres détails, pendant que c'est frais à ma mémoire ?

– Pour être franche, non. Je ne veux pas savoir dans quelle sorte de « merdier » je me trouve avant de trouver le courage d'y faire face.

– Je dirais que tu as peur. Je mettrai un signet à cette page du livre. Dis-moi, Marion, tu te protèges ou tu te caches ?

– Ma démarche provient seulement du fait que je suis détestable avec ma famille.

– Hum, attention ! Les turbulences peuvent arriver plus vite que tu ne le crois. Tu dois prendre soin de toi par amour pour toi, pas pour les autres.

– Comment puis-je arriver à m'aimer avec toutes les conneries que je fais ?

– Ne pas s'aimer soi-même est une autre caractéristique.

– Pourquoi dois-je voir le médecin régulièrement avec ces pilules ?

– Afin de vérifier si tu élimines bien le lithium que tu prends. Et c'est par prise de sang qu'ils parviennent à le mesurer. Il y aura une période d'ajustement qui peut prendre plus d'un an avant…

– Danièle, ne m'en dis pas plus pour le moment, s'il te plaît.

– Dans ce cas, cesse de me poser des questions, me dit-elle en riant.

– Très bonne idée. Parlons d'autre chose.

Le lendemain, j'avalais mon premier comprimé de lithium.

Des effets secondaires à découvrir !

Au septième jour, une chose étrange s'est produite. J'avais un arrière-goût dans la bouche, c'était comme une odeur de métal que je retrouvais aussi dans le réfrigérateur. J'étais la seule à sentir et goûter cette odeur dans la maison. Après vérification, le spécialiste en électroménager confirma que tout était en ordre. J'ai contacté Danièle et elle m'a expliqué qu'il pouvait s'agir d'un effet secondaire du lithium pour un certain temps. Puis elle m'a conseillé de rechercher l'aliment-maître, différent pour chaque personne. Pour moi, c'était le céleri. La semaine suivante, c'était un besoin incontrôlable de faire des siestes durant l'après-midi, un autre effet secondaire, confirmé par Danièle. Je me suis demandé si tous les maniaco-dépressifs avaient une Danièle pour les rassurer et les guider. Voilà que la troisième semaine, je me suis sentie engorgée comme lorsque nous mangeons trop. Malgré la consigne de mon médecin de ne rien changer avant de lui en parler, j'ai diminué mon dosage à une pilule par jour au lieu de deux. Lors de ma visite à son bureau, il a voulu à tout prix me faire changer d'avis. Son insistance m'exaspérait et son acharnement à me répéter de faire comme les autres m'irritait. C'est donc sur un ton ferme que je lui ai répondu : « Ce sera une par jour ou pas du tout ».

– Je ne crois pas que le lithium puisse faire quelque chose à si faible dose.

– Si le dosage est différent pour chaque personne, comme vous me le dites, qu'est-ce qui vous fait croire que le mien ne pourrait pas être de 300 mg par jour ?

– Essaie et on verra bien ce que ça donnera. Je veux te voir toutes les deux semaines. Il est très important qu'il soit pris sur une base régulière : c'est primordial. Attention à toi. Ce problème du métabolisme peut te jouer de vilains tours. Dis-toi bien que personne ne voit le piège avant d'y être tombé.

J'ai pris l'avertissement comme un défi à relever.

Au troisième mois, j'étais plus disciplinée dans mes travaux de maison (Hum ! Hum !... à vrai dire, j'avais développé une technique de camouflage plus acceptable). Mais je ne le voyais pas ainsi à ce moment-là. J'observais tout ce que j'arrivais à faire en me fiant au résultat plutôt qu'à la formule utilisée. Dans l'ensemble, j'étais plus productive et plus efficace, surtout dans mes implications bénévoles. Mes sautes d'humeur sont devenues moins fréquentes ; je respectais plus mon entourage. Pour ce qui est de ma créativité, j'écrivais plus abondamment, plus clairement et moins évasivement. Au fond de moi, je palpais un bonheur plus stable, une sensation de paix nouvelle. J'avoue avoir cru mon problème réglé.

Par contre, peu convaincue, j'ai gardé l'œil ouvert en continuant de prendre des notes sur tout ce qui se passait. En plus, je me suis fiée aux membres de la famille pour me donner l'heure juste. Sur ce dernier point, j'ai appris plusieurs années après, que ce n'était pas la meilleure chose à faire.

Après sept mois de consommation minimale !

Au sixième mois de mes observations, l'idée d'une rétrospective de mon cahier intitulé « lithium manie » devant un souper causerie me ravissait. J'ai appris, au moment du dessert, que Jean et mon médecin discutaient de mon cas en dehors des heures de bureau. Bien que cela me contrariait, je suis arrivée à me taire. Jean m'a suggéré d'augmenter le lithium.

Ma réaction fut immédiate : « Je ne vois aucune raison de le faire, dis-je, les mâchoires serrées et les yeux plissés. Je vais très bien. Regarde tout ce que je réussis à faire. Même mon caractère « soupe au lait » et intransigeant s'améliore. Je ne dirais pas que je deviens un ange, mais... presque. Je ne vois aucune raison d'augmenter les petites pilules « miracle » de ton ami Billy, Oups ! de mon médecin devrais-je dire. »

– Rien ne dit que tu ne pourrais pas te sentir encore mieux, insistait-il.

– Je me sens tellement bien que je le crierais sur tous les toits. Sauf que je ne peux me permettre ce luxe sans être cataloguée d'excessivité ! Alors, je cache ma joie.

– Le temps démontrera si tu fais bien d'en prendre si peu.

– Ton ami Billy a de l'emprise sur toi ; tu as sa tournure d'esprit.

– Disons que je respecte ses connaissances tout en te faisant confiance. Car ta détermination, je la connais. Présentement, ça joue en ta faveur. Si on changeait de sujet ?

Le mois suivant, lors d'une visite chez mon médecin, une surprise de taille m'attendait. Il me demanda de rencontrer un psychiatre pour confirmer mon dosage. En terminant sa phrase, sans s'informer de ce que j'en pensais, il me remit l'heure et la date du rendez-vous. Dépassée par la proposition, ne sachant plus si je devais crier, hurler, fuir épouvantée ou plier, je me suis agrippée à ma chaise de peur d'en tomber. J'ai accepté sans dire un mot.

Sur le chemin du retour, je me suis demandé si c'était une super-cherie, un attrape-nigaud ou une nouvelle approche pour me convaincre d'augmenter mon dosage. Et si c'était juste parce qu'il a raison, pensai-je ? J'ai trébuché sur une roche et me suis retrouvée par terre. Blessée dans mon orgueil, je me suis relevée brusquement en accélérant le pas vers chez moi.

— Tu sembles furieuse ! me dit Jean, alors que je lui servais son souper.

— Ce sont des idées que tu te fais.

— Un sourd entendrait ton silence. Ta mauvaise humeur me porte à croire que tu as rendu visite au médecin.

— Tiens, j'aurais des manies maintenant ? C'est peut-être ça, une maniaco-dépressive. Dis donc, comment suis-je à tes yeux ?

— Puisque tu me le demandes, je trouve que depuis quelques jours tu es négative, à pic, brusque, impatiente, contrariante sur la majorité des points et même enragée par moments.

— Dis donc, pourquoi n'irais-tu pas chercher le dictionnaire pour trouver tous les synonymes accablants qui me condamnent ? Dois-je tou-jours être calme, sereine et enjouée ? Peut-être que je joue à l'autruche sans le savoir.

— Si tu ne veux pas dire ce qui s'est passé, eh bien, garde-le pour toi.

— Bon, d'accord ! Je dois rencontrer un spécialiste de St-John.

— Pourquoi est-ce que ça te contrarie autant ?

J'en ravalai ma salive par trois fois.

— Si je te disais que tu dois te faire suivre par un psychiatre demain matin, l'avalerais-tu aussi facilement qu'un verre d'eau ? Que je prenne un ou quatre comprimés par jour, quelle est la différence, si je vais bien ? Est-ce la formule qui est importante ou le résultat qui compte dans la ba-lance ?

— Comment vas-tu, selon toi ?

— Là, j'avoue que je ne sais pas quoi répondre. J'ai peur, mais je ne sais pas de quoi. Mon envie de hurler est si forte que j'en vois des étoiles. Si seulement j'arrivais à comprendre pourquoi je suis toujours enragée.

Suite à un long silence, où nous réfléchissions sur ce dont nous ve-nions de discuter, Jean a proposé : « Si nous en parlions devant un souper aux chandelles demain soir, qu'en penses-tu ? »

Après son départ pour sa joute de hockey, j'ai imaginé un menu avec toute la fougue qui m'habitait. Deux heures plus tard, j'ai transposé le texte sur un carton stylisé comme dans les salles à manger. Tout autour, j'ai dressé un cordon de feuilles vertes parsemées de feuilles mortes avant de le placer dans une feuille de plastique et j'ai terminé mon « chef-d'œuvre » avec un ruban rouge.

Chez Marion Les Loups
Salle à manger privée.
Pour couples de tous genres. Spécialité causerie,
« Ma femme pi moé/Mon chum[1] pis toé..»

Entrées
1 Sautes d'humeur épicées à la vapeur
2 Sauté de patience croustillant avec coulis d'épines'ards en larves
3 Mortadelle panée aux amandes barbecue"cuit"

Plats du jour
1 Woods[2] farcis aux trognons soufflés, sans sauce
2 Abaisse d'épaule marinée avec sauce bien niaise
3 Grimaces frites en coiffe avec sauce aux poivrons verts
Accompagnements au choix :
Riz épicé au lithium et graines d'Alcion rôties
Patates hachées au bacon brûlé
Nouilles à l'ail frais avec sauce à la cervelle sûre.
Le tout servi avec : Salade de légumes battus et sauce maison à la moutarde forte et/ou aux piments forts

Dessert
1 Psychiatre à la mode
Servi cru ou cuit, froid ou chaud. NB/: Flambé en extra
2 Crème glacée fondante « chrys[3] » talisée
Au cognac, au rhum ou au ginseng
Breuvage : selon votre état intérieur (non inclus)
N.B.: Carte de crédit acceptée. Pas le droit de jurer.
Sur réservation seulement.

À la prochaine chicane[4] !

---

[1] Chum : ami, ici conjoint
[2] Nom de famille du médecin traitant
[3] juron québécois
[4] Chicane : dispute

Lors du souper, nous avons parlé des vraies affaires. Nous partagions nos craintes et nos peurs sans réserve. Lorsque nous sommes arrivés au dessert, Jean a dit : « C'est ça, ton psychiatre à la mode : ça ressemble à un chausson. »

– Eh oui! Il est à la marde[1] malade. Veux-tu le flamber ?

– Essayons de voir si nous le pouvons, avant de l'attaquer.

Après sa première bouchée, il dit : « Ce qui est merveilleux ce soir, c'est ton rire.»

Je ne dis mot. J'écoutais mon corps et palpais la rudesse qui s'infiltrait en moi sournoisement. Pourquoi ? D'où venait-elle ? J'avais peur d'en parler avec Jean et qu'il s'inquiète outre mesure. J'ai alors pensé au psychiatre qui pouvait peut-être m'aider à . . .. Jean m'interpellait : « Où es-tu, Marion ? Tu es à des milliers de kilomètres d'ici. »

– Le médecin ne croit pas un mot de ce que je lui dis. Quelle sera ma crédibilité devant son confrère spécialiste ?

– Que veux-tu dire par là ?

– Ce sera ma parole contre la sienne devant ce « psy ». Depuis quelque temps, j'ai l'impression de traverser le territoire d'un carcajou[2].

– C'est de là que provient ta peur ?

– Non, c'est ce que ma peur me fait vivre.

– Seigneur, Marion, je ne sais plus quoi te dire.

J'ai alors vu pour la première fois combien Jean était inquiet à mon sujet. Bien qu'hésitante je suis intervenue : « J'y pense. Ce « psy » ne vient qu'une fois tous les trois mois. Je n'en mourrai pas. Et si son expérience me permettait de mieux comprendre ce que je vis et ainsi d'assouvir mes inquiétudes sans me servir de toi, de Niko et de mes amis. Juste pour cela, je crois que ça vaut la peine d'essayer. » Le regard de Jean s'illumina. Il leva sa coupe et offrit un toast à ma sagesse.

Apprendre à vivre avec ça, tout un contrat !

Se présenter dans un département de santé mentale pour visiter ceux qu'on aime, c'est une chose ; y aller pour soi, ça devient une toute autre histoire. Aux prises avec mes propres préjugés (ce que je comprendrai beaucoup plus tard), je m'y suis rendue « un sac sur la tête ». Pour être franche, je suis allée jusqu'à boiter dans l'escalier qui m'amenait au département, lorsque j'ai vu qu'il se trouvait au même étage que la physiothérapie.

---

[1] Marde : merde
[2] Carcajou : grosse belette sanguinaire vivant au Canada et très dangereuse

Ma première constatation devant le psychiatre fut qu'il n'avait pas cet air de « moi je sais tout et je vais te dire quoi faire ». Ça m'a donné l'envie de lui faire confiance. Je lui ai avoué que je ne m'aimais plus. Il m'a apporté des explications sur la maniaco-dépression qui concordaient avec ce que j'en avais appris. En l'écoutant, j'ai eu l'idée de lui demander ce que moi je pouvais faire avec ma volonté pour m'aider. Ne sachant pas le mot « volonté » en anglais, je lui ai demandé ce que je pouvais faire : by myself with my own power. Suis-je arrivée à bien me faire comprendre ou pas ? Je ne saurais le dire, mais sa réponse : « Nothing ! (Rien !) You've got to learn to live with it, that's all (vous devez apprendre à vivre avec, c'est tout) » n'avait aucun sens à mes yeux.

Vers la fin de notre entretien, en jetant un coup d'œil à sa montre, il m'a suggéré d'augmenter ma dose de lithium. Lui aussi m'a parlé des dangers qui me guettaient. Il m'a fortement déconseillé d'essayer de m'en sortir par moi-même. Il a terminé en m'offrant des rencontres avec une intervenante qui lui donnerait un compte rendu de nos entretiens. Ses visites étaient espacées de trois mois en trois mois dans notre milieu, ce qui expliquait sans doute la proposition qu'il me faisait.

En sortant de son bureau, je ne savais plus que penser, je me sentais étourdie. Puis, à la sortie du département, j'ai claqué la porte en disant à haute voix : « Bull shit[1] ! C'est impossible que je ne puisse rien faire pour m'aider et que ma volonté n'ait rien à voir là-dedans. Apprendre à vivre avec ça : triple bull shit ! Apprendre à connaître le problème et tout faire pour corriger la situation… ça, je peux le faire et je le leur prouverai ! » J'ai regardé alors autour de moi. Il n'y avait personne dans les corridors pour entendre ce que je venais de dire. Ouf !

Sur le chemin du retour, j'ai prié en souhaitant qu'on m'aide à atteindre mon but, en espérant que je ne Lui en demandais pas trop au Gars d'en Haut. Pour Jean, la seule chose qui comptait était que je sois suivie par des professionnels.

La semaine suivante, lors de mon rendez-vous avec l'intervenante qui m'avait été désignée par le psychiatre, je m'assis dans la salle d'attente, au milieu d'une rangée de chaises en rang d'oignons dans le corridor, comme lors de ma première visite à ce département. Je me sentais de taille à faire face à la musique. J'ai vu l'intervenante venir vers moi. C'était une femme très belle, bien mise, cheveux de jais impeccablement lustrés. Elle avait un sourire qui ne me laissa pas indifférente. Les yeux pétillants, elle se présenta, Ann Weasel, en me demandant si nous pouvions utiliser nos prénoms. Comme j'acquiesçais à sa demande par un signe de tête, elle

---

[1] Merde, littéralement crotte de bœuf !

m'invita à la suivre dans son bureau. J'empruntai sa cadence en me croisant les doigts.

Notre entretien dura plus d'une heure. Elle fit un survol de mes origines, de ma vie de femme et de mère. Je lui racontai mes étés au Lac Justone et mon bénévolat à l'association francophone. Pendant son interrogatoire, je remarquai qu'elle avait cligné des yeux en apprenant que j'avais cinq frères. À la fin de notre rencontre, elle m'a demandé le genre de relation que j'avais eue avec eux. Surprise par la question, je n'osai pas croire qu'elle mentionnait le côté sexuel. Ignorant mon malaise, elle m'a expliqué que nous parlerions de ma jeunesse afin de voir si je n'avais pas de grands drames cachés en moi. Elle a poursuivi en me disant que plusieurs personnes traitées au lithium avaient subi des abus sexuels, ou encore qu'elles avaient été des enfants battus. Comme ce n'était pas mon cas, perplexe, j'ai demandé pourquoi elle me parlait de ça.

– Nous pourrions vous aider si c'était votre cas.

– Non, non, ai-je riposté avec fermeté, je n'ai jamais eu ce genre de problèmes. Mes parents ont été extraordinaires et mes frères très respectueux. En dehors de me taquiner sur mon statut de fille, ce qui m'emmerdait, ils ont toujours été corrects avec moi. Je n'ai jamais été violée ou battue ni maltraitée de quelque façon que ce soit.

Ceci terminait notre première rencontre. Elle semblait embarrassée en me quittant, avec un air soupçonneux qui disait « We'll see ! »

Le lendemain, certains souvenirs concernant mes frères ont surgi dans ma mémoire, tels que leurs idées préconçues sur ce que devait être une jeune fille bien. Je me suis rappelée de leur ouverture d'esprit pour leurs blondes qui était plus large que pour leur petite sœur. Cela m'a fait sourire et je me suis surprise à m'ennuyer d'eux. La distance qui nous séparait depuis les seize ans que je demeurais au Labrador m'a paru brusquement insupportable. À travers mes larmes, j'ai rêvé de les voir tous assis autour de ma table à rire de nos merveilleux moments d'enfance.

Lors de notre deuxième rencontre, Ann m'a demandé d'écrire mes souvenirs concernant mes frères. À notre troisième entretien, lorsque je lui ai présenté mes quarante pages, elle me les a remis en s'excusant de ne pas pouvoir lire le français. Elle n'a plus fait aucune autre tentative pour parler de mon enfance. À partir de ce jour-là, nos discussions ont couvert le moment présent, ce qui m'a fait le plus grand bien. Après un mois de visites hebdomadaires et deux mois de visites bimensuelles, mon besoin abondant de parler s'était assouvi, au dire des membres de ma famille et de certaines de mes amies. J'ai aussi constaté un regain d'énergie au travail et c'est tout ce qui comptait pour moi à l'époque.

Puis, le jour d'une grosse crise de colère, parsemée de jurons sans retenue envers mes enfants, crise qui a surgi sans crier gare, je me suis vue comme ma mère avec ses « sacrées saintes colères » auxquelles je n'avais jamais cru jusqu'à ce jour.

Je jure comme un gars de chantier !

Rencontrer sa propre démesure… c'est loin d'être facile !

Ma première expérience flagrante s'est produite pendant un souper de famille, lors d'une visite de Mira en semaine de vacances de son CEGEP. Elle partageait avec son frère des souvenirs de leur enfance. Mon va-et-vient de la cuisine à la salle à manger, m'empêchait d'entendre tout ce qu'ils racontaient et ça me contrariait beaucoup. Alors, sans préavis ni retenue, j'ai interpellé Mira afin qu'elle me donne un coup de main au service du repas. « Mira, pourrais-tu te grouiller un peu et rapporter les bols de soupe à la cuisine ? » Au même moment, j'ai laissé tomber le chaudron de patates en purée sur le plancher. Ma réaction a enclenché une recrudescence de jurons, suivie d'un langage acerbe et négatif vis-à-vis de moi-même.

– Voyons, Marion, riposta Jean. T'entends-tu ?

Ce fut le silence complet dans la maison. J'ai ramassé brusquement le dégât et j'ai poursuivi mes récriminations en dedans… comme si c'était moins grave pour ma conscience. Puis j'ai interpellé à nouveau Mira : « Qu'est-ce que tu attends pour rapporter les bols de soupe ? Que je le fasse moi-même ? Ch'uis pas la servante de la maison. Qu'est-ce que vous avez tous à me regarder de même ? C'est comme si le diable vous était apparu. »

– As-tu entendu tes blasphèmes, Marion, répéta Jean ? Un, ça passe, mais là tu…

– Dis, donc, j't'empêche pas de parler moi, quand tu…

Après une longue pause, où j'ai souhaité vainement que l'un d'entre eux intervienne, j'ai ajouté presque en larmes : « Mon Dieu que je suis fatiguée de ça ! Excusez-moi ! Je manque de contrôle, ça n'a pas d'allure. Faites donc comme si je n'étais pas là. » Je me suis gratté la tête à en perdre mes cheveux. « Je l'ai déjà essayé, Marion, dit Jean. Tu n'étais pas plus heureuse. Tu te sentais délaissée. Que devrions-nous faire selon toi ? »

– Maman, dit Mira, essaie de rire un peu. Depuis que je suis arrivée de Québec, on dirait que tu manges de l'ours enragé tous les jours. Tu étais si drôle avant.

– Toi ferme ta gueule, ma petite fille. Regarde qui tu es avant de faire la morale aux autres. Tu peux bien avoir des difficultés à te faire des amis. Une vraie Tit-Jos-Connaissant[1].

Plus personne ne mastiquait. « Mon Dieu, qu'est-ce que je viens de dire ? Pardonne-moi, Mira, dis-je avec un tremblement dans la voix. Je ne me comprends plus. Je ne me reconnais plus ».

– Ce n'est pas grave, maman, me dit-elle, oublie-le.

Je me suis mise à trembler comme une feuille en disant : « Je ne peux quand même pas ignorer ce qui se passe. Donnez-moi deux minutes. Je vais me ressaisir ».

– Ris-en, maman, on le sait que tu n'es pas comme ça, osa Niko.

– Ferme ta gueule toi aussi... je...

Jamais je n'avais utilisé ce langage cru envers les membres de ma famille, auparavant. Je me sentais coupable. J'avais tellement mal que j'aurais crié à en perdre la voix. Figée, les yeux hagards, j'ai eu envie de vomir. Jean s'est levé et m'a ouvert les bras, en disant : « Accepte au moins cette aide, Marion. »

Combien de temps suis-je restée dans ses bras ? Je ne saurais le dire, mais nos poivrons farcis étaient froids lorsque nous sommes parvenus à les manger. Au dessert, j'ai demandé la parole. C'est en bégayant que je me suis exprimée : « Bien que je me sois déjà excusée, j'aimerais corriger mes agissements. Voilà. Mira, tantôt j'aurais aimé te demander poliment de me donner un coup de main. Je voulais entendre votre conversation qui m'intéressait. Désolée. Je n'ai pas besoin de manger de l'ours pour être enragée, on dirait que je le suis devenue. Je sais que je ne suis plus drôle. J'aimerais retrouver ce secret que j'ai perdu. Je ne me sens pas la servante de la maison ; je me sens votre mère ; mais je ne parviens plus à l'être. Je ressemble de plus en plus à une marâtre. Je suis peut-être en difficulté, mais ceci ne me donne pas le droit de me décharger sur vous, pas plus qu'une personne en chaise roulante n'a le droit de nous écraser les pieds sur son passage. Je ne peux pas promettre de ne pas le refaire, car je n'ai pas encore trouvé ce qui le provoque. » J'ai essuyé mes larmes. Niko est intervenu : « Hé, maman, c'est un sermon comme je les aime. Se pourrait-il que ça te fasse plus mal à toi qu'à nous », demanda-t-il ?

– On dirait que tu vis tes peines, plus celles que nous vivons, ajouta Mira en sortant de table pour répondre au téléphone.

– C'est possible, dis-je. Oui, c'est ça, je vis vos peines aussi.

---

[1] Expression québécoise signifiant : Moi je sais tout

– C'est peut-être la première chose à corriger, dit Jean. C'est ce que je veux dire par « prendre soin de toi ».

Ce soir-là, alors que je faisais la vaisselle, Niko m'a offert son aide. J'ai refusé, comme pour me punir moi-même. En passant derrière moi, il a mis sa main sur mon épaule en signe de compassion. L'amour et l'énergie que j'en ai reçus ont effacé toutes mes peines comme par magie. « Voilà la solution, dis-je en me tournant vers lui. Le non verbal. Merci, Niko. Tu viens de trouver un moyen de me soutenir. » Voyant qu'il ne comprenait pas j'ai ajouté : « Ta main sur mon épaule, c'est de ça que j'ai besoin lorsque je suis triste ou… En tout cas, quand je ne suis pas moi-même ».

Mon esprit a vagabondé sur mes nombreuses sautes d'humeur durant l'année. Je me suis souvenue de certaines explications du médecin concernant des vagues prédéterminées de hauts et de bas qui se produisaient aux changements de saisons. Le phénomène pouvait se produire jusqu'à quatre fois par année chez certains maniaco-dépressifs et, pour d'autres, une fois. J'ai vu alors, pour la deuxième année consécutive, que le mois d'octobre était très difficile à vivre pour moi. L'explication du psychiatre qui avait dit : « Learn to live with it » a pris tout son sens

Le lendemain, avant le départ de Mira pour le CEGEP, nous sommes allées prendre un café en amies. Ce fut plus fort que moi, je suis revenue sur ce qui s'était passé la veille. « Comment fais-tu pour me pardonner toutes mes conneries ? »

– Comme toi quand tu nous pardonnes. Tu sais, maman, je crois que papa a raison lorsqu'il te dit et te répète de prendre soin de toi.

– Oui je sais, mais il me semble que je ne fais que cela, prendre soin de moi.

– Se pourrait-il que tu ne saches pas ce que ça veut dire ? Dis-moi, que fais-tu pour prendre soin de toi ?

– Je lis, j'écris, je vais marcher, je rencontre le médecin toutes les trois semaines, la thérapeute toutes les deux semaines et le psychiatre tous les trois mois. Si ce n'est pas prendre soin de moi, qu'est-ce que c'est ?

– Ta lecture, est-ce pour apprendre et savoir comment t'y prendre dans les dossiers que tu véhicules à l'association francophone ou pour te faire plaisir ? Tes marches, est-ce pour remplir ton bénévolat, ou pour toi ? Et ton médecin ainsi que ta thérapeute, c'est pour qui que tu t'y rends ? Puisque je te vois rire, j'en déduis que tu commences à piger.

– Je vais prendre le temps de mûrir tout ça. Encore une fois, excuse-moi.

– Non, maman. C'est passé, c'est enterré. Ne t'excuse plus. Cesse de te tracasser pour trouver des solutions : elles vont venir toutes seules. C'est toi qui m'as appris cela.

49

L'heure était venue de se rendre à l'aéroport.

De retour à la maison, j'ai décroché le téléphone pour prendre un rendez-vous chez mon médecin de famille. Lors de ma rencontre, la semaine suivante, le dosage quotidien a été augmenté à 900 mg au lieu de 300 mg. Il m'a fait part de son soulagement. Pour être franche, je me serais passée de ses commentaires. Et il a terminé en disant qu'il ne croyait pas que je resterais longtemps à 900 mg par jour. Cela me rassura, ainsi que son *Good luck* très chaleureux.

Sur le chemin du retour, je me suis arrêtée sur la colline. Me pardonner à moi-même les erreurs que je commettais était impensable à cette époque. En fait, je n'avais jamais entendu dire que ça pouvait se faire. Je me suis consolée en puisant dans les énergies de la nature qui m'entourait, tout en fumant lentement une cigarette. En enfouissant celle-ci sous le sable je me suis dis à voix haute : « Ce n'est qu'une manche de perdue et non pas la partie. Ne lâche pas ! »

D'autres effets secondaires à découvrir

La vie fut subitement plus facile et moins lourde. Enfin ! En pensant à ce que Mira m'avait dit, je me suis mise à chercher un bénévolat qui me plairait. C'est à la mi-novembre que l'occasion s'est présentée. Une amie m'a invitée à me joindre à son équipe pour monter un spectacle d'amateurs. J'ai accepté de prendre des tâches sans responsabilités d'envergure. J'en ai jubilé. Mais Jean a attribué tout le crédit de mon enthousiasme aux médicaments, pas à moi. Après tout, ils n'atterrissaient pas seuls dans ma bouche en suivant un fil invisible. N'est-ce pas ? Moi seule savais l'ampleur des efforts que je devais déployer pour motiver ma joie de vivre.

Les vitrines des magasins nous rappelaient que la saison des Fêtes approchait à grands pas. Depuis plusieurs années, cette période avait toujours été difficile et parfois même un fardeau. Voilà qu'elle ne me préoccupait plus. Eh bien, me dis-je, le lithium a peut-être des pouvoirs magiques que je refuse de voir ? Mais je ne l'avouais à personne.

Il surgit aussi une ombre au tableau. Depuis que j'avais augmenté le lithium, je prenais du poids et ça me déplaisait. J'en ai glissé un mot au médecin qui m'a répondu stupidement : « Mange moins et ajoute un peu de sel dans ta nourriture. » Surprise, je demandai : « Du sel ? Et ma tension trop haute, que dois-je en faire ? » Il a répondu : « Le lithium est un sel. Il est bon que tu en mettes un peu plus dans la nourriture, ça ne devrait pas déranger ta tension qui est bonne maintenant ».

À la mi-décembre, j'ai été contactée pour couvrir la période achalandée du temps des Fêtes dans un restaurant. Ayant déjà fait des remplacements de vacances pour cet établissement, je me sentais confiante d'y parvenir sans trop de difficultés. Voilà qu'à la première soirée de travail, il s'est produit quelque chose de bizarre…

En soulevant un cocktail dans mon plateau, ma main s'est mise à trembler à un point tel que j'ai renversé une partie du contenu. J'ai pris l'autre consommation, un verre de bière, et je n'ai eu aucun problème. J'ai essayé une deuxième fois pour le cocktail et le phénomène s'est reproduit. J'ai fait le tour de la table avec toutes les autres consommations sans rencontrer d'embûches. Debout devant mon unique verre sur pied, je me suis demandé que faire. Le déposer sans le renverser était un vrai casse-tête. J'avais beau essayer en respirant, en retenant mon souffle, il n'y avait rien à faire : ma main tremblait comme une feuille. J'ai jeté un coup d'œil sur mes compagnes de travail afin de voir si l'une d'entre elles pouvait le faire à ma place, mais elles étaient toutes occupées. J'ai remarqué la place vacante juste à côté de la cliente à qui je devais le donner. J'ai déposé le plateau sur la table et j'ai transféré la coupe à l'endroit où elle devait être. La cliente concernée m'a jeté un regard rempli de surprise face à ce geste extravagant. En relevant la tête pour poursuivre mon travail, j'ai croisé les yeux du Chef qui avait été témoin de la scène. Il sortait toujours de sa cuisine au mauvais moment, celui-là ! Il s'est approché de moi avec un rire moqueur et m'a dit : « Voyons, Marion, avec ton expérience, tu n'as pas… » J'ai tranché drastiquement : « Voyez-vous, Chef, je prends des médicaments depuis la dernière fois que j'ai travaillé ici. Il se pourrait que ce soit la cause de ce que vous venez de voir. » Il m'a alors demandé : « Que vas-tu faire avec un plat chaud ? Ne risques-tu pas de brûler un client ? » La patronne, qui s'était jointe à notre conversation, a réglé le problème en me demandant de débarrasser les tables. C'était le rôle qu'elle jouait normalement. La soirée s'est terminée dans les rires, au détriment de ma patronne à qui mes compagnes de travail ont dit que j'avais fait un meilleur travail qu'elle.

Coïncidence ou pas, le lendemain je devais aller à mon rendez-vous chez le médecin. J'avais donc quelques petites questions à lui poser. Il m'a appris que les tremblements faisaient partie de la liste des effets secondaires du lithium. Il m'a expliqué qu'en changeant ma routine de travail et surtout du fait que je travaillais un quart de soir, j'ébranlais tout mon système. « Je ne me savais pas si fragile », lui ai-je dit un peu découragée. Il a ajouté : « Ceci ne t'empêche pas de travailler. Ce que je t'explique, c'est que ton système va toujours réagir chaque fois que tu vas changer ton horaire de travail et de repos. » Un peu confuse j'ai ajouté : « Je suis engagée seulement pour la période du temps des Fêtes. Mon corps réagira donc encore lorsque je n'aurai pas à travailler le soir ? »

Tout en se retirant il m'a répondu : « C'est à peu près ça, nous nous reverrons dans deux semaines. »

Sur le chemin du retour, je me suis demandé si ces tremblements n'étaient pas tout simplement un signe d'overdose de lithium au lieu d'un effet secondaire.

Je ne savais pas à qui je pouvais poser cette question, mais je l'ai gardée en mémoire. Puis, j'ai décidé de donner ma démission, en pensant que ça ne valait pas la peine, pour une période aussi courte, de changer mes habitudes de vie. Lorsque j'ai expliqué le tout à ma patronne, elle m'a suggéré de ne me présenter que pour les réservations de cinquante personnes et plus. Elle m'a donné le choix de me retirer dès que le boum du service serait complété. Voilà qu'à la deuxième réservation, ce fut le personnel de l'hôpital, le docteur Woods[1] inclus, qui se présenta au restaurant. Comme il était poète et chansonnier à ses heures, ce que nous savions tous par sa participation à la radio locale, il a été invité à jouer de la guitare et à chanter son répertoire. Un des clients qui aimait ma chanson « Terre du Nord, Terre du Labrador » a demandé que je me présente au micro pour la chanter. Le docteur Woods s'est offert pour m'accompagner à la guitare. Je fus baptisée The singing waitress[2]

Lors de ma visite suivante au bureau du médecin, il m'a demandé si j'avais des inspirations le soir en me couchant et il m'a interrogée sur ce que j'en faisais lorsque cela arrivait. Je lui ai répondu : « J'essaie de mémoriser pour le lendemain, sinon j'écrirais toute la nuit et je ne veux pas vivre de nuit. ». Rassuré, il me dit : « Je crois que nous venons de trouver un gros morceau de tes problèmes d'insomnie. Au lieu de te coucher avec une pilule pour dormir, couche-toi avec un papier et un crayon. Note l'inspiration qui te vient à l'esprit et ne t'inquiète pas, tu retrouveras le filon. ». Béate, je dis : « C'est tout ? » Avec un sourire un peu moqueur, il a ajouté tout en se dirigeant vers la porte de sortie : « Beaucoup d'écrivains et compositeurs sont maniaco-dépressifs comme toi. Good Luck, Marion. ». Je ne savais pas toujours comment prendre ses explications, mais cette fois-là son conseil du papier et du crayon m'a servie à merveille.

Rien de spécial ne m'est arrivé pour la saison des Fêtes, sinon que Jean a souligné ma joie de vivre plus flamboyante comparativement aux années précédentes. Puis j'ai consacré une partie du mois de janvier à la structure du spectacle amateur avec le comité. Je me sentais vivante.

Ayant déjà observé que le mois de février n'était pas un mois positif pour moi, je le craignais. Alors j'ai examiné mes notes quotidiennes

---

[1] La personne du menu de Marion, cf plus haut Le médecin de Marion
[2] La serveuse chantante

très attentivement dans le but de comprendre ce qui se passait. Hormis quelques tremblements, il n'y avait rien d'autre à signaler. Par contre, en étudiant leur fréquence, je me suis aperçue qu'ils se produisaient chaque fois que j'avais une coupe de vin dans la main et ce, avant que je ne trempe mes lèvres dans le breuvage. Je me suis demandé si la forme du verre pouvait jouer un rôle dans ces tressaillements. L'idée d'overdose s'amplifiait.

Dans la colonne « poids » depuis que j'avais pris 12 kg, j'avais cessé de me peser en ruminant ma déception. Bien qu'un peu découragée à ce propos, je me rattachais aux encouragements de Jean qui me répétait sans cesse : « Ne te perturbe pas avec cela ; ton sourire me nourrit mieux que tes courbes. » Son humour valait plus qu'un lingot d'or.

Quelque temps plus tard, lors d'une visite chez le médecin, où j'appris que mon poids avait encore augmenté de 5 kg par rapport à la dernière fois, devant mes jérémiades face à ce poids qu'il m'était de plus en plus difficile à accepter, le médecin a eu le culot de dire que ce n'était qu'une question de volonté. Nous étions tous (les habitués du lithium) placés devant le même problème disait-il. Insultée de son hypothèse gratuite en plus de voir Jean qui acquiesçait à ses explications, je ne savais plus quoi en penser. Je les aurais « bouffés » tous les deux si j'avais pu. J'ai répliqué dans un dernier recours pour me faire comprendre que c'était des rages de faim. Ils me respectaient trop pour en rire mais ils en cachèrent mal leur envie. Quant à moi, j'ai réussi à étouffer mon besoin de hurler et de mordre et je suis parvenue à leur dire calmement :

– À mes yeux, avaler deux club-sandwiches[1] maison et avoir besoin de toute sa détermination pour ne pas en dévorer un troisième, n'est pas une question de volonté ou de gourmandise. Ajoutons que ceci se passe entre 20 et 21 heures, donc après avoir dégusté un copieux souper à 18 heures. C'est ça que moi j'appelle une rage de faim.

En terminant mon explication, les larmes débordaient de mes lunettes et des gouttes tombaient sur mon sac à main dans lequel je fouillais pour trouver un mouchoir. Embarrassé le médecin dit :

– « You overreact[2].

Parler aux murs m'apaisait, parfois !

---

[1] Trois tranches de pain fourrées au poulet et garnies de tomates, bacon et salade, servies avec frites

[2] Ce qui signifiait pour lui : Tu ne devrais pas te mettre dans tous tes états ! Mais pour l'auteure il avait un autre sens, celui de se voir reprocher de trop réagir, comme si les maniaco-dépressifs n'avaient pas le droit de réagir

Pendant ce temps, mon implication pour le spectacle amateur prit une ampleur inattendue. J'ai eu pleine liberté de créer comme jamais je ne me serais crue capable de le faire. J'ai composé une pièce pour marionnettes et j'ai transformé en comédie musicale les chansons d'Angèle Arsenault[1], qui avaient été choisies par trois jeunes filles. Le vent dans les voiles, je chantais à nouveau dans la maison et j'arrivais à accomplir mes tâches journalières sans en camoufler une seule. J'ai inscrit dans la dernière page du mois de mon calepin : « Une manche de gagnée ». Toujours un peu inquiète pour l'avenir, avec toutes les questions sans réponse qui s'accumulaient, j'ai ajouté : « La partie n'est pas finie et si c'est un tournoi, tant pis, je le gagnerai. »

La semaine suivante, j'ai reçu un appel téléphonique de mon père qui avait besoin d'aide et qui mentionnait qu'il ne savait plus quoi faire avec maman. Sa voix fébrile m'indiquait que je devais me rendre chez lui le plus tôt possible. En quelques heures, j'avais organisé la maison pour couvrir mon absence ainsi que rassurer mon amie Liette, l'organisatrice du spectacle amateur, en lui promettant que je serais de retour à temps pour les dernières répétitions.

Le séjour de trois semaines ne fut pas de tout repos. Mais j'en ai appris plus que je ne l'aurais espéré sur leur état de santé, ce qui m'aidera par la suite à gérer le mien. Papa était désemparé, il ne savait plus où donner de la tête et maman n'avait plus la santé nécessaire pour vaquer à ses tâches ménagères ni prendre soin d'elle convenablement. Elle demandait à être placée dans un foyer, consciente qu'elle ne pouvait plus rester seule à la maison. Papa était dépassé par sa demande, lui-même se sentait un peu perdu du fait qu'il venait tout juste de prendre sa retraite. Il m'a demandé d'effectuer les démarches nécessaires, en disant que lui n'avait pas la force de le faire. Dans tout ce branle-bas, il était au bout du rouleau, il n'arrivait plus à rien décider ni à dormir et il tremblait comme une feuille au vent.

Inutile de dire que leur situation m'angoissait et je me retirai discrètement pour aller prendre mon lithium. J'ai caché à tout le monde mes propres problèmes, mais ceux-ci, m'aidaient à comprendre la détresse de papa. En plus des démarches pour maman, j'ai accompagné papa pour une visite chez un chiropraticien et une autre chez son psychiatre. L'expérience que j'ai vécue en l'accompagnant chez ce spécialiste m'a renversée, presque traumatisée. Après deux heures d'attente, nous sommes entrés dans le bureau du psychiatre. Il nous a salués d'un signe de tête sans lever les yeux du dossier épais qu'il avait entre les mains. Il a dit en gardant les yeux rivés sur ses papiers : « Il y a longtemps que nous ne

---

[1] Auteur interprète du Nouveau Brunswick connue au Québec

nous sommes plus vus, M. Leloup. Ce n'est pas bon de ne venir que lorsque vous êtes en état d'urgence ». Puis sans tourner la tête vers nous, il a rangé ce dossier pour en prendre un second aussi volumineux et il l'a épluché grossièrement devant nous. Toujours sans nous regarder ni l'un ni l'autre, il a dit : « Marie-Paule Pigeon est bien votre épouse ? » Je n'osais croire qu'il prenait des références dans le dossier de ma mère pour prendre soin de mon père.

Puis, il leva les yeux vers nous, surpris de me voir mais sans le mentionner, il demanda à mon père s'il prenait bien ses médicaments. Papa lui a répondu : « Je ne peux pas les arrêter. "J'vais virer fou" si j'arrête ». Froid et distant il a dit : « Je vois. Il faut vous donner un bon coup de pied au derrière, M. Leloup. Quand on a une femme comme la vôtre, il n'y a rien d'autre à faire. Prenez un rendez-vous pour le mois prochain. Pour aujourd'hui, j'augmente la dose de vos médicaments pour vous aider à mieux relaxer et mieux dormir. »

Rien de plus, rien de moins, j'entends encore son crayon crisser sur sa tablette d'ordonnances. J'étais désemparée. Je ne pouvais croire ce que j'avais entendu et « surtout » pas entendu, c'est-à-dire qu'aucune question sur ce qui se passait dans sa vie n'avait été posée, et en plus je restais stupéfaite devant le volume des dossiers qui atteignait, sinon plus, l'épaisseur d'un dictionnaire chacun. J'ai frissonné jusqu'à la moelle devant ce que me réservait l'avenir avec mon flacon de lithium qui était dans mon sac à main.

En nous dirigeant vers la voiture, papa me dit : « Tu vois ce que je te disais : le coup de pied au cul, prends tes pilules, puis ferme ta gueule. » Ébranlée autant que lui, je lui ai demandé s'il avait déjà pensé à voir un psychologue au lieu d'un psychiatre. Il m'a appris que ma belle-sœur Élise faisait des démarches en ce sens depuis peu. Puis, avant de retomber dans son silence il a ajouté « Sais-tu, Marion, depuis plus de vingt-cinq ans que je suis suivi par ce département, je n'avais jamais remarqué qu'il lisait le dossier de ta mère en même temps que le mien. Selon la femme de ton frère Claude, les psychologues font parler leurs patients. J'ai bien hâte de voir la différence. »

Cette expérience m'a incitée à persévérer pour trouver mes réponses en considérant que les spécialistes étaient devant les mêmes questions sans réponse que moi. J'avais une longueur d'avance sur eux, puisque moi je vivais ces détresses tandis qu'eux ne pouvaient que les observer.

L'avant-veille de mon retour à Labrador City, j'ai rejoint ma belle-sœur Louanne, animée d'un besoin pressant d'aller me détendre. Nous sommes allées au Bar Le Versant qui présentait un chansonnier du tonnerre. Ce soir-là, j'ai rencontré une compagne d'école qui était assise tout près de nous. Quand j'ai eu fini de donner à ma belle-sœur des nouvelles de ce qui se passait avec mes parents, celle-ci me lança : « Tu as quitté l'école pour prendre soin de ta mère. Maintenant j'apprends que tu prends encore soin d'elle et de ton père. Réalises-tu que plus de vingt ou vingt-cinq ans se sont écoulés depuis ? Je lève mon verre à l'amour filial ». Elle nous quitta en me serrant la main et en disant : « Chapeau, Marion, ce fut une grande joie de te revoir. » Je me suis sentie fortifiée par ses paroles. J'ai remercié encore une fois la Vie qui répondait à mes besoins, en plaçant des gens ou des événements sur mon chemin au bon moment.

Le surlendemain papa me ramena à l'aéroport. Il me rassura en disant de ne pas m'inquiéter pour lui et ce d'une voix calme et confiante. Émue aux larmes, je l'ai serré dans mes bras. Assise à bord de l'avion avec Mira, qui rentrait elle aussi (de son année de CEGEP), je me sentais alarmée par tout ce que j'avais vu dans le bureau du psychiatre et je n'arrivais pas à penser à autre chose. Mira m'a entourée de ses bras. Elle m'a demandé où j'étais ? D'une voix tremblante, je lui ai répondu : « C'est peut-être fou, mais je prie avec la sensation que Dieu peut m'entendre mieux lorsque je suis en haute altitude. J'ai peur d'avoir à passer par le même chemin que ma mère ». J'avais des trémolos dans la gorge que je n'arrivais pas à contrôler. Mira est intervenue en disant : « Tes problèmes de santé te stressent beaucoup, n'est-ce pas ? Je ne sais pas quoi te dire pour te rassurer. » Je ne saurais dire si ce sont ses bras qui m'enlaçaient ou ses paroles de compréhension à mon égard, mais j'ai trouvé la force de me ressaisir.

– Il n'y a rien à dire, ma fille, parlons plutôt du spectacle amateur.

– Crois-tu que je pourrais chanter à ce spectacle ?

– Oui, car nous avons pensé aux étudiants de l'extérieur et il y a une dernière réunion ce soir pour ceux qui veulent présenter un petit numéro. Je dois trouver un guitariste pour accompagner ceux et celles qui voudront chanter.

De retour au Labrador, j'ai appris, malgré moi, à patiner !

Lorsque je suis arrivée au local des jeunes, Liette m'a sauté au cou en pleurant. Deux des organisatrices avaient été obligées de démissionner. « Le travail est beaucoup trop avancé pour annuler, ajouta-t-elle. T'imagines-tu le nombre de jeunes qu'on décevrait ? » Instinctivement je lui ai demandé si nous pouvions tout faire à nous deux. « Oui, si nous y consacrons tout notre temps, car nous avons les employées de l'association et de la radio communautaire à notre disposition depuis hier. »

– Bon. Eh bien, relevons nos manches et fonçons !

Deux semaines plus tard, adrénaline dans le sang, nous terminions l'écriture des cahiers de route pour l'équipe technique. « Hum, Liette, dis-je un peu énervée, il y aura 60 personnes qui passeront sur la scène et ça impliquera 21 changements de décors ! » Elle se retourna vers moi les yeux grands ouverts de surprise en disant : « Hein ! C'est pas vrai ! Outche ! Il faut des filles sans expérience comme nous pour nous être embarquées dans un tel bateau. On a du front tout le tour de la tête[1] ! Bout d'viarge[2] ! Il ne restera plus de francophones pour jouer le rôle de spectateurs ! ».

Ce fut une réussite totale, au-delà de nos espérances, pour les spectateurs comme pour les participants qui se disaient comblés et ravis à tous points de vue. À la dernière réunion, lors du rapport final de l'activité, les participants nous remercièrent, les yeux brillants. Après leur départ, alors que nous devions remplir la dernière page réservée aux organisatrices, Liette déposa son crayon en disant : « Comment on a fait pour passer au travers ? »

– Grâce à notre confiance mutuelle, je crois.

– Tu sais, Marion, plusieurs personnes trouvent difficile de travailler avec toi. Pour ma part, je referais l'expérience n'importe quand.

Nous avons levé notre verre d'eau, en nous regardant droit dans les yeux. J'ai pensé alors : Sans la petite maudite pilule miracle, moi, je n'y serais jamais parvenue. Merci, Liette, d'avoir fait confiance à une fille traitée en santé mentale. J'ai essayé de lui exprimer ce que je pensais, mais… j'ai dit simplement : « Merci pour ce que tu es. Je me rappellerai de cette expérience toute ma vie ! »

La semaine suivante, j'ai gagné le trophée de la bénévole de l'année et je l'ai partagé avec elle, en lui offrant le bouquet de roses qui l'accompagnait. Ce fut une soirée plus que spéciale ! D'accord, j'ai reçu des mercis, des bravos et des encouragements, mais il y avait plus que ça. À deux reprises dans la salle des dames, j'ai été approchée par mes consœurs qui me demandaient mon opinion sur les symptômes de la ménopause. Mon étiquette de malade mentale disparaissait-elle ? Je ne savais pas quoi penser. Était-ce ma crédibilité retrouvée qui m'avait émue ou mon chemin solitaire de 9 ans de ménopause qui prenait fin ? Il y avait sûrement des deux dans les émotions que je vivais.

À mon réveil, le lendemain de cette soirée mémorable, j'ai accompagné Mira qui faisait partie de l'équipe de nettoyage de la salle de récep-

---

[1] On est pas mal audacieuses !

[2] Juron québécois

57

tion. Bien qu'elle m'ait dit à trois reprises que ce n'était pas ma place, j'y suis allée quand même. Le groupe accomplissait les tâches dans une atmosphère joviale. Ils me taquinaient devant ma lenteur et surtout mon inefficacité : « Vous foutez rien de bon ce matin ! La bénévole de l'année aurait-elle les oreilles chromées depuis hier soir ? Auriez-vous perdu vos talents durant la nuit ? » Comme ils persévéraient à me taquiner, Mira est venue à mon secours. « Tiens, maman, bois ce café. Ça va te faire du bien. Je ne suis pas d'accord avec eux. La bénévole de l'année ne devrait pas être ici à nettoyer la salle de son couronnement ! »

Le café était dans un contenant de polystyrène que je n'arrivais pas à tenir sans trembler comme une feuille. J'ai même dû utiliser mes deux mains pour le diriger vers ma bouche afin d'éviter de le renverser. Pour ceux qui avaient vu mon geste, j'ai menti en disant que j'avais trop bu la veille. Puis j'ai transvidé le tout dans une tasse en porcelaine. Laissée seule, j'ai réfléchi à ce qui venait de se produire. J'en ai déduit qu'il y avait un « hic » quelque part que je n'avais pas encore trouvé. Mes suppositions d'overdose ne convenaient plus, car j'avais diminué mon lithium afin de pouvoir boire quelques onces de scotch durant la soirée et éviter ainsi de mêler la boisson avec des médicaments. D'où pouvaient donc venir ces tremblements ?

Mira me remit les pieds sur terre en demandant :

– Qu'est-ce qui se passe, maman ? Le sais-tu ?

– À part mon orgueil qui en a pris tout un coup, ça va très bien. Ne t'inquiète pas pour moi. Ça peut être un surplus de lithium comme ça peut en être un manque. Il n'y a rien de grave à cela.

– Le groupe croit à ta version de boisson. Tu n'étais pas « paquetée[1] » hier soir ! Pourquoi leur as-tu répondu cela ?

– Si je leur explique ce que je viens de te dire, ils me croiront débile. J'ai choisi l'autre version.

– Tu as peut-être raison. Tu m'inquiètes quand même, soupira-t-elle.

La saison du Lac Justone n'a pas été facile cette année-là. Mes sautes d'humeurs ont été plus fréquentes, plus drastiques et plus violentes. Lors du séjour de papa, il m'a donné des nouvelles sur les examens d'évaluation de maman. La conclusion des spécialistes était : vieillissement prématuré. Bien que ce fût un soulagement dû au fait qu'ils soupçonnaient la maladie d'Alzheimer, je suis restée confuse devant leur conclusion. J'ai réagi en entendant papa dire qu'ils évaluaient son auto-

---

[1] Ivre

nomie à celle d'une personne âgée de 90 ans, alors qu'elle n'avait pas encore fêté ses 70 ans ! Ma version qui consistait à penser qu'elle était détruite par les pilules, prenait tout son sens. Il m'a aussi appris qu'elle était heureuse dans son foyer où elle demeurait depuis un mois. Il était triste et surtout sans enthousiasme face à toutes ces bonnes nouvelles, lui qui les souhaitait quelques mois plus tôt. J'ai compris à travers quelques confidences, qu'il était placé devant sa solitude, ce qu'il n'avait pas prévu ultérieurement. Il souffrait plus que maman selon ce qu'il me racontait de leur nouvelle vie.

Ce soir-là, bien étendue dans mon lit, près de Jean qui ronflait, je n'arrivais pas à trouver le sommeil. Encore ébranlée par le contenu de l'échange que j'avais eu avec mon père, j'ai fait un survol des comprimés que maman avait pris à partir de l'âge de 45 ans. À chaque changement de saison, elle avait dû prendre des médicaments pour soit calmer ses extases, ou encore pour motiver ses états de détresse et de nostalgie. Entre ses deux phases, elle avait consommé des pilules qui devaient la garder stable. L'ironie était à son comble pour moi, si celles qui devaient la garder stable avaient été efficaces, jamais maman n'aurait eu besoins des deux autres. Et pourquoi celles-ci seraient-elles meilleures que celles qui devaient la maintenir dans un état de stabilité ? Le simple bon sens n'avait parfois pas de logique. Ma tête n'arrêtait pas de ressasser ces questions. Et le lithium que je prenais servirait-il à m'éviter une partie de ses déboires ou à les accentuer ? Comme aucun spécialiste ne trouvait de réponse sensée pour maman, je me suis dit qu'ils n'en avaient pas plus pour moi. Pour trouver un angle différent d'elle, je me suis accrochée au fait que ses difficultés avaient débuté à 45 ans, tandis que je n'avais pas encore passé la barre des quarante. J'ai ainsi raffermi ma décision de gagner mon tournoi.

Je suis tombée endormie en croyant que comprendre ce qui se passait en moi, était la clé de l'énigme.

Deuxième chapitre

Sept ans plus tard !

Durant les sept ans qui suivront, je gagnerai des manches et j'en perdrai. Je m'entêterai à trouver des solutions au nom de tous les miens, ceci incluant ma famille et tous ceux et celles qui passent par la maniaco-dépression. Le désir de vaincre alimentera ma détermination en permanence. J'en verrai rire de moi et me fuir, d'autres me feront confiance et m'encourageront. J'utiliserai tous les moyens qui seront à ma portée pour y arriver et j'en inventerai : massage du cuir chevelu, bains de sel, coucher par terre, musique de relaxation, coucher sous une lumière, manger des oranges chaque jour, me confier à des amies au lieu de me refermer sur moi-même et bien d'autres encore.

Je suis arrivée à me situer et me reconnaître à travers certains articles de revues. Le spectre d'octobre, dont le texte décrivait les fatigues extrêmes et les sautes d'humeurs, a répondu à plusieurs de mes questions. Enfin je n'étais pas la seule placée devant ce mois lourd à faire peur. Puis, quelques années plus tard, il n'y aura plus d'énigme en me reconnaissant dans la maladie bipolaire affective, nouvelle approche pour parler des maniaco-dépressifs. Enfin ils reconnaissent le jeu des émotions dans ce que nous vivons, me suis-je dit. L'étiquette de maniaco-dépressive s'est transformée en devenant moins pesante à porter. Je me disais : Je suis une Bipôle, ce qui m'a nourrie positivement dans ma détermination à relever le défi.

Toutefois, je tiens à souligner qu'il y a toujours eu quelqu'un sur mon chemin pour m'aider au bon moment et que sans ces personnes je ne sais pas où j'en serais aujourd'hui.

Enfin, une aide véritable

Octobre 1991. Rien n'allait plus. Je me sentais vide comme si le néant avait pris racine sous mes pieds. Paniquée, j'ai accepté d'aller chercher de l'aide au CLSC de Fermont, situé à 18 kilomètres de Labrador City et qui offrait des services en français aux francophones de la région. En me rendant au rendez-vous, je me suis vue recommencer à zéro encore une fois. Que me restait-il de ma détermination à gagner le tournoi ? Je n'en savais plus rien. La seule chose que dont j'étais sûre, c'est qu'il ne fallait pas que je baisse les bras et que je devais trouver des réponses avant de perdre complètement mon goût de vivre.

Je me suis mise à prier tout haut : Seigneur, je n'en peux plus ! Je me débats devant ces hauts et ces bas depuis neuf ans. Donne-moi la force de passer au travers encore une fois. Est-il possible de trouver la voie qui ne me ramènera plus à la case départ. Guide mes pas. Moi, je ne vois plus rien. Merci.

En entrant au CLSC, une certaine gêne m'habitait. Au comptoir de la réception, j'ai bégayé mes coordonnées et j'ai mémorisé difficilement les instructions pour me rendre au département des services sociaux. Tiens, ils appelaient ça les services sociaux au lieu de département de la santé mentale. Je trouvais cela plus positif et moins péjoratif, en plus les décors étaient gais et parsemés de couleurs vives et flamboyantes. Mes racines québécoises vibraient d'une énergie nouvelle, je me sentais chez moi.

Assise dans la salle d'attente, j'ai attendu qu'on vienne me chercher, tel qu'il me fut indiqué de le faire. Perdue dans mes pensées, je ne vis pas Danièle Lelièvre qui venait vers moi en me disant : « Bonjour, Marion ! Comment vas-tu aujourd'hui ? »

– Danièle ! Comme il fait bon te revoir. Je… J'avais une boule dans la gorge qui m'étouffait.

– Oh la, la ! Il était temps que tu viennes nous voir ! Écoute, à ta prochaine rencontre, nous pourrions aller dîner ensemble, si tu veux.

Les larmes aux yeux, j'ai approuvé d'un signe de tête. Elle m'a remis un bout de papier où elle avait inscrit son nouveau numéro de téléphone.

Puis un jeune homme s'est présenté en prononçant mon nom. Répondant à mon signe de tête, il s'est dirigé vers moi, la main tendue, tout en se nommant : « Je suis Alain Loiseau ». Je poussai un grand soupir.

Consciente de mon état de fébrilité, je suis demeurée muette. Je l'ai suivi d'un pas lent tout en respirant profondément et essayant de donner bonne impression. Assise dans son bureau, je suis parvenue à gérer ma gêne et mon embarras. Bien que je doive dire qu'il a agi en conséquence en me demandant dès sa première approche si je voulais que nous nous tutoyons et si je préférais Marion ou Mme Leloup. Il me donnait aussi le choix de m'adresser à lui avec son prénom. Ceci étant réglé, il m'a demandé les raisons de ma présence devant lui.

– Tous les mois d'octobre, je me retrouve sur le carreau, lui dis-je, décontractée. C'est la même histoire chaque année depuis neuf ans. Pour répondre directement à votre question, aujourd'hui je n'ai plus envie de me battre.

– À quand remonte votre dernière visite au département de votre province ?

– Oh la, la ! Je dirais novembre 1988. Enfin, je crois.

– Trois ans sans aucune aide ?

– Pas tout à fait. J'ai rencontré un psychiatre environ quinze minutes tous les trois mois, à partir de décembre 1988 et ce, jusqu'au mois de mai 1990.

– Vous dites bien quinze minutes ?

– Oui, c'est exact et tous les trimestres.

– Bien que je n'aie pas à critiquer les soins que vous avez reçus, je ne vois pas ce qu'on peut donner comme soutien dans un temps aussi court. Pourriez-vous m'expliquer un peu plus en détail votre situation ?

– C'est une longue histoire. Lorsqu'on me pose des questions, je deviens un moulin à paroles qui fait des détours souvent inutiles.

– Prenez votre temps ; il n'appartient qu'à vous. Si nous ne faisons pas le tour de la question aujourd'hui, nous y reviendrons.

– Je suis suivie en santé mentale depuis 1985. Mes premiers signes de difficulté remontent au mois de mai 1982. Ce fut ma seule hospitalisation. Par la suite, j'ai choisi un médecin généraliste, qui est toujours mon médecin traitant. Ce qui est rare dans nos régions éloignées, comme vous devez déjà le savoir. Par la suite, j'ai eu recours à deux psychiatres dont le premier à trois reprises, qui m'a offert les services d'une intervenante au département de santé mentale, avec elle j'ai eu du soutien pendant deux ans. Le deuxième psychiatre, après deux rencontres « boiteuses » a coupé les services de l'intervenante parce que je ne voulais pas prendre le lithium en respectant la posologie qu'il m'avait prescrite Voilà ! J'ai fait le tour du jardin des spécialistes qui m'ont suivie.

– Présentement, êtes-vous sous médication ?

– Oui, je prends 600 mg de lithium par semaine.

– Vous voulez dire « par jour ? »

– Non, par semaine. Un le dimanche et l'autre le mercredi.

– Bien que je ne sois pas psychiatre et que je n'aie jamais traité personne avec des médicaments, c'est la première fois que j'entends parler de cette posologie.

– C'est moi qui en ai décidé ainsi.

– Je vois. Parlez-moi des services que vous avez reçus.

– Tout allait bien jusqu'au jour où j'ai cessé de prendre du lithium. J'y suis parvenue pendant un an. Lorsque le psychiatre, le docteur Killder, a remplacé l'autre psychiatre, le docteur Partmigan, j'étais à mon troisième mois de sevrage. Celui-ci perçut ma détermination à vivre sans médicaments comme de l'entêtement. Alors il a coupé les services de l'intervenante au département de la santé mentale de Labrador City.

– Aviez-vous décidé d'arrêter le lithium sans leur en parler ?

– Oui et non. C'est une longue histoire. Je crois que je ferais mieux de condenser. Comment dire ? Mon Dieu, comme je me sens embrouillée. Je me demande comment vous faites pour me suivre.

– Ne vous préoccupez pas de moi. Présentement, je cherche à cibler votre besoin immédiat. Que vivez-vous pour le moment ?

– Je suis dépassée par le fait que je dois recommencer à zéro avec vous. Je trouve injuste de ne pas avoir encore trouvé une aide propice aux efforts que j'ai fournis pour me guérir. Je n'ai même plus la force de me fâcher. Après une longue pause, j'ai ajouté : Je me sens fatiguée. Je n'ai plus le goût de me débattre. On dirait que je ne m'aime plus. J'irais jusqu'à dire que je n'ai plus le goût de vivre. C'est comme si je ne valais plus la peine de mes efforts. J'ai peur. J'ai aussi besoin d'être orientée et rassurée sur les méthodes que j'ai utilisées pour m'en sortir.

– Peur de qui ou de quoi ?

– Peur de moi. La semaine dernière, je me suis surprise à regarder les veines de mon poignet gauche. J'ai constaté que j'étais la seule responsable de ma vie. J'ai aussi réalisé que personne ne pouvait m'empêcher de m'enlever la vie si je le décidais. C'est comme faire face à une nouvelle responsabilité et je la trouve immense.

– Comment voyiez-vous la responsabilité de votre vie avant la semaine dernière ?

– Je sais que les intervenants en santé mentale se préoccupent toujours de la probabilité du suicide chez leurs patients. Je disais donc avec humour à tous ceux qui voulaient l'entendre de dormir sur leurs deux oreilles concernant mon cas. Je le leur expliquais en ces termes : « Les lacs sont gelés, je demeure dans un sous-sol, les fusils de mon mari sont au club de pêche et j'aime la vie ». Je finissais en disant de faire la fête en mon nom si jamais je passais aux actes. Et je pensais en moi-même : À moins que ce ne soit écrit dans ma destinée, surprise d'avoir réussi à lui faire cette dernière confidence.

– Aujourd'hui, vous ne le voyez plus ainsi ?

– Non ! Je m'en sens responsable mais je n'en peux plus de prendre soin de moi. Mon « sac à dos » est trop lourd et je ne sais même pas ce qu'il y a dedans. J'ai peur ! Il faut l'alléger un peu car j'ai envie de tout lâcher.

– Que veut dire « lâcher » pour vous, Marion ?

– Je ne le sais pas vraiment.

– Y aurait-il des raisons spécifiques qui seraient la cause de votre fatigue ?

– Le manque de réponse de ceux qui sont censés s'occuper de moi depuis neuf ans. Depuis toutes ces années, je cherche à comprendre ce qui se passe en moi. Aucune de leurs explications ne m'ont satisfaite.

– Comment en êtes-vous arrivée là ?

– Vous souvenez-vous lorsqu'ils ont « désinstitutionnalisé » les centres psychiatriques, M. Bernard Derome[1] demandait si ceci voulait dire que le gouvernement remettait les fous en liberté. Comment voulez-vous que nous soyons compris par notre entourage lorsque les spécialistes de l'information profèrent de telles âneries ?

– Vous semblez souffrir du fait de ne pas être comprise. Est-ce possible ?

– Exact. Il y a eu une série de documentaires sur la santé mentale pour rassurer la population sur la « désinstitutionnalisation ». Nous avons entendu tous ceux et celles qui travaillent dans ce domaine, sauf les gens concernés.

– Que recherchiez-vous en écoutant ces émissions ?

– Je souhaitais voir naître un filet d'espoir qui réunirait le « psy » et son client. Je croyais qu'en équipe nous parviendrions à ouvrir la compréhension de tous ceux que nous côtoyons dans le quotidien. Inutile de dire que mes attentes ne furent pas comblées. Un psychiatre du panel ridiculisait une maniaco-dépressive qui gardait espoir de s'en sortir un jour. Il contredisait ses propres croyances dans la médication qu'il prescrivait lui-même. Il nous accusait de cesser nos médicaments pour vivre l'euphorie que l'arrêt provoque. Comment osent-ils véhiculer des préjugés semblables ? À travers cette maniaco-dépressive, je me suis sentie accusée à tort et à travers. C'est à se demander s'ils savent de quoi ils parlent.

– Poursuivez, Marion. Il faut sortir ce que vous pensez. Que vous ayez tort ou non n'a pas d'importance pour l'instant.

– On nous enlève notre autonomie et on nous blâme de ne plus avoir confiance en nous, et ce, après nous avoir habitués à des drogues légales. Ils ont plus confiance en leurs pilules qu'en leurs patients. C'est en sanglotant que j'ai ajouté : Là où je fus le plus révoltée, c'est en lisant la description du lithium dans le dictionnaire médical. Lorsque...

– Où êtes-vous allée chercher ce livre ?

– Peu importe. Lorsque j'ai lu dans la partie des effets secondaires : « danger d'empoisonnement pouvant mener à la cécité et à la mort », j'ai hurlé contre tous les spécialistes et les scientifiques. Me remettre un tel poison entre les mains sans m'en aviser ! Comment peuvent-ils se sentir des héros de la découverte en sachant que ce qu'ils m'ont prescrit est un poison qui me tue à petit feu. Comment osent-ils croire qu'ils ont le droit de me tuer et moi pas ? Au nom de qui et de quoi ? Comment peuvent-ils avoir la conscience tranquille malgré cette connaissance et se sentir plus

---

[1] Journaliste à Radio-Canada

64

propres que celui qui se tue de ses propres mains, de son propre chef et de la façon qu'il a choisie.

Après une longue pause et trois mouchoirs de papier, j'ai ajouté : « Personnellement, chaque fois que je fais la queue dans une pharmacie, je regarde leurs étagères en me demandant si c'est l'évolution de l'homme ou sa destruction ».

M. Loiseau gardait le silence. Du regard, il m'encouragea à continuer. Je lui ai donc confié ma philosophie de vingt ans expérience.

– Après avoir essayé toute la panoplie de médicaments, ils nous blâment d'être blasés pour ne pas dire « zinzins » ce qui selon moi est plus approprié à leur façon de raisonner. J'entends encore le « psy » de mon père qui lui disait : « Donnez-vous un coup de pied au derrière, M. Leloup, et ça ira mieux ». Comment peuvent-ils prétendre savoir ce qu'il ressentait ? Ensuite, on se demande pourquoi le taux de suicides augmente. Ils ont tous peur de notre suicide en phase basse quand ce n'est pas la peur que nous allions tuer quelqu'un d'autre. Dans les phases d'excitation, ils craignent qu'on se ruine et il paraîtrait que certains d'entre nous vivent des crises de libido excessives. On n'oublie surtout pas d'en informer les membres de notre famille. Alors la chaîne de la peur s'installe pour tous et elle fait des petits. Ce qui me frustre le plus, c'est qu'en ce qui concerne la façon de nous aider, c'est comme si personne ne le savait. Serait-ce un secret de polichinelle ? Nous sommes tellement peu éclairés, c'est à en devenir fou.

– Poursuivez, vous en avez encore beaucoup à dire.

J'ai pris le temps de me moucher, avant de reprendre :

– Lorsqu'on essaie de se défendre de ces préjugés, on nous fait taire et on finit par nous faire douter de nous-mêmes et ce, même si nous n'avons jamais rien fait qui ressemble aux étiquettes déjà connues. Ils savent tellement bien ce que nous vivons qu'ils prétendent qu'eux seuls savent si nous sommes bas ou hauts. Il arrive parfois que nous n'ayons plus le droit de rire ni de pleurer. Plus nous essayons de nous en sortir, plus nous sommes catalogués comme rebelles. Nous finissons par ne plus avoir le droit de penser sans que ce soit perçu comme un signe apparent d'une phase maniaque prochaine. Et ils ont le culot de conseiller les membres de nos familles en leur apprenant comment agir envers nous.

Je fis une autre pause pour remplir trois autres mouchoirs de papier. Le nez enfin sec, j'ai continué :

– Qu'est-ce qu'ils connaissent de nos « hauts » et de nos « bas », puisqu'ils ne les ont jamais vécus ? Nos malaises réels sont rarement pris au sérieux. Eux, ils ne parlent que du fruit de notre imagination. Tout ce qui compte à leurs yeux c'est que nous prenions nos médicaments « au cas où ». J'ai demandé à mon médecin traitant s'il prenait ses aspirines pour son éventuel mal de tête du samedi, suivi de sa cuite, le vendredi soir avant de boire. C'est aberrant ce qu'ils nous font subir ! Le fait que nous n'ayons jamais pensé à nous suicider ni à dépenser excessivement ni fait aucune crise de libido ne compte pas dans la balance.

Conclusion, nous sommes à la merci du savoir de ceux qui prennent soin de nous, de ceux-là mêmes qui sont la source d'informations des spécialistes de la recherche, ceux qui ne nous ont jamais vu le bout du nez. Le pire dans tout ça, c'est que chaque médecin, peu importe sa spécialité, a le droit de garder sa propre opinion sur les résultats du chercheur qui, lui, consacre tout son temps à la recherche. Nous ne sommes que des cobayes. Résultat de ce cafouillis, lorsque l'un d'entre nous finit par être complètement démoli, il est vu comme un dépendant de la société, un raté, un irrécupérable et un trou du cul.

J'étais essoufflée. Il est intervenu : « Vous voyez-vous ainsi, Marion ? »

– Non, criai-je, pas encore. Et je n'ai pas l'intention de me rendre jusque-là non plus. Je n'ai pas encore dit mon dernier mot. Ceci ne veut pas dire que je crois qu'ils ont tort sur toute la ligne, que leurs médicaments sont tous inutiles et qu'il ne devrait pas y en avoir. Mais il y a quelque chose qui cloche quelque part et qui retombe sur le dos du patient traité. C'est ça qui me met en rogne.

– Qu'essayez-vous de dire au juste ?

Les dents serrées, je lui ai répondu : « Ce sont les effets secondaires des pilules qui finissent par nous étiqueter ! C'est comme si nous étions ce qu'elles nous font faire. Je… ». Bouche bée, il m'a demandé un exemple concret.

– Ma mère semait ses filtres de cigarettes comme des graines ou bien elle ramassait des cailloux comme si c'eût été des œuvres d'art. Était-ce ma mère qui n'était plus intelligente ou était-ce un effet secondaire des médicaments qu'elle prenait ? Si c'était elle qui était devenue débile, pourquoi n'a-t-elle pas continué à le faire ? Prenez une personne, durant une fête, changez le contenu de sa bouteille d'alcool par de l'eau. S'il ne voit pas la différence, sera-t-il devenu débile pour autant ? Pas plus qu'il ne se retrouvera avec une prescription de pilules de « psy ». Prenez maintenant M. Lortie[1] qui a tiré des coups de fusil dans le Parlement. Est-ce lui

---

[1] Lortie : Le caporal Denis Lortie fait irruption le 8 mai 1984 au Parlement de Québec ouvre le feu sur la réceptionniste, tire sur un messager, se dirige vers le Salon bleu de l'Assemblée Nationale et tire de toutes parts, il est arrêté par un membre du parlement, René Jalbert, qui le calme. Accusé de trois meurtres, il est condamné à la prison à perpétuité en 1987

le coupable ou le médicament car lors d'une entrevue télévisée, quelques années plus tard, j'ai appris qu'il était sous médication au moment de ces événements. Qui porte les responsabilités de ce qui est arrivé pour le restant de sa vie ? C'est ce que j'appelle la prison des étiquettes que nous portons tous à partir du premier jour où nous affrontons une dépression. Ensuite ils se demandent pourquoi personne ne veut plus y faire face.

Après un long silence où je gigotais sur ma chaise, j'ajoutai : « J'ai l'impression de tourner en rond, je crains de cracher le morceau. Présentement, j'ai peur d'être cataloguée par vous aussi. Il n'y a aucune raison de vous le cacher, c'est ainsi. »

– Le penser et me le dire démontrent votre authenticité. Marion, il faut sortir tout ce qui vous trotte par la tête pour ne pas vous empoisonner avec ça.

D'une voix haute et déterminée, j'ai enchaîné sans pouvoir m'abstenir de jurer : " ▼✿✛✿✴✿✿✿✛ ". J'ai appris après deux ou trois ans de consommation de somnifères appelés Halcion, que des adeptes de ce médicament avaient tué des personnes. Je prenais encore ces médicaments le jour où j'ai passé mon mari à travers la fenêtre de notre camp de pêche. Était-ce le médicament le coupable ou moi qui avais un caractère de cochon ? Si c'est moi qui ai un tel comportement, comment se fait-il que je ne l'aie pas 24 heures par jour et 365 jours par année ? Racontez une expérience de la sorte à un psychiatre; que pensez-vous qu'il fera ? Il augmentera le dosage ou essayera une autre sorte de pilule. Après combien de meurtres ont-ils découvert que le médicament Halcion pouvait être le responsable ? »

Ma colère n'arrêtait plus. « Je me sens tellement en rogne devant les spécialistes de la santé mentale que ce serait dangereux de me retrouver devant eux présentement. Je les mets tous dans le même panier, comme ils le font pour nous. Je veux bien croire qu'ils ont trouvé des différences, qu'ils ont inventé des noms de maladies pour nous distinguer dans nos différentes souffrances ou nos différentes manies, mais c'est comme s'ils se servaient de leurs nouvelles connaissances seulement pour mieux nous étiqueter.

C'est à se demander s'ils inventent des maladies parce qu'ils ne trouvent pas comment nous aider ! »

Voilà que tout à coup je n'avais plus rien à dire. Surprise, j'articulai lentement : «Je ne saisis pas pourquoi, mais je ne me sens plus fatiguée ».

– Vider le contenu de nos pensées est énergisant. Que diriez-vous d'un bon café avant de poursuivre ?

J'en suis tombée de ma chaise, (dans ma province, c'était le « psy » qui en buvait un devant nous). En attendant son retour, j'ai vu qu'il y avait un cendrier sur la bibliothèque. J'ai allumé une cigarette en souriant devant le souvenir de la réaction du psychiatre le jour où j'avais pris sa soucoupe sans permission pour m'en servir comme cendrier.

À son retour, il m'a demandé si j'avais beaucoup lu sur le sujet.

– Pas vraiment ! Je cherche encore de la lecture susceptible de m'aider. J'ai appris en prenant soin de mes parents, ce qui m'a donné l'opportunité de discuter avec plusieurs spécialistes. C'est peut-être pour ça que j'en ai autant à dire sur eux.

– Comment vous sentez-vous présentement ?

– Mieux qu'à mon arrivée. Moi qui affirmais ne plus avoir d'énergie, je constate que je me suis trompée.

– Vous dégagez une force extraordinaire. Vous en avez encore beaucoup à vider. Profitez-en ! Les murs n'ont pas d'oreilles ici.

– Pourtant, c'est la première fois que je me sens écoutée depuis bien longtemps.

– Êtes-vous sur le marché du travail ?

Je lui ai donné un condensé de mon travail à la Pourvoirie du Lac Justone, ainsi que de mon bénévolat. À l'époque, je consacrais toute mon énergie au regroupement provincial des femmes francophones. Je lui ai parlé du comité de cinq femmes que nous formions et des moyens que nous avions pour nous regrouper. Au bout d'une demi-heure (peut-être plus), il mit fin à mon récit :

– Ceci suffira pour aujourd'hui. À notre prochaine rencontre, nous reviendrons sur les raisons pour lesquelles vous avez cessé de prendre du lithium. D'ici là, portez-vous bien.

Sur le chemin du retour, j'ai contemplé les couleurs de l'automne en m'y abreuvant comme dans mon enfance.

Dis donc Marion, pensais-je, *t'ennuierais-tu de ton coin de pays ? Ce n'est que du lichen et des plants de bleuets qui se chauffent au soleil avant de se faire congeler pour l'hiver. Comment oses-tu les comparer à tes Laurentides ? C'est une trahison envers le pays de ton enfance. Elles sont toutes nues, ces montagnes et les arbres souffrent d'anorexie.* J'ai donné un mauvais coup de volant, ce qui me ramena les pieds sur terre. Et j'ai poursuivi mon monologue intérieur. *Il faudrait peut-être que tu te concentres sur la route, là Marion, avant de te « péter » le nez pour de vrai. De toute manière, dans mon cas, ce ne serait pas considéré comme un accident aux yeux des spécialistes. Pour mes amis, ce serait quoi ?* Je me demandai si Jean et les enfants vivraient des soupçons devant une telle éventualité ?

J'ai prié à haute voix :

« Mon Dieu, qu'elles sont lourdes à porter les chaînes de la santé mentale ! Y aurait-il un moyen pour que vous fassiez un autre miracle ? Comme changer les maillons de fer pour du plastique ou du polystyrène.

La croix du Christ était en bois : ce serait déjà mieux. Mon Dieu ! Si Jean m'entendait, je crois qu'il se poserait de sérieuses questions à mon sujet. Quand je te parle tout haut, j'ai l'impression d'être plus lucide. Pourquoi suis-je si fatiguée ? Je ne te prends pas pour un docteur mais « personne » n'y croit à cette fatigue. On ne me traite pas de paresseuse, mais… Ce ne serait que le fruit de mon imagination. Ai-je droit à mon imagination ? Pourtant, je la ressens partout dans mon corps, cette fatigue, sauf dans ma tête. Comme j'aimerais être capable de leur donner une tête en cadeau de Noël. Ils trouveraient peut-être les vraies réponses en la vidant, au lieu de tout nous mettre sur le dos. Et si c'était moi qui avais raison en croyant que les réponses sont toutes dans ma tête et non pas dans les recherches des spécialistes ? »

Épuisée à force de penser, j'ai inséré une cassette dans le magnétophone et j'ai chanté à tue-tête avec Laurence Jalbert[1] sa chanson : « Au nom de la raison ». Je la fis jouer à répétition pendant les 15 km à parcourir. Devant la phrase : « Les larmes qui coulent portent un nom », j'ai identifié des peines qui se libéraient. Dans le souffle de ma voix qui vibrait en chantant, je me suis sentie soulagée jusqu'au fond de l'âme.

Deuxième rencontre avec Alain Loiseau

Lors de ma deuxième visite, la seule chose qui comptait à mes yeux était de voir si le psychologue ferait un suivi de la première rencontre. Lorsqu'il l'a fait, j'ai accepté de lui faire confiance. Ce jour-là, suite à sa question : « Pourquoi avez-vous cessé de prendre du lithium ? », j'ai dû effectuer un recul de quatre ans.

– Vous savez Alain, je n'ai pas vraiment choisi de cesser d'en prendre ; c'est mon corps qui l'a rejeté. Personne avant vous ne m'a demandé ce qui s'était passé.

Après lui avoir expliqué mes réticences à l'égard des médicaments, je lui ai confié ma méthode pour en prendre le moins possible en me basant sur les tremblements.

– Si je vous suis bien, dit-il, à votre réveil, vous buviez de l'eau dans un verre en polystyrène afin de scruter vos tremblements. Si vous en aviez, vous éliminiez la pilule ; au cas contraire vous la preniez… Est-ce bien cela ?

– Oui. J'ai baptisé ce verre, dans mon langage à moi, « lithiumètre ». Cette pratique a réduit mon dosage à deux pilules par semaine. Pendant les longues périodes sans tremblements, j'observais la fréquence de

---

[1] Chanteuse québécoise bien connue

mes sautes d'humeur ainsi que de mes fatigues trop prononcées. Dans les deux cas, j'augmentais graduellement le lithium, toujours en me servant de mon « lithiumètre ».

– Il m'apparaît évident que vous cherchiez à prendre le moins de lithium possible. Pourquoi est-ce si important ?

Je lui ai donc raconté les déboires de maman en santé mentale ainsi que leur diagnostic final de vieillissement prématuré. J'ai terminé en disant : « J'en ai déduit que ce sont les pilules qui l'ont détruite. Alors, chaque fois que j'en élimine une, je me dis en moi-même : Un jour lucide et autonome de plus dans ma vie ! Advienne que pourra ! Je ne sais pas si c'est bien d'agir ainsi, mais rien ne me prouve le contraire jusqu'à maintenant. Au fait, j'ai vu un ami qui prenait du lithium avant moi, suivre les directives des spécialistes et il rencontre des déséquilibres plus sérieux que les miens. J'ai même appris, le mois dernier, qu'il n'arrivait plus à dormir depuis deux ans. Il m'a aussi dit qu'aucun spécialiste ne pouvait comprendre pourquoi. Alors je me fie à mon intuition ».

– Je vois, dit-il. Parlez-moi de vos sautes d'humeur.

– Les claquages de portes sont devenus une coutume. J'ai juré contre mes enfants et mon mari avec une démesure qui dépassait largement ma pensée. Mes colères étaient mutées et inacceptables. Je suis allée jusqu'aux coups avec Jean. J'ai fini par voir l'évidence, à savoir que le lithium m'aidait à contrôler ces réactions imprévisibles.

– Racontez-moi l'une d'elles, sans vous préoccuper des dates, ce sera plus facile.

– Un jour, à la pourvoirie, devant un souper sans clientèle après vingt et un jours sans relâche, je me suis permis une crise d'impatience à cause d'une farce anodine de Jean. J'ai voulu quitter mon poste de cuisinière. La communication par radiotéléphone était brouillée à cause de la mauvaise température. J'avais beau crier de venir me chercher, Jim, notre pilote, ne recevait pas mon appel. J'ai dû accepter sa proposition de le rappeler au lever du jour. J'ai fermé la radio en râlant contre ma malchance.

De retour à la table, j'ai vu un soulagement dans les yeux de mon mari, Jean, et dans ceux de Réjean, mon beau-frère et actionnaire. Ils n'acceptaient ni l'un ni l'autre ma décision. Mon père, qui était aussi présent durant la scène, m'a jeté un coup d'œil compatissant, mais qui voulait aussi dire, essaie de garder ton contrôle ma fille. Ce qui m'a fait geindre et grogner contre Jean que j'ai pris comme bouc émissaire : « Estime-toi chanceux, Durivage, que les ondes soient pourries. Tu le sais comme moi que d'ici demain matin j'aurai eu le temps de me calmer. Le Bon Dieu est de ton bord encore une fois ». Réjean a soupiré en disant : « Merci son Dieu ». Ce qui m'a fait rire sans arrêter mes gémissements. « Maudit Lac

Justone ! C'est injuste ! Je n'ai jamais le droit de me plaindre. Tu dis toujours que je suis libre de partir si je le veux, poursuivis-je en m'adressant à Jean, mais jamais lorsqu'il y a un avion sur le quai par exemple ! » « Pas si fou, ripostait-il. Je ne te le dirais jamais quand un avion est accosté au quai. Je ne veux pas perdre la meilleure cuisinière de toutes les pourvoiries au Nord du 53e parallèle jusqu'à la Terre de Baffin. »

Et voilà que Réjean ajoutait que j'étais indispensable. En plus de mon talent de cuisinière, j'étais une hôtesse hors pair, le flambeau du club, le rayon de soleil des employés, selon son enquête auprès d'eux. Il termina en m'invitant à me calmer et à prendre un verre de vin, comme un membre de la famille et non pas à titre d'employée. Nous avons tous veillé au clair de lune devant un feu de bois, chantant chacun notre chanson préférée. Lorsque mon père a chanté « Tant qu'il y aura des étoiles », j'en ai pleuré de paix.

— Jusqu'à maintenant, intervint M. Loiseau, je ne vois rien d'excessif dans votre façon de vous défendre. Bien au contraire.

— La crise survint en plein milieu de la nuit ; j'y arrive. Voilà qu'au beau milieu de la nuit, je me suis réveillée en sursaut, étouffée par un stress, une peur indéfinissable. C'était comme un grand vent de panique qui m'habitait sans préavis. À ce moment-là, Jean dormait à poings fermés et ronflait. Je me levai afin de voir ce qui se passait en moi. Je me mis à pleurer en silence sur mon mal de vivre. Je me blâmais de toutes les réactions que j'avais vécues depuis 1982. Je démolissais mes rêves et mes espoirs. Comme un automate, j'ai jeté au feu tous les écrits que j'avais sous la main. Poèmes et chansons se transformèrent en étincelles et ensuite en cendres noires qui se volatilisèrent dans le vent pour finir dans les eaux du lac. Pendant que je détruisais mes textes, j'eus la sensation d'être détachée de mon corps. J'ai entendu un silence d'une profondeur inconnue. Je me regardais faire, comme si un double de moi agissait à ma place. C'était bizarre à vivre et exaltant en même temps.

— Vivez-vous cet état régulièrement, demanda-t-il ?

— Non. Ce fut la première et la dernière fois. Ensuite, Jean s'est réveillé en me demandant ce que j'étais en train de brûler à cette heure tardive. J'ai eu l'impression de tomber d'un édifice en entendant sa question. Lorsqu'il a compris ce qui se passait, il m'a invitée à aller prendre un café à la cuisine qui se situait dans une autre bâtisse que notre cabine personnelle.

L'effort que j'ai dû fournir pour le suivre était surhumain. En marchant sur le trottoir de bois vers la cuisine, j'ai vu la lune dans toute sa splendeur briller de tous ses feux. J'aurais voulu m'y rendre pour ne plus jamais revenir. Assise au bout de la table, sous le reflet de la lampe à gaz qu'il allumait, j'ai vu Jean désorienté et abattu, ce qui m'a laissé étrangement indifférente. « Marion, me disait-il, entends-tu ce que je suis en train de te dire ? Décroche, remets les pieds sur terre. C'est inquiétant de te voir dans le néant. À partir de demain, tu pourras te reposer, tu n'auras plus à prendre soin de personne ».

Je parvins à lui demander qui s'occuperait des neuf personnes qui étaient au Justone pour toute la semaine ? Il a répondu : « Nous ne serons pas neuf. Il faut toujours que tu exagères ». En colère j'ai riposté : « Ton père, le mien, ta sœur et Réjean, ça fait quatre personnes. Ajoute leurs amis Gilles et Odette, toi, moi et Niko. Selon mes calculs, ça fait bien neuf personnes ». Il a simplement dit qu'ils n'étaient pas des clients et que chacun ferait sa part. Je n'étais pas d'accord avec sa façon de voir les choses. J'ai vu rouge tellement ma colère était forte. Subitement, je me suis mise à jurer contre ma médication, ce qui m'a amenée à me précipiter sur ma bouteille de pilules pour les jeter dans la poubelle. Jean s'est interposé avec fermeté, ce qui a déclenché chez moi une rage incontrôlable. Je l'ai pris d'assaut en le bousculant contre le mur extérieur du chalet, ce qui a engendré l'éclatement de la fenêtre de la salle à dîner. En voyant son épaule à l'extérieur, je me figeai sur place.

Après un très long silence j'ai regardé le psychologue dans les yeux en disant :

— J'avais poussé mon mari à travers la fenêtre ! Je veux bien croire que ce n'était pas une fenêtre « thermos » et que le carreau ne se serait pas cassé dans ce cas, mais le geste, la rage, l'attaque étaient les mêmes à mes yeux. J'étais devenue un monstre. Je…

— Ces souvenirs vous blessent encore. Il faut trouver un moyen de les enterrer.

— Comment puis-je oublier tout ça ?

— En en parlant comme vous le faites présentement. À la condition que vous le fassiez avec l'intention de vous en détacher pour les oublier et non pas de les mémoriser comme vous semblez le faire pour le moment. Est-ce que je me trompe ?

Après m'avoir fait confirmer l'exactitude de son ressenti par un signe de tête, il m'a demandé de poursuivre le récit de l'événement. « Je revois encore Jean qui me secouait le bras en me suppliant de revenir sur la planète terre. Il m'a rassurée en m'informant qu'il ne s'était pas coupé ». Puis il m'a remis le flacon de lithium en disant : « La nuit porte conseil ». Il s'est retiré en ajoutant sur un ton doux ou découragé, je ne saurais dire exactement : « Fais à ta tête, c'est toi qui sais et qui est maître de ta vie ».

À mon réveil, personne ne m'a posé de questions. La vitre était changée et, pour ce qui en était des cendres abondantes dans le poêle à bois, Niko les a vidées en me faisant un clin d'œil chaleureux. Voilà ! Ceci décrit bien le genre de sautes d'humeur que je vis.

– J'imagine que vous avez choisi la pire ? Vous n'êtes pas douce envers vous-même. En êtes-vous consciente ? Aviez-vous pris des pilules pour dormir ce soir-là ?

– Non je ne prends des comprimés pour dormir qu'à l'occasion. Une ordonnance de 20 dragées peut suffire pour 4, 5 parfois 6 mois.

– Que s'est il passé en 1987 pour que vous quittiez votre mari ?

– Heu ! D'où détenez-vous cette information ? C'est vrai, j'ai déjà eu recours à votre département. Vous voulez vraiment que je vous le raconte ? Je me sens tellement étonnée devant votre intérêt à entendre tout ce que j'ai vécu. Tout un contraste avec mon entourage qui s'en éloigne.

– C'est ma profession et je ne vois par d'autre moyen pour vous aider actuellement Allez-y sans crainte : je suis toute ouïe.

– À l'époque, rien n'allait plus à la maison. Je l'ai compris lors d'un café causerie avec ma fille, Mira, à son retour après deux ans d'absence. Son message était très clair et sans détour. Elle m'a dit en ces mots : « Écoute, maman, ce n'est plus pareil à la maison depuis que je suis partie. Papa est en train de se perdre dans la boisson et toi dans les pilules. Pour le moment, je crois que tu es la plus forte des deux. Bouge, avant qu'il ne soit trop tard ». Bien qu'un peu abasourdie parce qu'elle venait de me dire, quelque chose en moi me signifiait qu'elle n'avait pas tort. J'ai alors observé que Jean n'était plus présent à la maison, même lorsqu'il y était. Mon foyer s'en allait à la dérive et le capitaine fantôme et sa conjointe n'y voyaient rien. Prise de panique, j'en ai parlé avec mon mari : « Notre mariage se détériore à vue d'œil, lui dis-je. Le vois-tu ? ». Il a répondu simplement : « Tu sais comme je suis débordé à la fin de l'année scolaire sans compter le projet de la radio ». Il a ajouté : « Si tu veux, nous prendrons le temps de regarder ce qui se passe durant nos vacances de juillet ». Mais au mois de septembre, même si nous avions pris dix jours en tête-à-tête pour analyser notre situation, j'ai dû me rendre à l'évidence que tout redevenait comme au printemps, d'un côté comme de l'autre. Abattue et désemparée j'ai décidé de partir, avec l'accord de Jean, qui avait aussi besoin d'avoir un recul sur notre relation conjugale. Ce qui nous a aidé tous les deux à nous retrouver et à reprendre notre vie de couple, quatre mois plus tard.

– Je vois. Lorsque je reviendrai avec deux cafés, j'aimerais que vous me racontiez ce que vous avez vécu et appris durant ces quatre mois de séparation.

– Mon pied-à-terre était chez mon frère Claude et ma belle-sœur Élise qui habitaient à Val-David, dans les Laurentides. Dès mon arrivée, j'ai pris contact avec Suzelle, une amie que je m'étais faite par correspondance deux ans auparavant. Avec son cercle d'amis qui m'a accueillie à bras ouverts, j'ai goûté à ma nouvelle liberté. J'étais incapable de rester en place. Je me promenais à longueur de journée. C'était comme si je renaissais à la vie. J'ai marché et encore marché, charmée par la nature du mois d'octobre dans les Laurentides. Je suis allée jusqu'à caresser les branches des arbres en sautillant comme une enfant, tellement mon goût de jouer était présent. Au bout d'une semaine de ma nouvelle vie, j'ai commencé à avoir des tremblements très prononcés. Mon « lithiumètre » m'indiquait de réduire mon dosage. À cette période, je prenais 900 mg de lithium par jour. J'ai coupé à 600 mg. À peine trois jours plus tard, les tremblements ont recommencé et ce, en public. J'ai coupé à 300 mg, bien que craintive d'aller trop vite. Vous ne pouvez pas savoir à quel point ça peut être dérangeant, ces tressaillements, lorsqu'ils se produisent en public.

– Quelle différence y a-t-il, que ce soit en public ou non, demanda-t-il ?

– Eh bien, j'ai l'air d'une droguée et ça me déplaît. Imaginez-vous à la brasserie, en train de parler avec des amis de longue date. Vous vous faites servir un verre de vin et, à la première gorgée, vous tremblez au point d'en renverser quelques gouttes. Ajoutez maintenant que vous avez un besoin urgent d'uriner et que, à votre retour, il n'y a plus de tremblements. J'ai réglé ces inconvénients en demandant mes consommations dans un verre plat.

– J'aime votre débrouillardise, dit-il. Poursuivez.

– Après deux semaines, toujours confrontée à ce problème, je ne savais plus si c'était des signes de surplus ou de manque. Voilà que des envies accrues de boire et de légers signes de diarrhée, tels que décrits dans la brochure des effets secondaires, ont surgi, ainsi que des surplus d'énergie si forts que je devais aller les brûler en courant ou en marchant abondamment. J'étais dans un état de force extraordinaire. C'était une sensation de bien-être que j'aurais aimé garder pour le restant de ma vie. Mais je savais que c'était un déséquilibre de mon système et ça m'inquiétait. Je…

– Vous aviez peur de quoi au juste, intervint Alain ?

– Ce que je vous décris, est un signe de phase imminente d'excitation. En fait, actuellement, j'ai peur que vous me voyiez comme telle si je m'emballe dans mon récit.

– Ceci serait un manque de professionnalisme de ma part. Ce qui me surprend c'est de voir jusqu'à quel point vous étiez consciente de tout ce que vous viviez.

– Je me suis tellement fait dire que je ne m'en rendrais pas compte lorsque je perdrais mon équilibre que j'en fis un défi à relever. Où en étions-nous avant que vous m'interrompiez ?

– À votre inquiétude face à la réduction trop rapide du lithium.

– Ah oui ! J'ai vécu aussi une baisse rapide de ma vision.

– Vous parlez de vos yeux ?

– Oui. À la brunante et à la lumière tamisée, je ne voyais plus rien. Je n'ai pas relié ce problème à la médication au moment où ça se produisit. Je l'ai su en lisant la description des effets secondaires du remède dans le dictionnaire des médicaments, après mon retour à Labrador City.

– C'est la première fois que j'en entends parler. Il serait peut-être bon que je sois mieux renseigné sur les médicaments. Excusez-moi de couper ainsi votre récit. Allez-y.

– Devant ma peur de perdre le contrôle, j'ai lu le dépliant des symptômes à surveiller que je gardais toujours à portée de main depuis qu'il me fut remis par le département de santé mentale, un an ou deux après ma première prescription de lithium. À part la nausée, je subissais tous les effets secondaires décrits. Je n'ai pas remarqué, bien que souligné en rouge, qu'il était important d'aller voir son médecin lorsque survenaient des envies accrues de boire et des diarrhées. Il était aussi expliqué, en petits caractères que ceux-ci représentaient des signes d'empoisonnement et moi j'en ai déduit que j'étais en train de guérir puisque mon corps rejetait le lithium. J'ai sauté de joie et cessé complètement d'en prendre.

– Excusez-moi, mais j'apprends en vous écoutant. Connaissez-vous la liste des effets secondaires de mémoire ?

– Oui, elle comprend des troubles d'élocution et de vision. Il y a aussi des nausées, des vomissements, des malaises graves, des faiblesses générales marquées ou de la somnolence. Comme dernier point, ils parlent des tremblements marqués aux mains. Il y a aussi les tremblements des pieds, des jambes et des épaules qui ne sont pas mentionnés dans la liste. Les besoins plus fréquents de boire et d'uriner étaient mentionnés dans le paragraphe pour les femmes enceintes, c'est probablement pour ça qu'ils m'ont échappé en vérifiant.

– Que s'est-il passé en arrêtant complètement le lithium ?

– Après deux semaines d'arrêt complet, j'ai eu des hausses et des baisses d'énergie difficiles à suivre. À ce moment-là, je m'étais trouvé du travail comme serveuse à Gray Rocks[1] dans la région des Laurentides. Lors de mon premier congé, mon amie Suzelle m'a invitée à passer la fin de semaine au chalet d'une de ses amies. Lorsque nous sommes arrivées sur place, cette dernière nous a invitées à aller la rejoindre au chalet voisin où nous étions reçues pour le souper. J'ai alors vécu une expérience que je qualifierais de bizarre.

C'était l'époque où les troubles de la vision commençaient à se produire. En descendant de voiture, j'ai dû m'appuyer sur Suzelle pour

---

[1] C'est un hôtel dans les Laurentides

éviter de tomber, à cause du dénivellement du terrain que je n'arrivais pas à voir. Elle avait peine à croire ce que je lui disais concernant mes yeux. C'était comme si je n'avais plus de vision de côté. En avançant dans la cour, elle m'a protégée des deux chiens qui avaient l'habitude d'accueillir tout le monde en sautant de joie sur les visiteurs. Suzelle me dit de faire attention à mon cardigan, car ils avaient bousillé l'un des siens à sa dernière visite. En arrivant sur la terrasse, j'ai vu plusieurs personnes qui nous observaient par la fenêtre. J'étais heureuse de constater que l'attitude des chiens masquait mon problème de vision.

Ce jour-là, je faisais aussi face à des besoins répétés de boire depuis mon réveil. En fait, j'avais cessé de compter les verres après le vingtième. Lorsque l'hôtesse du chalet m'a offert une boisson, elle a accepté de me donner le verre d'eau que je lui demandais. J'étais soulagée, car d'habitude on veut vous servir n'importe quoi, sauf de l'eau. Je me suis faufilée dans le groupe de façon à être près de l'évier non loin de la salle de bains. Dois-je spécifier que l'envie d'uriner devint aussi pressante que le besoin de boire, sinon plus ?

Un des hommes du groupe m'a interpellée en disant : « Réalisez-vous, ma petite dame, que vous êtes en train de boire le sixième verre d'eau en une demi-heure ? Je ne crois pas que vous ayez la bonne boisson. Qu'en pensez-vous ? » Je lui répondis à brûle-pourpoint : « Justement, mon petit monsieur, j'en ai besoin pour être à votre hauteur. Tchin, tchin ».

Ceci a permis qu'on m'oublie un peu, mais je ne me sentais pas calme pour autant. Au contraire, en plus des tremblements, j'ai fini par me sentir étourdie. Je suis allée près de Suzelle pour lui dire que je retournais au chalet. Elle m'a suggéré d'attendre qu'elle finisse sa bière, en ajoutant qu'elle viendrait me reconduire. Voyant mon hésitation, elle me chuchota à l'oreille : « Tu t'accrochais à mon bras pour parcourir l'entrée du chalet. Comment feras-tu pour marcher seule un kilomètre dans l'obscurité ? » Prise de fou rire elle ajouta : «...à moins que j'aille te reconduire à pied, là Marion ? » Notre hilarité a attiré l'attention des autres. J'ai profité de l'occasion pour avertir l'hôtesse que je devais me retirer à cause d'un malaise. À cet instant même, mes mains se sont mises à trembler de façon incontrôlable et j'étouffais comme si la pièce avait été subitement privée d'air.

Alors, instinctivement, je suis sortie sur la terrasse, ce qui m'a permis de reprendre mon souffle. J'ai marché en rond triturant mon cuir chevelu. Ceci me donnait l'impression de respirer mieux. Je ne savais plus que faire. En plus, tous les gens de la maison étaient devant la fenêtre à m'épier, intrigués. Même les chiens me regardaient sans bouger. Quel embarras ! Seul un extraterrestre aurait attiré autant d'attention. J'ai prié

Dieu encore une fois. C'est à ce moment-là que j'ai pensé aux agrumes. Je me suis rappelé les explications que j'en avais reçues. Ils servent à éliminer le surplus de lithium. Mais, étais-je en surplus ou en manque ? Je ne le savais pas. Je me suis souvenue que le lithium était un sel. Durant ces moments d'hésitation à m'interroger sur la façon d'agir, la panique augmenta au point de sentir que j'allais perdre connaissance.

J'ai réagi à cette faiblesse en me précipitant dans le chalet, tout en demandant des oranges. Sans me soucier de la réponse hésitante de Denise, l'hôtesse, je me précipitai sur le tiroir du réfrigérateur. J'y trouvai un vieux citron. Denise me tendit son couteau à patate pour que je le tranche. Elle me demanda si j'étais diabétique. Comme je ne savais pas quoi lui répondre, j'ai ignoré sa question. J'ai fait gicler le jus du citron dans ma bouche sans grimace. Son jus était doux comme de l'eau ; il me désaltérait. J'ai ressenti un grand bien m'envahir in extremis, comme une bouffée d'oxygène. Ma panique s'est estompée et les tremblements ont diminué de moitié. Puis, ils sont revenus plus fort encore. J'ai demandé du sel et j'en ai avalé la valeur d'une cuillère à soupe. Instantanément, ils se sont arrêtés. Devant les yeux stupéfaits des personnes présentes, j'ai expliqué que je vivais un déséquilibre de sel, comme un diabétique vit des déséquilibres de sucre.

À la suite de cet événement, je me suis servie du sel et du citron pour finir ma désintoxication au lithium. Je mangeais une tranche de citron et ensuite je mettais quelques grains de sel sur ma langue que je crachais aussitôt. Lorsque je détectais le goût du sel, je ne prenais pas de lithium. C'est de cette manière que je l'ai éliminé complètement.

– En avez-vous parlé à votre médecin ?

– Non, je n'ai pas osé lui en parler. C'est en essayant d'en discuter avec l'intervenante de la santé mentale que j'ai perdu ma crédibilité auprès du nouveau psychiatre. J'ai recherché auprès de diététiciennes l'effet que le sel et le citron pouvaient produire dans mon organisme, mais personne ne m'a donné de réponse satisfaisante. Par contre, quelques mois plus tard, lors d'un colloque de la Fédération national de la culture qui se déroulait à Ottawa, j'ai eu un malaise et j'ai demandé au serveur de m'apporter du citron. Une de mes compagnes qui savait ce que j'en faisais, s'est empressée de me donner la salière, ce qui a attiré l'attention des personnes présentes à notre table. Pendant le repas, une convive, qui avait tout vu, m'a demandé de lui expliquer pourquoi je prenais du sel et du citron. Allez savoir pourquoi je lui ai tout raconté. Elle m'a dit que son mari et elle étaient botanistes ou quelque chose de ce genre. Ils discutèrent entre eux, dans leur langage de scientifiques, de la logique de ma technique, quantitativement reliée avec les constituants du sel et du citron. Je n'ai rien compris, mais ils m'ont encouragée à continuer cette pratique en prenant bien soin de ne pas avaler le sel. Depuis, je me dis qu'il y a au moins deux personnes sur la terre qui ne trouvent pas ça fou.

– Utilisez-vous toujours le sel et le citron ?

– Non. Je ne m'en suis servie que durant la période de sevrage. Aujourd'hui, je me base sur mes efforts à résister aux rages de chips pour savoir si je suis en manque de lithium ou pas. Si c'est trop fréquent, j'augmente mon lithium graduellement pour un mois et je reviens à 600 mg par semaine, toujours en me basant sur mes tremblements.

– Je suis renversé de voir à quel point vous avez trouvé des moyens pour comprendre votre corps. Concernant le sel et le citron je reste perplexe. Dites-moi, comment en êtes-vous arrivée là ?

– Par déduction personnelle. Dès mes premières prises de lithium, mon médecin traitant m'avait dit d'augmenter ma portion quotidienne de sel. Pour ce qui est des agrumes, c'est une amie infirmière, mariée avec un maniaco-dépressif, qui m'avait suggéré d'en prendre en m'expliquant qu'ils servaient à éliminer la portion quotidienne de lithium dans mon système digestif. Puis mon intuition fit le reste. Tout ceci ne veut pas dire que je faisais bien en m'y prenant de cette façon, dis-je un peu embarrassée par ces questions de précision.

– Par contre, le fait que vous n'ayez jamais été hospitalisée depuis 1982 donne un certain crédit à tout ce que vous avez fait jusqu'à maintenant. Avez-vous d'autres observations qui sortent de l'ordinaire ?

Bien qu'un peu hésitante, j'ai ajouté : « Lors de mes nombreux voyages, j'ai pu constater à plusieurs reprises que mes contacts avec les voyageurs se faisaient toujours avec des gens qui prenaient du lithium. C'est comme s'il y avait un magnétisme qui nous attirait les uns vers les autres. Tant qu'à parler de magnétisme, je démagnétise mes cartes bancaires. Dans les hôtels équipés d'un système de clés magnétiques, je dois me faire aider d'un employé pour être capable d'entrer dans ma chambre. Mes compagnes des Provinces Maritimes me taquinaient en disant : « Voici notre Princesse des Neiges accompagnée de son valet de chambre ». J'en ris encore chaque fois que j'y pense. Tiens, tiens, il y a un autre point qui me revient en mémoire. J'ai rencontré des femmes qui parlaient de leurs rages de chips qui les chargeaient d'énergie elles aussi. Celles-ci prenaient du lithium ou autres médicaments neurotropes. Bref, ces témoignages me donnaient la certitude que ce n'était pas le fruit de mon imagination. C'est tout ce qui comptait pour moi ».

– Comment faites-vous pour vous rappeler de tout ça ?

– Je prends des notes de tout ce qui se passe, car je rêve d'écrire un livre sur ce sujet.

– Je vois. Parlez-moi de votre travail à Gray Rocks.

– J'ai eu des hauts et des bas, mais pas au plan moral ; c'est mon physique qui réagissait. J'ai vécu des baisses d'énergie si prononcées qu'un jour j'ai cru, en me couchant pour la sieste de l'après-midi, que je ne me relèverais jamais. Mal à l'aise devant cette sensation, j'ai remis mon esprit à Dieu. Pour les surplus d'énergie, certains jours j'aurais pu transporter deux plateaux à la fois et, à d'autres moments, je n'arrivais même pas à en soulever un seul ; je devais demander qu'on le fasse pour moi. Ensuite, ce sont mes yeux qui me donnèrent beaucoup de fil à retordre. Je devais tracer ma trajectoire entre les allées où je circulais pour ne pas trébucher contre les cadres de portes et sur tout ce qui se trouvait sur mon chemin, y compris les copains de travail et les clients. J'ai eu des ecchymoses, à un point tel que la forme de la barrière des portes battantes entre la cuisine et la salle à dîner s'est imprimée sur mon ventre. On aurait pu croire que je me battais moi-même. Voilà ! dis-je en le regardant droit dans les yeux. Je ne crois pas avoir rien oublié qui soit important.

– À quoi vous accrochiez-vous pour vous débattre comme vous l'avez fait ?

– À mes enfants. C'est encore le même leitmotiv aujourd'hui. Avec les problèmes de leur mère et de leurs grands-parents, ils seront peut-être appelés à passer au travers des mêmes complications. Le « si jamais ils » nourrit toutes mes démarches.

– Ce qu'une mère peut faire pour ses enfants, s'exclama-t-il ! Ceci complétera notre rencontre pour aujourd'hui. Dites-vous bien, Marion, que les moyens que vous utilisez font partie de votre intelligence et de votre perspicacité. Nourrissez votre confiance personnelle. Gardez bien en tête votre rêve d'écrire un livre sur le sujet. Amenez votre héroïne en thérapie : elle vous aidera à vous trouver vous-même. Bonne semaine !

De retour à la maison, Jean m'interrogea : « Qui est donc ce psychologue Alain Loiseau, chaque fois que tu reviens d'une thérapie avec lui, tu es resplendissante. Dois-je m'en inquiéter » ?

– Nous avons des atomes crochus, lui dis-je avec un sourire espiègle, mais devant ses yeux interrogateurs, j'ajoutai : Rassure-toi, il pourrait être mon fils avec deux ou trois ans en moins. Il pose les bonnes questions et il ne me donne jamais l'impression de connaître la réponse pour moi. Il n'essaie pas de m'influencer non plus. Il me fait réfléchir, je crois. Toi, sur quoi te bases-tu pour dire que je suis resplendissante ?

– Tu chantais en travaillant lorsque je suis arrivé.

Trois mois de thérapie intense

Je n'ai pas déballé ce que je viens de décrire en deux visites, évidemment. Il m'a fallu trois mois et plus pour arriver à éliminer le ressentiment que j'avais accumulé vis-à-vis des spécialistes de la santé. « À chacun son rythme », me disait le psychologue qui ne me poussait jamais dans le dos. Puis vint le jour où je me suis aperçue que ma première demi-heure de défoulement n'était en fait que de la fuite. Devant mon aveu, il m'a dit tout doucement : « Ceci veut donc dire que vous êtes maintenant prête à travailler sur vous-même et à vous laisser aider. Bravo ! » Puis il a effectué une rétrospective de ce que nous avions fait ensemble et il m'a donné, pour la première fois, ses impressions.

– Ma première observation, en vous écoutant depuis le début, a été de constater que vos connaissances dans le domaine de la santé mentale ont pu vous aider et ce, sans le moindre doute, mais elles ont pu vous nuire tout autant.

– Que voulez-vous dire par là ?

– Dans notre domaine, plus que tout autre domaine de la santé, nous rencontrons beaucoup plus de personnes qui nous demandent de trouver leurs solutions, incluant des pilules, que l'inverse. Comme ce n'est pas votre cas, on a pu vous percevoir comme une rebelle ou réfractaire aux soins proposés.

– Me voyez-vous comme une rebelle ?

– Non, pas du tout. Vous me paraissez un peu fragile, avec un grand besoin d'être écoutée et surtout une soif d'être comprise. À partir de maintenant, je vais intervenir un peu plus pour vous éviter de tourner en rond et de sauter d'un souvenir à l'autre, sans prendre le temps de sortir vos émotions.

– Justement, en parlant d'émotions ; je ne sais pas faire la différence entre une émotion et un sentiment, pas plus que je n'arrive à comprendre le rôle qu'elles jouent dans notre vie.

– Ceci m'éclaire beaucoup. Permettez-moi une approche qui m'aidera à dépister le meilleur chemin à prendre pour vous aider. Je vais vous poser une question et je vous demande de répondre ce qui vous vient en tête spontanément : Comment vous sentez-vous maintenant ?

– Je ne le sais pas.

– Je vois. Maintenant, je vous demande de me raconter votre visite au département de santé mentale, à partir de la panique de votre travailleuse sociale[1], du fait que vous ne preniez plus de lithium. Racontez-moi comment vous l'avez vécu.

– Son changement d'attitude fut si radical que j'ai cru à un problème de langues. Lorsqu'elle a exigé une rencontre avec le nouveau psychiatre, j'ai demandé à ma fille Mira de m'accompagner pour traduire. Du

---

[1] Assistante sociale

fait que je le rencontrais pour la première fois, j'avais écrit un rapport condensé de dix pages sur tout ce que j'avais vécu durant l'année. À partir d'un texte français, que je traduisais directement en anglais, j'ai bégayé, au point que mes feuilles tremblaient entre mes mains. Le psychiatre n'a pas attendu que je termine, il m'a demandé ce que je faisais de mon temps. À l'époque, je revenais de mon séjour à Gray Rocks et j'étais en pleine lune de miel. Je terminais un contrat d'un mois pour l'Association francophone, comme aide à la coordination des Jeux d'Hiver Franco-Labradoriens. Je suivais un stage en journalisme radio et un cours d'ordinateur. Concernant mes loisirs, je lui ai dit que je jouais au bowling deux fois par semaine et que je faisais de la marche quotidiennement. Je lui ai aussi parlé de la soirée de poésie que j'organisais pour la deuxième année consécutive. J'avais aussi commencé l'écriture de mon livre, mais en voyant ses yeux surpris d'entendre tout ce que je menais à la fois, j'ai jugé bon de ne pas en parler. Il m'a interrompue une seconde fois, en m'ordonnant de prendre 600 mg de lithium par jour.

Surprise de sa requête, je lui ai demandé pourquoi. Il a répondu sans détour que je paraissais excitée à ses yeux. Prise au dépourvu par son analyse rapide, je lui ai suggéré de s'informer auprès de ma fille, en demandant à celle-ci d'être franche. Bien qu'il ne lui ait pas posé de questions, elle lui dit : « Maman a toujours été pleine d'énergie et de fougue de vivre telle que nous la voyons présentement. Est-ce cela que vous appelez excitée ? »

Bien assis au creux de son fauteuil, il a sursauté à un point tel qu'il a failli bondir sur ses pieds. Il s'est tourné vers moi ignorant la présence de Mira et m'a dit sur un ton presque féroce : « Si j'étais vous, je prendrais 900 mg immédiatement ! ».

Je n'en croyais pas mes oreilles. Au lieu de hurler, comme j'avais l'habitude de le faire dans des circonstances similaires, je me suis levée et je lui ai dit sur un ton calme qui me surprit moi-même : « Avant d'accepter votre proposition, pouvez-vous m'expliquer pourquoi j'ai perdu ma vision à la lumière tamisée pendant un certain temps et aussi pourquoi elle est maintenant rétablie ? » J'ai ajouté sans lui laisser le temps de m'interrompre : « Pourquoi ai-je eu des ecchymoses sur pratiquement tout le corps ? D'ailleurs il m'en reste des traces et je peux vous les montrer si vous le désirez. Pourquoi ai-je eu à vivre des excès spontanés d'énergie, ainsi que des pertes d'énergie qui me firent peur au point de croire que je ne serais plus vivante au réveil. Lorsque vous aurez répondu à toutes ces questions, je prendrai en considération votre demande de recommencer le traitement au lithium, pas avant ». Puis je me suis retournée vers Mira en lui demandant si mon anglais était potable. Elle a répondu et je cite : « Ton anglais est très bon pour celui qui veut prendre le temps de te comprendre ». Alors, face à lui j'ai déclaré : « Dans ce cas, je ne vois pas ce que je fais ici. Je reviendrai dans ce département lorsque vous pourrez répondre à mes questions ».

Sur le chemin du retour, ma fille me consola. Je lui demandai ce qu'elle pensait de la rencontre. Elle me répondit : « Je suis dépassée parce que je viens d'entendre. Comment un médecin peut-il prétendre savoir si tu dois prendre du lithium ou pas en quinze minutes d'échange ? En plus, c'est la première fois qu'il te rencontre. Tu m'as déjà dit qu'ils vous mettaient tous dans le même panier. J'avoue ne pas t'avoir crue. Pardonne-moi d'avoir douté de toi ».

En terminant cette phrase, j'ai fondu en larmes et me suis caché la figure dans les mains. J'essayais d'arrêter le déluge sans y parvenir.

– Laissez couler, Marion, me dit le psychologue. Il faut pleurer. J'ai l'impression que vous ne vous le permettez pas assez souvent.

– Non. Le devrais-je ?

– Il n'y a rien de plus sain dans la vie que de pleurer.

– C'est fou, on dirait que j'ai compris ça pour les autres mais jamais pour moi !

– Si je vous demande subito : Quel est votre plus gros problème ?

– Je ne m'aime pas et ça me fait peur !

– Que vous faudrait-il de plus pour vous aimer ?

– Aucune idée. J'ignore pourquoi je ne m'aime pas. Savez-vous pourquoi j'en suis arrivée là ?

– La réponse est en vous. Lorsque vous aurez terminé de sortir votre ressentiment accumulé, il sera possible de commencer à travailler sur cette question.

– Tout un contrat ! Enfin, dis-je en me ressaisissant, poursuivons le travail. On verra où cela m'amènera.

– Bonne attitude, approuva-t-il. Dites-moi, Marion, comment vous sentiez-vous après avoir cessé le lithium ?

– J'avais pris conscience, bien avant d'arrêter le lithium, qu'il figeait mes émotions. J'ai compris alors pourquoi j'étais plus calme et plus stable, mais c'était comme trop fort dans le sens de trop paralysé. Exemple, après plusieurs mois d'observation, j'ai réalisé que je n'aurais pas bougé le petit doigt devant un enfant qui se serait noyé devant moi. Cet état léthargique, qui semblait prendre de l'ampleur, m'a fait peur. C'est pourquoi j'ai essayé d'en user le moins possible et que j'ai cherché d'autres moyens pour garder mon équilibre.

Pour revenir à votre question, dès le premier mois d'arrêt, je me suis sentie renaître. Après six semaines d'arrêt environ, mon mari m'a dit qu'il retrouvait enfin la femme qu'il avait épousée. Mais il m'a aussi partagé ses peurs basées sur les connaissances des spécialistes. À sa demande, je lui ai expliqué ma façon de raisonner ma situation. J'ai poursuivi : « Là où je me perds face aux soins que j'ai reçus jusqu'à maintenant, c'est lorsque le médecin estime que le lithium est la solution alors que moi je crois que ce n'est qu'un moyen parmi d'autres. Ceci ne veut pas dire que je renie le lithium. Au contraire, je reste à l'écoute pour dépister le moment où j'en aurai besoin. Rien ne me prouve ou ne me démontre qui a raison ou tort entre le médecin et moi, mais s'il me disait : « Prends du lithium, sinon tu meurs d'ici deux ans », moi, j'aime mieux mourir dans deux ans en étant moi-même que de vivre vingt ans en ne l'étant pas. Ai-je le droit de choisir de vivre au lieu d'être une morte vivante ? Parce que pour moi, vivre avec mes émotions figées, c'est une sorte de mort à petit feu. J'aime la vie, mon mari ainsi que mes enfants et je n'ai pas envie de mourir. Si jamais ça arrive, ce sera parce que j'ai perdu la tête ». Perplexe devant ce que je venais de lui expliquer, Jean a riposté avec une certaine hésitation : « C'est justement ce qu'ils veulent éviter, Marion ». J'ai répondu tout d'un trait : « Comment peuvent-ils mesurer mon goût de vivre à ma place ? Ils se basent sur ce que les autres ont vécu avant moi. » Voyant Jean réticent j'ai élevé la voix : « Moi, j'ai confiance dans le goût de vivre qui m'habite ; je ne demande pas plus ». Le soir, au coucher, il m'a appuyée dans ma démarche en m'offrant son aide. Avec son appui, j'ai mis toute mon énergie et ma détermination à m'en sortir. Voilà !

– L'aide que vous avez des membres de votre famille est remarquable. Vivre avec ses émotions figées, ça ressemble à quoi ?

– J'ai toujours été une personne prévoyante, même trop, et maintenant je suis quelqu'un qui n'anticipe plus rien. En fait, « j'ai oublié », est devenu une habitude journalière Certains jours, pour arriver à me souvenir de ce que j'allais chercher à la cuisine, je devais me répéter le nom de l'objet convoité jusqu'à ce que je l'aie entre les mains. Je n'arrivais même pas à me souvenir de la réponse de Jean ou des enfants lorsque je leur offrais une boisson ou une collation.

– Ceci devait être exaspérant pour tous.

– Exactement. Je me suis souvenue deux ans plus tard d'un rendez-vous avec une personne à qui j'avais demandé de l'aide. Conduire la voiture, parfois, demandait un effort de concentration trop grand. Un jour, à un arrêt, attendant qu'une autre auto, ayant priorité de passage, traverse, j'ai démarré et je l'ai coupée dangereusement, comme si, soudainement, j'en avais eu assez d'attendre ou comme si j'avais oublié que j'étais devant un stop[1]. En tout cas, nous n'avons pas les mêmes réflexes. Oublier de manger et oublier de jouer font aussi partie de la liste. Lorsqu'on y

---

[1] Arrêt (fréquent sur les routes au Québec)

pense, on est trop fatigué pour le faire, même si on n'a rien entrepris de la journée. On mange donc ce qui nous tombe sous la main. Pour ce qui est de jouer, on se contente de s'écraser dans le fauteuil devant une émission qu'on n'aime même pas. Réaliser soudainement que ça fait deux ans qu'on n'a pas ri, ça fait pleurer, etc. Je pourrais vous en conter pendant des heures. Mon sac à main en désordre m'indiquait mon manque de concentration qui signifiait pour moi la zone « Attention Danger » avant d'entendre parler du spectre d'octobre défini par les spécialistes de la santé. Avez-vous d'autres questions ?

– À partir du moment où Jean vous a appuyée, qu'avez-vous changé dans votre quotidien ?

– J'ai essayé différentes stratégies, comme me reposer avant de me sentir complètement vidée, prendre des bains de sel de mer, me coucher par terre pour détendre mon dos endolori, dormir avec une lumière devant les yeux : tous ces procédés me chargeaient d'énergie. Les colères et sautes d'humeurs diminuaient graduellement. Aujourd'hui je suis épuisée de prendre soin de moi.

– À quel moment avez-vous rencontré le psychiatre pour la deuxième fois ?

– Huit mois après le soutien de Jean.

– Que se passait-il pour que vous demandiez à le rencontrer ?

– Suite à un stress que je n'arrivais pas à comprendre et ce, malgré le bien-être de notre lune de miel que je vivais. Mon médecin traitant m'a référé au département de santé mentale. L'évaluation de la demande d'une rencontre avec un psychiatre se faisait par la travailleuse sociale attitrée à mon dossier. Il fallait donc que je la rencontre pour avoir un rendez-vous avec le « psy ». Notre rencontre a tourné au vinaigre. Juste d'y penser me donne encore le goût de hurler.

– Racontez-moi.

– Elle l'a vu comme un excès, ma grande joie de la retrouver après huit mois d'absence. Elle m'a obligée à me rendre au bureau de mon médecin en sa compagnie. Dans le taxi, j'ai fouillé dans mon sac à main pour prendre une menthe. Malheureusement, cette sorte de menthe était emballée dans une mini-bouteille de plastique. Elle me l'a arrachée des mains en croyant que je voulais me gaver de pilules. Elle a rencontré le docteur sans moi et quelques minutes plus tard, elle est sortie de son bureau en me disant qu'il voulait me voir et elle a quitté les lieux sans un au revoir. Il a qualifié sa démarche de normale dans sa profession, mais d'inadéquate pour mon cas. Il m'a aussi dit de faire attention, car cette même démarche pouvait s'avérer nécessaire sans que j'en aie conscience. Suite à cette petite aventure, quelques autres m'attendaient successivement.

– Racontez, il faut tout sortir.

– Peu de temps après cette visite inappropriée, bien que j'avais dit non à la suggestion d'augmenter la concentration de mes somnifères, mon médecin l'a fait quand même. Croyant à une erreur de sa part, j'ai demandé à mon pharmacien par téléphone de les échanger. Ce dernier a refusé catégoriquement en me disant de retourner voir mon médecin.

– Comment vous êtes vous aperçue que vos comprimés étaient plus forts ?

– En débutant les travaux de ma journée, j'étais tellement somnambule que je me cognais contre les murs en marchant dans la maison. J'ai d'abord cru m'être trompée entre mon cachet d'hormone et mon comprimé pour dormir. En examinant ma réglette de médicaments qui est munie de séparateurs pour chaque jour de la semaine, j'ai vu que ce n'était pas la cause. J'ai donc vérifié la force des milligrammes entre mon dernier et mon nouveau flacon de somnifères. Celui-ci était de 25 mg au lieu de 15 mg comme le précédent. L'engourdissement et mes mouvements incohérents pouvaient donc provenir de la gélule prise la veille. J'ai essayé de corriger la situation par téléphone, mais ce fut en vain. Après deux heures d'essai à tenter de rejoindre mon médecin, j'ai pensé demander au pharmacien de le faire. Celui-ci m'a laissée penaude au bout du fil.

– Que viviez-vous à ce moment-là ?

– Cette situation me contrariait beaucoup ; je ne voulais pas retourner au bureau du médecin que j'avais rencontré 20 heures auparavant. Non pas que je n'avais pas le temps de le faire, mais j'avais d'autres occupations à faire que des visites chez mon médecin, mon psychiatre, ma diététicienne, la thérapeute et « Alouette ». J'ai pris mon flacon et je me suis rendue à la pharmacie, déterminée à les faire changer. J'ai pesté tout au long du trajet. Je ne comprenais pas qu'on refuse de me remettre une ordonnance qu'on a déjà eue en main. Arrivée à destination, le souffle court et une flamme dans les yeux, j'ai ignoré la file d'attente et me suis rendue directement en face du pharmacien, en disant : « Pouvez-vous changer ces médicaments ou pas » ? Il a refusé catégoriquement en soutenant mon regard. Ce qui arriva fut comme une explosion. Bien que je pris le temps de regarder s'il y avait quelqu'un près de moi, je…

À ce stade de mon récit, je suis restée muette, comme paralysée de peur de me mettre la corde au cou face à lui.

– Poursuivez Marion, n'ayez pas peur.

– Hé bien, j'ai balayé de mon bras l'étagère de vitamines qui était à ma portée. Le vacarme terminé, ce fut le silence total dans toute la pharmacie. Ce silence m'a fait l'effet d'une douche froide qui m'a remise sur pied. Je suis revenue sur mes pas en criant mon désarroi. Je me suis sentie trembler de partout et, pour une fois, je ne pouvais pas blâmer le lithium.

– Vous souvenez-vous de ce que vous avez dit à ce moment-là ?

85

– Oui. C'est avec des trémolos dans la voix que je lui ai dit ce que je pensais de la situation. Je me souviens lui avoir crié : « Avez-vous peur de perdre l'argent que je vous fais gagner chaque mois » ? Surpris de cette audace non coutumière chez moi, j'ai vu le regard des clients posé sur moi. J'ai continué en mettant la pédale douce : « Je vous demande une dose moins forte que celle que je vous remets. Je ne suis pas en manque de drogue, j'essaie simplement de me défaire de cet enfer. Pourquoi est-ce que personne ne veut m'aider dans ma démarche » ? J'entends encore sa réponse dans mes oreilles : « *You are overreacting now. Believe me, Marion, there is nothing I can do about it* [1] ». Ce qui ne m'a pas fait taire pour autant. J'ai poursuivi en étant plus cinglante encore : « N'ayez pas peur pour votre job, vous aurez toujours assez de poissons pour leur vendre vos drogues ». Et je me suis retirée en hurlant au fond de mes tripes : *vous ne m'aurez pas. Je vais gagner la bataille.*

* J'ai compris, en l'écrivant plusieurs années après ces événements, que j'étais devant une obsession qui eût pu être très dangereuse. Non pas l'obsession des pilules, mais de me faire comprendre.

Ces souvenirs que je racontais pour la première fois, me rendaient méfiante. J'ai essuyé des traces de sueur sur mon front. Je tremblais de peur d'en avoir trop dit. J'ai demandé un verre d'eau. À son retour, j'étais plus calme et j'ai continué à raconter ce qui s'était passé.

– En sortant de la pharmacie, j'étais surexcitée, je ne savais plus comment arrêter mon envie de faire « péter » la vitrine de l'établissement. En voyant la porte voisine, celle du Pub, j'ai pensé à Jim, le barman qui m'avait déjà tendu la main dans une autre circonstance. J'ai aussi vu mon ami George Deer qui…

– Prenez le temps de respirer entre deux phrases, Marion. Ce sera plus facile pour vous.

– Je les ai vus inquiets de mon état d'agitation. Je me suis assise le plus loin possible des personnes sur place et j'ai commandé un café. Mon ami George est intervenu et il a ajouté « avec un cognac » et ce, en quittant le ban du bar où il était assis pour me rejoindre à ma table. Je leur ai raconté tout ce qui venait de se passer depuis mon réveil. Ils me connaissaient suffisamment pour m'encourager à persévérer dans ma démarche sans médicaments. Lorsque je suis redevenue plus calme George m'a ramenée à la maison. Ce n'est qu'en racontant mon aventure à Jean que j'ai compris mon manque de jugement. J'ai tremblé de ne pas m'en être rendu compte par moi-même. Était-ce le signe que je recherchais pour reprendre le lithium ? Je ne saurais le dire.

---

[1] Vous déraisonnez, croyez-moi Marion, je ne peux pas le faire !

Aujourd'hui, je me considère chanceuse de ne pas avoir fait pire que ça, mais je rage encore de ne pas avoir reçu un meilleur appui dans mes démarches.

– Quel genre d'appui recherchiez-vous, Marion ?

– Je n'en ai aucune idée. Tout ce que je sais, jusqu'à maintenant, c'est que mes visites avec vous me font le plus grand bien. Jean voit la différence. Il a même demandé votre âge. Suite à ma crise à la pharmacie, j'ai cherché à réparer ce qui pouvait être réparable. Durant l'après-midi, avec l'aide d'Albert, le poète de la place, j'ai expliqué par écrit, pour le pharmacien, ma démarche auprès de lui. Il a eu peur de moi quand je me suis représentée à son comptoir pour le lui remettre, j'ai dû le rassurer. Il en a profité pour me donner la facture du dégât qui s'élevait à 89,57 $.

Attendez un instant, j'ai une copie de ce texte dans mon sac à main. C'est une photocopie que j'ai aussi remise à mon médecin traitant le lendemain de l'incident, car il a su ce qui s'était passé par l'entremise du pharmacien.

M. Loiseau ne savait que faire du papier que je lui avais remis.

J'ai ajouté : je savais que je vous dirais tout et je tiens à ma crédibilité.

– Je vois. J'en prendrai connaissance en préparant le café. Prenez le temps de fumer une cigarette en paix.

Seule, balançant les jambes, j'ai attendu qu'il réapparaisse. Je me rappelle que cette cigarette s'est consumée à une vitesse inhabituelle. Comme son retour s'éternisait, j'en ai profité pour me rafraîchir. Nous sommes donc revenus ensemble à son bureau. Il a déposé nos cafés avec délicatesse en demandant ce que je vivais.

– Mes souvenirs se déroulent comme si quelqu'un tournait les pages de ma vie devant moi.

– Que diriez-vous de me les énumérer sans vous préoccuper de l'ordre des événements ?

– Le méli-mélo ne démontre-t-il pas un déséquilibre mental à vos yeux ? Vous seriez bien le seul sur cette planète !

– Ce sont vos souvenirs qui sont méli-mélo, pas vous, me dit-il. Personne ne peut raconter sa vie en se souvenant de l'heure, de la date et des paroles qu'il a dites. Poursuivez sans crainte, Marion. J'ai confiance en vous. Je ne crois pas qu'une personne puisse inventer tout ce que vous m'avez raconté depuis notre première rencontre. Où en êtes-vous actuellement ?

– Je me revois, suite à ces événements, devant mon médecin qui me proposa du lithium sans chercher plus loin, après une réussite de onze mois d'arrêt. Il ne voyait rien d'autre que ça, celui-là. Personnellement, dans ce temps-là, je me considérais en « béquilles émotives », tandis que son offre représentait, à mes yeux, la chaise roulante. Je voulais les remplacer par une canne, en rêvant qu'un jour celle-ci serait accrochée dans la penderie au lieu du bras de ma chaise. Je le vois encore rentrer les épaules devant ma métaphore, comme s'il eût été dépassé. Il a avoué qu'il ne savait plus que faire de moi. *You're not easy, Marion*, disait-il. J'ai insisté sur le fait que je voulais comprendre tout ce qui s'était passé durant l'année avant de retourner au lithium. J'ai demandé s'il échangeait des rapports de mes visites avec le département de santé mentale. Devant sa surprise d'une telle question, il m'est venu à l'esprit de faire une entrevue à cinq, c'est-à-dire le médecin traitant, le psychiatre, la travailleuse sociale, sans oublier Jean qui vivait 24 heures sur 24 avec moi, et moi bien sûr. Il a trouvé l'idée géniale. Mais la rencontre n'a jamais eu lieu.

J'enrage encore lorsque j'y repense.

– Que s'est-il produit ?

– Le psychiatre a refusé en disant que c'était à lui de décider. « Je suis le psychiatre », disait-il. Ma déception fut grande ce jour-là, car je m'y étais préparée durant toute la semaine précédant le rendez-vous.

– Qu'attendiez-vous de cet entretien à cinq, Marion ?

– Qu'on fasse une rétrospective depuis le début pour analyser les moyens que j'utilisais. Je voulais qu'on m'aide à les améliorer ou à dépister ceux qui pouvaient me nuire. Je ne voulais pas retourner au lithium sans comprendre pourquoi je devais le faire après onze mois d'arrêt complet.

– Comment avez-vous géré votre déception ?

J'ai ravalé ma salive un long moment avant de pouvoir lui répondre.

– Avec beaucoup de difficultés et de réticences face au « psy » qui, à mes yeux, ne se fie qu'à ses connaissances sans faire de distinction entre les sujets qu'il traite. Il s'est servi de ma crise à la pharmacie pour démontrer mon état excessif qui, selon lui, ne pouvait être géré qu'avec du lithium. Surprise qu'il ait été mis au courant, je lui ai demandé s'il avait aussi lu le mémo du pharmacien. Il ne savait même pas de quoi je parlais. Je me suis sentie trahie par mon médecin traitant, du fait que celui-ci a rapporté l'anecdote sans parler du mémo que je lui avais remis. Et ce n'est pas tout. Je… je

Je n'arrivais plus à continuer de narrer ce qui s'était passé, je ne parvenais qu'à pousser des soupirs successifs sans qu'aucune parole ne sorte de ma gorge.

– Continuez de raconter cet épisode de votre vie, il vous dégage.

– Une semaine ou deux, je ne sais plus, précédant la crise à la pharmacie et ma rencontre avec le « psy », j'ai flairé le danger à un point tel que je n'osais plus demeurer seule dans la maison. Jean a dû s'absenter de son travail pour rester avec moi, à ma demande. J'ai alors demandé à mon docteur s'il y avait un endroit pour me reposer sans que ce soit un lit d'hôpital que je jugeais trop excessif pour mon cas. Il m'a répondu que ça n'existait pas au Labrador. En me présentant à son bureau, le lundi matin, j'ai eu le choix d'être hospitalisée ou de faire un séjour au shelter[1] des femmes. J'ai opté pour ce choix de peur qu'on ne me fasse avaler des médicaments de force à l'hôpital.

J'ai arrêté mon récit pour dégager mes voix nasales en disant que je me sentais épuisée. Je n'avais plus le goût de parler.

– Revenons à votre rencontre avec le psychiatre, et nous reviendrons sur l'expérience vécue au shelter lors d'un autre entretien, s'il le faut. Me voyant hésitante il a ajouté :

– Vos efforts permettront de dégager le poids que vous avez sur les épaules à ce sujet. Faites-moi confiance, vous vous sentirez mieux après. Que s'est-il passé dans le bureau du psychiatre qui vous a refusé le rendez-vous à cinq que vous souhaitiez.

– Il ne se préoccupait pas de mes réactions ou de mes grimaces ; il s'adressait à Jean uniquement. Il n'a pas posé de questions sur ma crise à la pharmacie ni sur mon séjour au selther Il ne s'est tourné vers moi que pour dire qu'il n'était pas d'accord avec ce séjour et qu'une expérience de la sorte ne se reproduirait plus. J'ai gardé le silence devant un spécialiste pour la première fois de ma vie. Je ruminais ma colère de n'être pas comprise, malgré mes multiples tentatives en ce sens.

Il s'est retiré dans la cuisinette située au fond de la pièce où nous étions installés pour prendre un café. J'ai demandé s'il y avait un cendrier. Il a cherché dans les armoires et il s'est excusé du fait qu'il n'y en avait pas. Je salivais devant l'arôme de son café qu'il buvait en face de nous. Jean m'a fait signe de rester calme en me voyant frétiller sur ma chaise. Alors, j'ai sorti mon paquet de cigarettes et j'en ai allumé une. Jean est intervenu au sujet du cendrier. J'ai regardé le « psy » en espérant qu'il m'offre une solution. Après quelques secondes d'attente, je me suis levée et j'ai pris sa soucoupe pour m'en faire un cendrier. Jean s'est voilé la face et le « psy » a eu un mouvement d'épaule insouciant. Ensuite, il m'a ignorée en ne parlant qu'à Jean de ce qu'il croyait être bon pour moi. Je suis restée en retrait, l'oreille tendue aux propositions qui pouvaient être suggérées, mais pas aux explications qu'ils échangeaient entre eux. J'ai analysé leur façon d'agir, un enfant de cinq ans qui ne veut pas se faire examiner aurait eu le même traitement que moi. Comme je ne pouvais pas

---

[1] Shelter : refuge

rester calme, je me suis retirée pour marcher de long en large dans l'immense pièce où nous étions. Lorsque je l'ai entendu proposer une autre sorte de médicament au lieu du lithium, je n'ai pas pu me contenir.

– Qu'avez-vous fait ?

– J'ai éteint ma cigarette et remis la soucoupe sale sous sa tasse.

Puis, tout en regardant Jean droit dans les yeux, je lui ai dit dans la langue de Shakespeare : « Si tu veux rester pour l'entendre, soit, fais-le. Mais moi, je n'ai pas de temps à perdre pour me faire convaincre de prendre encore des drogues. Peu m'importe leur couleur, leur essence, leur poison ou leur vertu, je me sens plus intelligente qu'elles ».

Ensuite, je me suis dirigée tranquillement vers la porte de sortie. Ils ont mis fin à leur entretien.

Jean n'a pas dit un mot et le spécialiste nous a suivis à la porte affichant une attitude peinée. J'ai enlevé mon gant pour lui tendre la main dans un au revoir poli. Au contact de celle-ci, je me suis permis de lui dire ce que je pensais, sans me soucier de sa réaction : « Je regrette sincèrement que nous n'arrivions pas à nous comprendre, vous et moi. C'est la deuxième fois que je sors de votre bureau sans que nous y soyons parvenus. Mais il y a une force en moi qui me dit que je dois saisir tout ce qui s'est passé dans mon année avant de retourner au lithium. Sachez que je ne suis pas contre ce médicament, car il m'a bien servie pendant deux ou trois ans mais je veux comprendre »… lui dis-je, en élevant la voix.

Il répondit : « Vous risquez de tomber très malade, Madame Durivage, en êtes-vous consciente » ? « Malade comment »? lui demandai-je. Mais sans attendre sa réponse, j'ai poursuivi: « Me retrouver, comme tant d'autres, à l'hôpital de St-John ? Je ne suis ni pire, ni mieux que les autres. J'irai et j'en reviendrai comme tous les autres. Personne n'en meurt à ce que je sache » Il riposta : «Vos propos confirment que vous n'êtes pas consciente de…» Je lui coupai la parole sans retenue: « Il y a une chose dont je suis consciente, c'est qu'avant de me fier à des pilules pour régler ma vie, je dois faire ce que je peux par moi-même, ce que personne ne semble vouloir admettre dans votre département qui m'a expliqué qu'il paraît qu'une femme sur cinq rencontre les mêmes difficultés que moi, est-ce bien cela ? » Il n'a pas répondu. J'ai continué : « Ce problème se développe à la ménopause ». Il a approuvé d'un signe de tête. J'ai ajouté en le regardant dans le blanc des yeux : « Dans ce cas, qu'attendez-vous pour être apte à nous aider ? Avez-vous regardé l'âge moyen des femmes de la ville, ici, docteur ? Savez-vous que nous sommes toutes arrivées ici à la même période de notre vie. Alors, d'ici cinq ans environ, plus de la moitié des femmes de la ville seront en ménopause en même temps. Selon vos prévisions, une sur cinq auront recours à vos services. Attendez-vous d'être obligé de noliser un avion pour nous transporter toutes à l'hôpital de

St-John, avant d'avoir compris Ouvrez donc les yeux. Il y a des solutions qui ne sont pas encore trouvées ». Puis, je me suis retirée en lui souhaitant bonne chance, tout en tirant sur sa cravate comme on donne une tape affectueuse d'avertissement sur le bout du nez d'un enfant récalcitrant.

Quelques jours plus tard, devant une sensation que je ne n'arrivais pas à comprendre, j'ai choisi de reprendre du lithium, et ce, trois jours avant le premier anniversaire de mon arrêt. Ce qui me fait le plus mal là-dedans, c'est que ni le docteur ni le « psy » ne m'ont jamais interrogée sur ce que moi je vivais. Comment peuvent-ils savoir ce qui est bon pour moi, s'ils ne me demandent jamais mon vécu ? Comment peuvent-ils me conseiller s'ils ne me posent jamais la question sur ce que je fais ou ce que je pense ? Moi, ça me dépasse. Ceci étant dit, je suis retournée au lithium de mon propre chef, graduellement, avec mon lithiumètre sans devoir rendre de compte. Ensuite, deux ou trois mois plus tard, j'ai été convoquée pour rencontrer le « psy » lors de sa visite trimestrielle à Labrador City.

– Ce qui explique donc vos rencontres de 15 minutes tous les trois mois comme vous me le souligniez lors de notre première rencontre ?

– Exactement. Elles n'ont servi qu'à vérifier si j'étais en période haute ou pas. C'est ce que je ressentais en y allant. Après deux ou trois rencontres, il m'est arrivé avec la conclusion que je n'étais pas maniaco-dépressive. Il m'a demandé de cesser de prendre les 600 mg de lithium par semaine. Comme j'étais stable, même dans les vagues prédéfinis, j'ai refusé avec calme et fermeté. Il a insisté en me disant : « Écoutez, Madame Durivage, je viens d'Angleterre. Le lithium est arrivé au Canada vingt ans après l'Angleterre. Je me suis renseigné auprès de mes confrères de Londres et aucun patient au monde n'en prend aussi peu que vous » . Je lui ai fait un pied de nez moral, en lui répondant sur le même ton hautain qu'il employait avec moi : « Écoutez, Docteur, moi, je ne sais qu'une chose, c'est que présentement je suis stable depuis plusieurs mois. Si le lithium n'a rien à voir là-dedans, ça m'importe peu. Qu'il ne soit qu'un effet placebo produit de mon imagination, je m'en fous. Ce qui compte à mes yeux, c'est le rendement. Alors, placebo ou pas, je continuerai d'en prendre » Devant sa menace de couper mon ordonnance, à mon grand étonnement, j'ai réagi sans colère. Je dirais même avec insouciance. « Soit ! Faites-le, lui dis-je. J'ai des amis qui en prennent jusqu'à six par jour ; je leur en quémanderai. Deux de moins par semaine ne devraient pas leur nuire. S'il le faut, je les volerai. Ils peuvent perdre un de leurs flacons et les pharmaciens (excusez mon expression) se fendront le cul en quatre pour leur en vendre d'autres ».

Il n'a jamais coupé mon ordonnance. En tout cas, mon médecin traitant n'a jamais refusé de m'en prescrire et je sais qu'un médecin généraliste doit avoir l'accord d'un spécialiste pour prescrire ce médicament.

– Pourquoi pleurez-vous ?

– Je revois ses yeux de corbeau qui m'épiaient à chacune de mes visites trimestrielles. J'avais l'impression d'être surveillée comme un singe dans une cage, en attente de le voir mordre ses barreaux avant de le transférer dans sa prison de St-John.

– N'y aurait-il pas un peu d'exagération dans cette métaphore ?

– C'est sûr qu'il y en a, répondis-je en un éclat de rire qui sortait malgré moi.

Puis, j'ai continué mes lamentations.

– Je n'ai jamais entendu un seul mot d'encouragement concernant ma volonté de m'en sortir. Comme si les maniaco-dépressifs n'avaient pas le droit de souhaiter guérir. En tout cas, je ne l'ai jamais écouté, celui-là, et je n'y suis jamais allée, dans son hôpital à la con. Enfin, pas encore et que Dieu m'en protège.

– Qu'avez-vous appris lors de votre séjour au shelter des femmes ?

– Ce fut une expérience très enrichissante. Après cinq jours, je suis retournée chez moi pleine d'énergie, consciente que je faisais tout un plat avec un grain de sel.

– Je crois qu'il serait bon que nous y revenions et que vous me racontiez ce que vous y avez vécu.

– Pourquoi dois-je tout vous raconter ainsi ?

– Pour faire sortir les émotions que vous avez gobées en vivant ces événements de votre vie. Vous disiez au début de notre session que vous confondiez les émotions et les sentiments. Pour le moment, comment vous sentez-vous comparativement à votre arrivée ?

– Je me sens plus légère, moins lourde, comme si je perdais de 2 à 3 kg à chaque fois que je vous rencontre.

– Voilà ! C'est à ça que ça sert de raconter votre vie. J'ai pris des notes en vous écoutant. Vous avez mentionné une diététicienne. Y a-t-il un rapport avec le lithium ?

– Oui. À partir de ma première pilule de lithium, ce qui remonte à 1984, j'ai engraissé de 30 kg en dix-huit mois. À l'époque, j'avais un ami qui prenait du lithium et qui devait peser plus de 150 kg. Sa posologie était de 1 800 mg par jour. Je me suis demandé si son poids pouvait jouer un rôle dans sa posologie, du fait qu'on nous chante à tour de bras que notre problème provient de notre métabolisme. J'en ai parlé avec mon médecin traitant qui a trouvé l'idée géniale. L'expérience s'est avérée concluante. J'ai réduit mes 1 200 mg par jour au fur et à mesure que je perdais les kg que j'avais en trop. En plus, j'ai appris à mieux me nourrir.

– Bon. Ceci conclut notre rencontre d'aujourd'hui. Je tiens à vous informer que le CLSC offre des cours sur la gestion du stress. Bien que ces cours soient déjà commencés, aimeriez-vous les suivre ?

– Oui. Dites-moi où et quand, et je m'y rendrai.

Comprendre les émotions : tout un contrat !

Au fil des rencontres hebdomadaires avec le psychologue, je me sentais de plus en plus positive et encouragée à reprendre en main mon tournoi vers la victoire. Elles deviendront graduellement un cours d'apprentissage sur les émotions plutôt qu'une session de défoulement.

– Marion, suite à votre demande de comprendre les émotions et les sentiments, nous allons essayer d'encadrer celles que vous avez vécues durant votre séjour au Shelter. J'interviendrai donc pour vous aider à y parvenir. Parlez-moi de ce que vous avez ressenti durant ce séjour.

– L'expérience fut très difficile à supporter pour Jean qui a cru un instant que c'était moi qui fabulais. Comme pour embrouiller encore plus la situation, il a été le dernier à être mis au courant de ma présence à cet endroit. Il a dû…

– Oubliez Jean et parlez-moi de ce que vous avez vécu. Quel était votre besoin réel pour accepter d'aller passer quelques jours à cet endroit ?

– J'avais besoin de repos. Dans ces périodes d'énergie basse, juste le fait d'avoir à laver la vaisselle du matin devenait plus épuisant que de faire le ménage de toutes les armoires de la cuisine. Je cherchais un endroit sans responsabilités, je crois. Je voulais aller me ressourcer sans l'aide des membres de ma famille pour qui je devenais un fardeau très lourd. Ces phases sont toujours accompagnées de colères excessives qui me répugnent et d'un besoin de parler insoutenable pour ceux qui vivent avec moi ou qui me côtoient. Il me reste certains souvenirs amers de ce séjour, mais dans l'ensemble tout a été formidable.

– Parlez-moi de tout ce que vous avez aimé.

– L'accueil des bénévoles fut extraordinaire. Elles n'ont eu aucun préjugé sur mon état de santé. En fait, j'ai reçu du réconfort au-delà de mes espérances. Vingt-deux bénévoles ont pris soin de moi jour et nuit durant une période de cinq jours. J'ai appris de chacune d'elles, soit par leurs expériences acquises au centre ou par leur propre vécu. Pendant mon séjour, j'ai aussi révisé ma façon de prendre soin de moi. Lors d'un bain relaxant, je me suis rappelé que mon dernier du genre remontait à plus de deux ans. Le jour suivant, je chantais en le prenant, ce qui était aussi passé aux oubliettes depuis des lustres. Le fait d'être avec des personnes différentes chaque jour, m'a permis d'assouvir mon besoin de parler.

Soudainement, j'interrompis mon récit pour demander au psychologue la question qui me tenaillait l'esprit depuis si longtemps :

– Dites-moi, pourquoi ai-je ce grand besoin de parler ? En plus, lorsque ça arrive, ça n'a plus de fin. Je consomme les conversations comme une gloutonne qui s'empiffre devant un buffet. Et je ne laisse que peu de place pour des réponses éventuelles.

– Vous avez sûrement manqué d'écoute dans votre vie, ou vous avez accumulé tout jusqu'au débordement. Parlez-moi maintenant de ce que vous avez fait durant votre séjour au refuge.

– En dehors de quelques sorties accompagnées d'une bénévole, j'ai assisté à un cours sur la ménopause, donné par votre compagne de travail, Danièle Lelièvre. Drôle de coïncidence, le cours où elle parlait de la dépression nerveuse qui, était depuis peu considérée comme un symptôme de la ménopause, était justement présenté durant la semaine où j'étais au foyer des femmes. Devant certaines de mes questions, elle m'a répondu que la science venait tout juste de faire un lien et qu'elle avait peu d'informations.

– Parlez-moi de ce cours, il semble vous tenir à cœur.

– Les symptômes décrits par Danièle ont été contestés par quelques participantes qui croyaient que tout se contrôlait si nous le voulions, ce n'était qu'une question de volonté, selon elles. Devant l'inconfort de certaines à parler du sujet en ma présence, je suis intervenue en demandant la permission de partager mon expérience jusqu'à ce jour. Danièle leur a suggéré de m'écouter. Inutile de souligner que j'ai dû rassembler tout mon courage pour y arriver.

Je me suis adressée à elles de cette façon : « De un, ne soyez pas mal à l'aise lorsque nous parlons de santé mentale en ma présence. Je l'ai su bien avant vous, et je m'y fais de mieux en mieux. ». Elles ont éclaté de rire. « De deux, prenez note que je suis la plus expérimentée dans ce domaine ici ce soir en ce qui a trait au cours que nous suivons ». Ce qui a fait réagir celles qui étaient plus avancées en âge que moi. Après un certain silence, j'ai ajouté : « J'ai dix ans de ménopause de vécu et j'ai recours à des soins du département de santé mentale depuis sept ans. Qui dit mieux ? » Il y a eu un moment de mutisme total dans la salle de cours.

Puis j'ai poursuivi sans plus avoir à négocier leur écoute : « Depuis dix ans, je me débats pour me comprendre et me faire comprendre dans mes agissements ; ce n'est pas toujours facile à traverser. Croyez-moi, je sais ce dont je parle. Pour moi, car je ne peux parler que de mon expérience, les préjugés et les étiquettes sont plus lourds à porter que tous les autres symptômes regroupés. Vous vous référez à l'expérience de vos mères et aux livres que vous avez lus. Quel était notre taux de compréhension et d'intérêt à comprendre lorsque nos mères passaient par ces difficultés ? Quel était le taux de connaissance de la médecine à l'époque ? Selon moi, nos mères étaient encore bien moins comprises que nous le sommes aujourd'hui. Ne renions pas leurs expériences ; ça ne sert à rien d'essayer de réinventer la roue. Leurs difficultés ont permis de tracer un nouveau chemin un peu moins cahoteux que le leur : profitons-en. Hésitante, je poursuivis : Nous devrions apprendre à nous soutenir dans nos différences au lieu de nous comparer péjorativement. Et si vous me le permettez j'ajouterai ceci : Entre lire et vivre un livre, il y a toute une différence. ».

J'ai vu quelques sceptiques qui se retenaient difficilement de rire. Mais le regard de la majorité exprimait un merci. J'ai terminé avec des tremblements dans la voix en disant : « Si vous n'essayez pas d'être solidaires entre vous, je vous souhaite bonne chance ».

« Merci, Marion », dit Danièle en me regardant dans les yeux. Puis elle a ajouté : « Tu déglutis présentement. As-tu autre chose à dire ? Ne te gêne pas ; ça ne peut pas nous nuire, au contraire. »

Après quelques instants d'hésitation j'ai continué : « Ça fait dix ans que je vis ce manque de solidarité dont je parle. Je ne le souhaite à personne. Juste le fait de suivre le cours est un soutien que je ne m'étais jamais imaginé recevoir. Actuellement, je demeure au foyer de la femme battue pour pouvoir retrouver mon souffle, parce qu'il n'y a pas d'autre endroit où je puisse le faire. Il faut donc utiliser les moyens que nous avons. J'espère qu'un jour il existera un endroit pour celles qui en ressentiront le besoin, sans que leurs maris subissent le rejet que Jean doit subir depuis que j'habite là ». Un lourd silence pesait sur la salle. Je l'ai brisé en ajoutant : « J'espère que les femmes, les intervenants et la science auront tous assez progressé pour faire équipe lorsque votre heure aura sonné et que, que ce soit utopique ou non, nous deviendrons toutes suffisamment solidaires pour ne jamais avoir besoin d'un tel centre ! ».

Je tremblais au souvenir de ce que je venais de décrire. Alors Alain est intervenu : « Prenez le temps de respirer à fond, Marion. Votre agitation me démontre que vous vous détachez des émotions que vous aviez avalées lors de ces événements ». Puis il ajouta : « Que vivez-vous pour le moment face à cette expérience ? »

– De la colère. J'en blasphème dans ma tête parce que je n'ose pas le faire devant vous. J'en veux au système de santé qui ne cherche pas à améliorer, même à moindre coût, les services dont nous avons besoin.

– Qu'essayez-vous de dire au juste, Marion ?

– Le bien-être ressenti lors de mon séjour au Shelter, m'avait amenée à croire que c'était la solution pour toutes mes semblables. L'idée a germé au contact d'une des bénévoles du centre, qui vivait dans une grande maison vide, suite au décès de son mari. Elle cherchait à combler le vide de sa vie. Son amour et sa sagesse auraient été largement suffisants pour m'aider à reprendre mon souffle au lieu du séjour au Shelter qui imposait que je sois accompagnée 24 heures sur 24 par une bénévole. Cette idée, où j'entrevoyais le soutien de l'hôpital et de la formation pour les femmes qui y œuvreraient, fut perçue comme une utopie et me retomba sur le nez… Comme si les maniaco-dépressifs n'avaient pas le droit d'avoir de bonnes idées. La première personne qui a ouvert un foyer pour personnes âgées, comment a-t-elle été perçue, elle ? N'a-t-elle pas dû suivre des cours en gérontologie pour apprendre sa nouvelle mission ? Je n'ai pas dit que j'ouvrirais ma propre maison de repos. Sur quoi se base-t-on pour déterminer si une idée nouvelle peut être valable ? Penser à mes semblables, est-ce si exceptionnel pour que je sois perçue comme anormale en le faisant ? Que je sois trop axée sur le bien-être des autres au détriment du mien fait-il de moi une déséquilibrée ?

Là, je ne sais plus où j'en suis rendue, ajoutai-je, en tremblant de la tête aux pieds.

— Prenez le temps de respirer. Ensuite, parlez-moi de Jean, face à cette expérience. Vous me disiez, au début de notre entretien, que ce ne fut pas facile pour lui. Qu'est-il arrivé au juste ?

— Mis à part le fait qu'il devait passer par le poste de police pour me rejoindre par téléphone et les préjugés réservés aux hommes qui battent leur femme, il a dû avoir recours à un avocat pour se prévaloir de son droit de savoir où j'étais. Sa démarche ne s'arrêta pas au bureau de l'avocat. Il a dû se rendre au bureau du « capitaine de l'hôpital », accompagné d'un homme de loi, pour apprendre que j'étais la seule qui pouvait dire à mon mari où j'étais.

— Que voulez vous dire par « capitaine de l'hôpital » ?

— L'hôpital de Labrador City est dirigé par L'Armée du Salut et c'est le titre du directeur général.

— Je vois, poursuivez.

— J'en ai voulu à mon médecin traitant et à l'intervenante de santé mentale, qui avait fait les démarches avant que je me rende au foyer, de ne pas avoir su le rassurer. Vous rendez-vous compte de tous ceux que j'ai bousculés, moi qui ne voulais pas être hospitalisée pour ne pas entacher ma réputation au département de santé mentale ?

— En dehors des difficultés techniques de l'expérience, comment Jean vivait-il votre séjour à cet endroit ?

(Ses tentatives pour me faire parler au niveau des émotions au lieu du rationnel seront nombreuses. Je ne le comprendrai que plusieurs années plus tard).

— Le lendemain du cours sur la ménopause, je suis allée souper au restaurant avec lui. Il s'interrogeait sur certains gestes et certaines paroles d'encouragement qu'il avait reçus durant la journée. Ça provenait de femmes qui avaient été présentes au cours. Nos conversations ne concernaient que ma présence au Shelter et mon état de santé. Il était réticent. Il ne comprenait pas pourquoi je résistais tant au lithium. J'avais beau lui expliquer que je voulais connaître mes limites, il ne cessait de me questionner. J'avais beau lui répéter que je voulais apprendre à vivre ma vie avec ses hauts et ses bas, que je voulais comprendre pourquoi c'était si difficile pour moi comparativement à la majorité des gens, il essayait de m'en dissuader. Il me disait : « Tu joues avec le feu. Tu t'en demandes trop ».

Devant sa réticence qui s'amplifiait, je lui ai raconté l'anecdote suivante : « lors de ma dernière visite au foyer de maman, j'ai vu une jeune femme de vingt-six ans qui prenait du lithium depuis six ans. Elle avait trois enfants. Le département de santé mentale l'avait déclarée incapable de prendre soin d'eux. Vingt-six ans, Jean, réalises-tu que sa vie est finie avant de l'avoir vécue. Ce ne sont pas seulement ses mains qui tremblaient, c'était aussi ses bras, ses jambes et ses pieds en même temps. Elle était placée dans un foyer de personnes âgées » Sa réaction fut spontanée : « Tu veux dire qu'elle était pensionnaire dans le foyer où ta mère vit actuellement ? » « Oui et c'était son deuxième séjour à cet endroit. Y sera-t-elle lors de chaque changement de saison ? Son mari l'a quittée et elle vit de l'aide sociale. Elle n'a jamais travaillé en dehors de son foyer ni du foyer de ses parents. Elle vit chez son père veuf, à qui elle doit donner son argent. Selon ce qu'elle m'a dit, elle doit aussi tout faire à la maison. Dans son histoire, il faut en prendre et en laisser, ça, j'en suis consciente, mais… ».

Alors là, Jean a réagi en me disant : « Arrête Marion, ça n'a pas de sens. Tu prends toute la misère du monde sur ton dos. Tu te débats contre tout le système de la santé. Es-tu consciente de cela ? J'admire ta ténacité, mais c'est toi qui écopes pour ton objectif. Tu t'acharnes depuis six ans : n'en as-tu pas assez ? Tu ne peux pas sauver le monde, Marion ! ».

Je n'ai pas pu ajouter un seul mot. Je me sentais pieds et poings liés. Il a terminé son dessert en demandant quand je retournerais à la maison.

– Vous en avez encore sur le cœur face à cette expérience, je le sens dit le psychologue. Que s'est-il passé après ce séjour au refuge ?

– J'ai attendu en vain le rapport que m'avait promis Joyce, la responsable du Shelter, celui concernant l'étude d'une maison de repos pour les personnes qui se retrouvaient devant les mêmes problèmes que moi. Elle m'avait promis de le faire. Je n'en ai jamais entendu parler, même en le lui rappelant à deux reprises. Elle a fini par changer de trottoir en me voyant. Pourquoi ? Pourquoi ne m'a-t-elle pas dit les raisons de son attitude ? Que s'est-il passé pour qu'elle change d'avis ? L'expérience ne fut pas concluante pour mettre sur pied un tel projet, soit ! Disons que c'est sans doute la raison. Dans ce cas, pourquoi ne me l'a-t-on pas dit ? Puis, environ un mois plus tard, lors d'une visite chez mon médecin, il m'a demandé si ma période d'idées de grandeur était passée. Ça me fait encore mal en vous le racontant, dis-je en sortant mes mouchoirs de papier. Ensuite on nous reproche de n'avoir aucune confiance en nous-mêmes. C'est...

Un long silence s'éternisa.

– Poursuivez, Marion, sortez-la votre peine !

– Pourquoi ne me fait-on pas confiance ? Qu'ai-je fait pour que ce soit ainsi et que ça persiste ? Trois ans après ces événements, lors d'une invitation à la population concernant l'entraide pour les personnes traitées en santé mentale, et avec les membres de leur famille, Jean m'interdit d'y aller soi-disant sur le conseil du docteur.

– Vous a-t-il dit pourquoi ?

– Ce n'était pas pour moi, d'après lui. J'étais trop autonome par rapport aux autres.

– Comment avez-vous réagi à cette explication ?

– Je n'ai pas réagi. L'expérience m'a confirmé simplement ce que je soupçonnais depuis peu. C'est-à-dire que j'étais devenue le petit mouton noir du département de santé mentale. Ils ont toujours eu peur que j'influence les autres dans ma rébellion face aux médicaments. Mais moi, je savais que je n'interviendrais jamais auprès de mes semblables en leur disant de faire comme moi. Je me tuais à leur faire comprendre que nous sommes tous différents. Ils sont caves !

– Comment avez-vous réagi face à cette interdiction ?

– J'ai choisi d'accepter sans dire un mot en riant dans ma barbe. Je savais que je pouvais connaître le contenu de cette convocation par l'intermédiaire du Conseil du statut de la femme où je siégeais au conseil d'administration. J'aurais même pu y assister à ce titre, mais je n'avais plus la force de tenir tête à ce moment-là. J'ai donc appris à notre réunion mensuelle qu'ils organisaient des rencontres hebdomadaires pour les personnes traitées en santé mentale afin qu'elles s'entraident entre elles. J'ai trouvé l'idée géniale. Alors, j'ai laissé passer un peu de temps, avant d'aller à la source et de voir si je pouvais me nourrir, moi aussi, auprès de mes semblables, sans en parler à Jean ni à mon médecin.

– L'avez-vous fait ?

– Oui. Je me suis jointe à ce groupe (appelé Channel je crois) et je m'y suis présentée à trois ou quatre reprises. J'ai beaucoup aimé.

– Pourquoi avez-vous cessé de le fréquenter ?

– Parce que la responsable du groupe m'a sollicitée pour partager sa responsabilité au sein du groupe, au niveau de l'organisme provincial. Sa demande m'a découragée.

– Pourquoi cette demande vous a-t-elle découragée ?

– Je n'avais pas envie de donner encore de mon temps. Je le fais plus souvent qu'à mon tour. En plus, je me sentais un peu démunie face à la langue anglaise. Qu'ai-je donc de tatoué sur le front pour qu'on me demande toujours de m'impliquer à fond de train ? Même vous, vous m'invitiez à démarrer un groupe de ce genre lorsque je me suis informée s'il y en avait un à Fermont. En voyant ses yeux se plisser, j'ai ajouté : lors de ma troisième rencontre avec vous.

– C'est vrai ; je m'en souviens. Comment vous êtes-vous sentie au sein de ce groupe ?

– Comprise et égale aux autres. Je n'étais pas étiquetée, ni jugée, ni supérieure ni inférieure. Si vous saviez comme ça fait du bien !

– Pourquoi cherchez-vous tant à savoir ce qu'on pense de vous ?

– Par besoin d'être rassurée dans mes démarches, car je veux savoir ce que je peux améliorer ou corriger. Je me serais mieux sentie dans le groupe Channel, s'il y avait eu un moniteur professionnel pour analyser les échanges. De plus, ma culture francophone criait au milieu d'un groupe anglophone.

– Comment vous sentez-vous maintenant ?

– J'ai l'impression que mon sac commence à être pas mal vide.

Ce qui l'a fait sourire.

– Que diriez-vous de commencer à travailler sur votre moment présent ?

– C'est quoi le moment présent ?

– Une science de la vie à acquérir. À notre prochaine rencontre, je veux que vous me parliez de vous au quotidien. Qui êtes-vous, Marion Leloup ? Qu'aimez-vous faire dans la vie et que faites-vous de votre vie ? Vous êtes pleine de ressources que vous ne connaissez pas. Vous avez un potentiel qui vous sort par tous les pores de la peau, mais vous ne le voyez pas. Il ne reste qu'à mieux vous connaître et faire en sorte que votre vie soit heureuse au-delà de vos rêves. Quels sont-ils vos rêves ?

Après un long silence il a ajouté : « Depuis le début de nos rencontres, j'ai vu votre âme de sauveuse, mais j'ai aussi remarqué une trop grande concentration sur les autres, au point de vous oublier vous-même. Je ne serais pas surpris, que nous soyons obligés d'aller fouiller dans votre enfance pour comprendre la fragilité de votre système émotif. Prenez le temps de vous reposer et de faire un lâcher prise sur les spécialistes de la santé. Bonne semaine. »

Il est revenu sur ses pas en demandant : Avez-vous déjà essayé la musique de relaxation ?

– Non, je ne connais pas ça.

– J'en aurai pour vous à notre prochaine rencontre.

Qui suis-je ?

Sur le chemin du retour, seule dans l'ascenseur, je ruminais, face à la probabilité de devoir fouiller dans mon enfance, pourquoi ? Puis, devant sa suggestion de parler du temps présent, j'ai compris entre les lignes qu'il fallait que j'abandonne ma rancœur face aux spécialistes de la santé. Il y avait des oui mais… qui ne voulaient pas lâcher prise. Mon monologue intérieur s'est poursuivi tout au long du trajet.

Facile à dire de laisser aller cela, mais qui est-ce qui souffre devant les mille et une questions sans réponse ? À part moi-même, il y a les membres de ma famille, ces boucs émissaires de mes réactions imprévisibles, de ces « satanées » sautes d'humeur.

Assise au volant, j'ai dû résister, les dents serrées, pour ne pas appuyer sur l'accélérateur à fond. Mon cœur de louve n'en avait que pour sa meute. Je savais que je n'étais pas la seule à avoir ces problèmes. Tous ceux et celles qui souffrent de maniaco-dépression rencontrent les mêmes conflits intérieurs. Les statistiques parlaient de plus de deux cent mille personnes, seulement au Québec. J'ai réalisé que je n'étais pas la sauveuse du monde et j'ai grogné devant mon impuissance.

Tout en gardant les yeux sur la route enneigée, je réfléchissais sur tout ce que je venais d'entendre. Je me suis dit : Si lui croit en moi, pourquoi ne puis-je en faire autant ? Il a raison. Il faut vivre au présent. Mes frustrations doivent prendre fin. Fini de me ronger les sangs : qu'ils aillent tous au diable, ces spécialistes à la con.

Incapable d'arrêter de penser, je creusais. Où en suis-je avec mon moment présent ? Entre mes visites avec le psychologue, mon train-train quotidien et ma vie de couple, il y avait mon implication au sein du comité des femmes. J'y travaillais d'arrache-pied depuis plus de deux ans. J'ai réalisé que ce dossier, plus que colossal, accaparait tout mon temps. *Qu'est-ce qui m'oblige à m'y investir autant ?* me demandai-je J'ai réalisé que ma persévérance frisait l'entêtement.

Cette prise de conscience m'a ramenée au début des années 1970, lors de mon exil au Labrador. À l'époque, j'avais observé que nous étions toutes aussi dépaysées les unes que les autres et j'avais mené une enquête dans le but de trouver des distractions communes. Les artisanes m'avaient accueillie à bras ouverts, mais ce domaine me laissait indifférente. Pour ce qui en était des activités sportives, je n'avais pas le calibre d'athlète de la gente féminine du milieu. J'ai donc effectué des tentatives pour trouver des femmes qui auraient eu envie de jouer, juste pour se distraire. Ce concept, aussi simple qu'il était pour moi, devenait complexe aux yeux de celles que je croisais dans mes allées et venues. Juste le fait de dire « Nous devrions jouer ensemble » suffisait à les faire me fuir. J'en ai même vu qui changeaient de trottoir pour m'éviter. Ces souvenirs me remettaient en question.

Suis-je vraiment à côté de la plaque dans ma façon de concevoir la vie d'une femme ? Suis-je en dehors du circuit ? Une partie du film de ma vie se déroula devant mon écran mental.

Toute mon existence ne gravitait qu'autour de la gente masculine et ce, depuis mon berceau. À l'âge de vingt et un ans, j'avais épousé Jean, un mordu du sport, un athlète provincial qui est devenu professeur spécialisé en éducation physique. Alors, les conversations dans le domaine des sports, j'ai dû m'en boucher les oreilles avant de m'en étourdir jusqu'au coma. Je revoyais les équipes complètes de tout acabit, assises au milieu de mon salon avec une caisse de bière au centre. Ah ! Cet élixir inséparable des stratégies à inventer et à décortiquer, sans omettre les victoires qui étaient fêtées jusqu'aux petites heures du matin ! Je me souviens m'être demandé pourquoi il y avait assez de sports différents pour en couvrir toutes les saisons de l'année ? Les sports furent donc pour moi un tourment qui m'a envahie, jusqu'au jour où j'ai décidé d'en faire moi-même.

Je me suis alors posé la question : Quelle aurait été ma vie sans l'influence de Jean ? Qu'avais-je appris durant mes dix ans de bowling, mes cinq saisons de golf, mes trois ans de ballon balai et mes dix-neuf ans de travail dans une pourvoirie ? Y avait-il autre chose que les sports dans ma vie ? Pourquoi mon besoin de fraterniser et de m'amuser était-il toujours présent ?

J'ai serré le volant si fort que mes ongles se sont incrustés dans les paumes de mes mains.

Qui suis-je ? me demandai-je à nouveau. Une femme des années soixante comme mes consœurs, me répondis-je. Pourquoi est-ce que je n'arrive pas à faire équipe avec elles ? Qu'avaient-elles pu faire que j'ignorais ? Ce qui m'a amené face à ma jeunesse.

Celle-ci ne servit qu'à m'enseigner les responsabilités de la vie. Chez moi, le jeu avait été classé fruit de l'oisiveté, la mère de tous les vices, incluant les sports. Ma mère ne fut pas opposée à la campagne « Participe action » de l'époque, mais elle n'a jamais allégé aucune de mes tâches. Elle aurait voulu me voir broder de la soie et tricoter de la laine entre deux bouchées de pain. Et cela aurait dû être mon unique loisir ; moi qui ne rêvais que de phrases, de mots et de chansons, mon secret le mieux gardé. Qu'en était-il pour mes consœurs ? Avaient-elles vécu la même chose que moi ? J'ai pris une profonde inspiration en me mordant les lèvres devant les souvenirs qui ne cessaient de remonter à la surface.

Je n'ai jamais eu l'occasion de jouer depuis l'âge de dix ans. Le droit d'aller chez une copine d'école ne m'a été accordé qu'en de très rares occasions. En fait, j'ai trop d'une main pour les compter. Ce que j'ai pu en souffrir ! Étais-je devant la réponse à mon besoin et ma soif de m'amuser avec les autres femmes ? En sueur, j'ai revu le jour où maman m'annonça qu'elle me retirait de l'école pour la seconder dans les travaux de la maison. Les explications de sa requête étaient encore vivantes dans ma mémoire : « Ton père n'a pas les moyens de payer une bonne avec le coût des études de tes frères pensionnaires à Mont-Laurier ». Je n'ai pas eu le temps de défendre ma cause : elle me garantissait mon cours de coiffeuse lorsque mes frères auraient complété leurs études. L'instruction des garçons devait passer avant celle des filles, me disait-elle. « Tout repose sur ta patience ». Elle me proposa alors le métier de coiffeuse : « Tu auras l'opportunité de travailler à la maison en même temps que tu élèveras tes enfants ». J'étais assommée par tout ce qu'elle avait dit, sans me donner la chance de proférer un seul mot. Son indifférence face à ce que je souhaitais faire de ma vie m'a causé un pincement au cœur.

J'ai senti alors ce pincement resurgir de mes souvenirs lointains. Je me suis souvenue qu'à cette époque, je rêvais de devenir infirmière ou écrivaine. Revenue au moment présent, j'ai essuyé quelques larmes du revers de la main.

Soudainement, j'ai compris que les contacts avec les filles de mon âge avaient été coupés à l'âge de treize ans, en me retirant de l'école. Incapable de fermer la porte de mes souvenirs, je me remémorais tout l'enseignement que maman m'avait légué. Elle s'était appliquée à faire de moi une bonne épouse et une mère exemplaire. À l'âge de quinze ans, après avoir défendu mon désir de poursuivre mes études, j'étais retournée à l'école complètement dépaysée. Ma maturité devant mes nouvelles compagnes et ma gêne, pour ne pas dire ma honte, en face des anciennes qui me devançaient de deux ou même trois ans, avaient été trop lourdes à porter. Alors, j'ai compris que j'avais baissé les bras le jour où j'avais reçu mon diplôme de neuvième année, en demandant à mes parents la permission d'aller sur le marché du travail.

Abasourdie, j'ai ravalé les sanglots qui voulaient éclater et une impression d'étouffement dans la gorge m'a imposé de baisser la vitre pour parvenir à respirer. Le calme revenu, je me suis retrouvée au crépuscule de mes trente ans, en pensant : Est-il possible que les femmes ne parlent que de tissus, de couleurs, de macramé, de cheveux, de maquillage, de vernis à ongles, de tampons et d'enfants. Je me suis rappelé qu'à mon premier contact avec mes compagnes du Labrador, celles-ci avaient refusé mon offre de partager mes connaissances du poisson et des viandes sauvagines. Ce souvenir m'a fait réagir : je n'ai donc aucune corde à mon violon qui s'harmonise avec les leurs ?

Découragée, je me suis demandé pourquoi je ne m'en étais jamais préoccupée auparavant. Si seulement ma vie n'avait pas été brodée uniquement autour des hommes, je serais moins gauche avec les femmes ? En sanglotant, j'ai entendu ma petite voix intérieure qui me disait : « C'est à toi d'ajuster ton violon aux leurs, non pas l'inverse ».

Tout ce remue-ménage m'a ramenée à mes conversations avec les hommes.

Au club de pêche, j'avais eu l'opportunité de parler avec des hommes de toutes professions, provenant de différentes provinces du Canada, de différentes régions des États-Unis et d'autres pays encore. Bien que j'aie été obligée de laver de la vaisselle en quantité pour écouter leurs expériences de vie, je trouvais que ça en avait valu la peine. J'ai aussi revu mes trois hivers auprès des travailleurs de la construction qui logeaient chez moi, ainsi que mes expériences auprès de mon père qui avait bâti sa maison en permettant à son unique fille de jouer du marteau. D'accord, il va de soi que maman en avait aussi profité pour m'enseigner à servir les ouvriers. Puis…

Ces expériences n'auraient-elles servi qu'à m'éloigner de ma fibre féminine ? Je m'en arrachais les cheveux. Étais-je devenue plus homme que femme dans ma façon de faire, de penser et de raisonner ? J'en tremblais de peur. Je ne pouvais accepter d'être un meilleur homme que la femme que j'étais. Cherche encore, dit ma petite voix, et tu finiras sûrement par trouver les vraies réponses.

À ce moment précis, j'ai entendu un klaxon et en sursautant, je me suis agrippée à mon volant. J'étais immobilisée au feu vert de l'embranchement pour Labrador City. Mon état de surprise, j'imagine, a dû faire sourire le conducteur qui m'interpellait en m'indiquant d'un mouvement du doigt de remettre les pieds sur terre. Je l'ai salué en lui disant merci du bout des lèvres, accompagné d'un sourire un peu fade, gênée d'avoir été ainsi prise en flagrant délit d'inattention. J'ai essuyé mes joues humides en espérant qu'il n'avait rien vu de tout ça.

La circulation calme de l'après-midi n'était pas propice à accaparer mon esprit et à l'empêcher de vagabonder. J'ai continué de voguer à travers mes souvenirs sur la philosophie de mes amis les hommes. J'entendais les conversations que nous avions échangées. « La femme ne sait pas s'amuser », disaient-ils. « Elle est trop sérieuse. Ceci l'empêche de retrouver son cœur d'enfant, ce qu'elle nous reproche tant d'avoir, tout en étant désireuse d'y parvenir elle aussi. Malheureusement, elle le renie sans essayer d'en faire l'expérience ». Me voyant sceptique à leurs discours, ils poursuivaient sans me laisser la chance de placer un mot : « Seules celles qui l'ont essayé peuvent y adhérer ». Leurs propos avaient été presque unanimes et ce, durant toutes ces années. Était-ce un signe de solidarité, de constance dans leur perception ou simplement d'obstination ? Ils ne pouvaient avoir tous tort.

Si seulement nous pouvions faire équipe au lieu de nous sentir toujours en compétition avec eux. « Facile à dire, là, Marion, me souffla ma petite voix, vous n'y arrivez même pas entre femmes ». Et si c'était le premier morceau du casse-tête, me dis-je en me sentant bondir d'espoir ? « Apprendre à jouer pour retrouver notre cœur d'enfant pourrait même en être le noyau ». Je me suis mise à inventer une stratégie. Première étape : me taire et les faire jouer à leur insu, jusqu'à ce qu'elles aiment cela, au lieu d'essayer de les convaincre de mes convictions personnelles. Bien qu'à ce moment-là, je m'interrogeais pour savoir si c'était moi qui m'étais laissée endoctriner. J'ai réglé mon incertitude en me disant que personne ne pouvait souffrir en apprenant à s'amuser. Je venais de trouver le sujet de ma chronique mensuelle « Entre Nous » du petit journal Franc-Copain.

J'ai remis mes pensées au présent avec succès.

J'ai récité à tue-tête mes poèmes de la Terre du Nord, Terre du Labrador, au rythme du vent qui fouettait ma voiture sans en brouiller l'horizon. J'ai vibré aux strophes de cette terre de Caïn, pauvre et aride aux yeux de certains, et qui pour d'autres était une terre de lait et de miel illimitée. Liberté de la pensée, liberté des mots, liberté du cœur, chacun à sa façon, ce qui comptait pour moi, c'était que nous arrivions à vibrer de vie en la partageant.

Arrivée à la maison, j'ai noté mes réflexions en remettant au lendemain la rédaction de ma chronique pour le petit journal de l'Association francophone. J'ai dû la ruminer pendant trois jours tellement elle me faisait voyager dans mes fibres féminines. Comment pouvais-je écrire un article sur ce que nous devrions faire entre femmes, alors que je ne le savais même pas moi-même ? Je m'en suis tiré encore quelques cheveux.

Les mémos s'amoncelaient dans mon tiroir, tous pour le projet du regroupement des femmes francophones. Mon livre stagnait au fond du même tiroir. J'étais tracassée à chaque fois que je voyais les cinq cents pages qui ne demandaient qu'à être corrigées et réorganisées. Mais je ne trouvais jamais le moyen de me remettre à l'écriture.

Quelques jours plus tard, je ne savais plus où j'en étais et je me sentais de plus en plus épuisée. Inquiète, je suis allée en parler avec mon amie, ma sage amie Catherine.

Confidences à mon amie Catherine

J'avais rencontré Catherine lors d'un souper-causerie mensuel pour les femmes du milieu, deux ans auparavant. Nous avions appris à nous connaître dans le projet du regroupement provincial. Elle était devenue une amie précieuse et une confidente remplie de sagesse. Elle incarnait pour moi un repère lorsque je me retrouvais dans le brouillard.

Je me rendis donc chez elle pour lui parler de ma période « Qui suis-je », en lui confiant que je ne savais plus où j'en étais.

– Tu sais, Marion, je serais dans le même état de stress, de confusion et de fatigue que toi, si j'accomplissais tout le travail que tu fais. N'accuse pas ta santé de ne pas répondre à tes exigences. Délègue une partie de ton travail, ce sera déjà beaucoup moins lourd.

– Présentement, ce ne sont que des mémos barbouillés de dessins multiples que je gribouille en réfléchissant. Ajoute les fautes d'orthographe et...

– Ne crois-tu pas que je puisse faire la différence entre un gribouillis et un dessin, ou encore que je ne comprenne pas le sens d'un mot même s'il n'est pas bien orthographié ? Déléguer n'est pas toujours facile à faire. Est-ce ton travail pour le regroupement des femmes qui t'épuise ou autre chose dont tu ne veux pas parler ?

– Je ne sais plus. Peux-tu m'aider à y voir clair ?

– Je vais essayer. Bien avant que je te rencontre, j'ai lu sur la maniaco-dépression et j'ai de la difficulté à te reconnaître dans les critères préétablis, ta vitalité dans ce que tu entreprends et ta détermination font que je ne te retrouve pas dans la description que les spécialistes font d'une personne maniaco-dépressive. On dirait qu'il y a une dualité en toi, je m'explique. Comment se fait-il que tu ne te sois jamais fâchée lorsqu'on t'attaquait personnellement ? Pourtant, lorsque tu parles de tes convictions au sein d'un comité, tu te fâches, tu te défends et tu trouves des solutions. Parfois, même mieux que nous toutes réunies. C'est comme si tu n'étais pas capable de le faire lorsque ça concerne ta propre vie. Se pourrait-il qu'on ne t'ait jamais permis de te défendre, qu'on t'ait toujours imposé de te taire devant des accusations, même celles qui étaient fausses ? Si tu étais ma fille, je te demanderais quelle est la grosse peine que tu ignore et qui est cachée au fond de toi. Quel genre d'enfance as-tu vécue Marion ?

– C'est drôle que tu en arrives là. Mon psychologue m'a dit cette semaine qu'il se pouvait que je sois obligée de fouiller dans mon enfance.

– Pourquoi es-tu devant moi aujourd'hui ? Je parierais ma chemise qu'il y a eu une démesure chez Jean hier soir. As-tu déjà pensé d'aller chez Al-Anon ?

– Que je le veuille ou pas, tu me fais réfléchir ce matin. L'an passé, un ami, membre des alcooliques anonymes, me disait qu'il se pouvait que l'attitude de Jean me rende malade. C'est à ne plus savoir où donner de la tête. Les spécialistes de la santé m'ont classée malade mentale, catégorie dans laquelle je ne me reconnais pas et de l'autre côté, le seul responsable serait mon mari. Et si c'était moi qui le poussais à boire à cause de mes déséquilibres que je n'arrive pas à régler depuis dix ans ? C'est long dix ans avec le même problème. C'est une éternité.

– Demande-toi lequel des deux problèmes est arrivé le premier ? Ensuite tu pourras commencer à redresser ta barque.

Catherine alla chercher du café à la cuisine. À son retour, je lui avouai non sans malaise, que mes premiers pas dans un bureau de « psy » remontaient à mes dix-neuf ans, avant que Jean n'entre dans ma vie.

– Que s'est-il passé pour que tu t'y retrouves ?

– La volonté de ma mère qui prétendait que je pouvais en avoir besoin, étant donné que je venais d'accoucher de Claudelle.

– Depuis quand un accouchement demande-t-il les services d'un psychiatre ? Était-ce un viol ?

– Non, pas du tout. Je cherchais bien naïvement un homme pour partager ma vie dans l'espoir de quitter la maison familiale où je n'étais pas heureuse. Avoir su que nous parlerions de ça ce matin, je ne serais pas venue.

– Ta franchise est remarquable, comme toujours d'ailleurs, mais en ce qui concerne le fait de te mentir à toi-même, il te reste un bon bout de chemin à parcourir.

– Là, j'avoue ne pas comprendre ce que tu veux dire.

– Nous y reviendrons. Dis-moi plutôt comment tes parents ont réagi ?

– Oh la la ! Je n'ai pas le goût de parler de ça ce matin. Comment se fait-il que nous y soyons ?

– Rien ne t'y oblige mais il serait bon que tu trouves pourquoi ça te contrarie autant ? Nous parlions de ta mère qui t'a imposé d'aller voir un « psy » après ta grossesse.

– À l'époque, elle se faisait suivre par un « psy » Alors j'imagine qu'elle a cru que ce serait bon pour moi. Minute ! Ça me rappelle que lors de ma recherche pour savoir si mes parents avaient déjà pris du lithium, j'ai appris que mon père avait eu recours aux services de la santé mentale avant ma mère. Moi qui avais toujours cru le contraire, j'en suis tombée de ma chaise. Un mémo du médecin spécifiait que c'était suite à ma grossesse de 1965.

– Comment t'es-tu sentie devant cette découverte ?

– Mal à l'aise et coupable, et ce jusqu'à ce que je retrouve Claudelle et sa famille. C'est drôle, je vis toujours un sentiment de culpabilité mais je ne sais pas envers qui.

– Ceci ne m'explique pas pourquoi ta mère voulait que tu rencontres un psychiatre.

– Elle avait tellement peur pour mon avenir qu'elle m'aurait enfermée dans une cage si elle en avait eu le droit. En ce temps-là, une fille mère était considérée comme une fille perdue, tu le sais sûrement.

– Je vois. Qu'as-tu appris de tes entretiens avec ce « psy »

– Après deux rencontres il m'a dit que je n'étais pas obligée d'accepter toutes les demandes de ma mère. Tiens, tiens, ceci me rappelle que deux ans plus tard, j'ai éprouvé des difficultés de comportement et je suis allée en voir un autre. Après le 3ème rendez-vous, il a conclu que je demandais à mon mari d'être mon mari, mon père et mes quatre frères à la fois.

– Que veux-tu dire par difficultés de comportement ?

– Des colères inutiles, des tristesses profondes sans savoir d'où elles venaient. Il y avait aussi des envies de fuir sans savoir ni où, ni pourquoi. Une fois, je me suis sauvée avec la voiture de notre locataire. Le hic de cette escapade c'est que je ne m'étais jamais assise derrière un volant auparavant.

– Donc tu avais des agitations incontrôlables. De quoi as-tu le plus souffert durant ta grossesse ?

– De ma conscience, parce que j'étais enceinte sans être mariée. Je ne dirais pas que je me sentais sale, mais presque ; jusqu'au jour où je m'en suis confessée. Le prêtre a refusé de me donner l'absolution. Depuis cette expérience je m'organise toute seule avec le Gars d'En Haut. Ce fut la plus belle chose qui me soit arrivée, car j'ai appris que le Bon Dieu est bien plus indulgent que ses disciples. Ça fait drôle de me rappeler tout cela, après tant d'années.

– Donc la naissance de ta fille t'a permis d'évoluer. Si on parlait de tes retrouvailles. La première fois que tu l'as vue, comment t'es-tu sentie ?

Trop loin de mes émotions à l'époque, j'utilisais des comparaisons pour les exprimer.

– Ce fut comme si une veine du cœur s'était débloquée instantanément. Oh ! Ça me revient. Mon besoin de rencontrer un « psy » coïncide avec la lettre qui me confirmait l'adoption de Claudelle. Depuis nos retrouvailles, ma santé mentale a pris du mieux. Se pourrait-il que mes problèmes découlent uniquement de ma séparation d'avec elle ?

– Elle y joue certainement un grand rôle, mais mon petit doigt me dit qu'il y a plus que ça. Comment vous êtes-vous retrouvées ?

– Par l'entremise de mon frère Mathieu qui avait lu l'avis de recherche de Claudelle dans le journal local. Le tout s'est déroulé très vite. Lorsqu'elle m'a rejointe à notre première entrevue, trois mois plus tard, j'ai vécu la sensation que son sang se mêlait au mien.

– Comment Mira et Niko ont-ils réagi ?

– Comme ils étaient au courant tous les deux, ils en bondirent de joie. Par contre, leur amour inconditionnel m'a fait douter de ma décision sur son adoption. Un sentiment de regret me hante depuis. À l'époque de ma grossesse, le sens de la famille, pour moi, représentait mes parents, mes frères et ma sœur. Jamais je n'aurais pensé que Claudelle pourrait être aimée par mes enfants et qu'ainsi nous pourrions tous ensemble former une famille.

– Te rends-tu compte de ta chance ? Ce ne sont pas tous les enfants qui veulent accepter des frères et sœurs de retrouvailles, et ce, d'un côté comme de l'autre. Je te vois déglutir, que vis-tu présentement ?

– De l'amertume, non pas face à mes décisions du temps, mais vis-à-vis du système d'alors qui brouillait les cartes de façon à ce qu'on ne s'y retrouve pas, les fausses déclarations et leur sans-gêne à profiter de notre naïveté…

– Que veux-tu dire par là, demanda-t-elle ?

– Plusieurs renseignements inscrits dans mon dossier étaient faux. J'éclatai en sanglots que j'étouffai rapidement. La clause que j'avais fait ajouter en présence d'un avocat n'y était pas.

– Quelle était cette clause ?

– D'une part, je n'avais pas le droit de retourner chez mes parents avec un enfant et d'autre part je ne voulais pas qu'elle soit orpheline et qu'elle vive son enfance en institution. J'ai donc demandé d'ajouter une clause au contrat d'abandon qui me donnait le droit de la reprendre si elle n'avait pas été adoptée officiellement à l'âge de deux ans. Ceci veut donc dire que la présence de l'avocat à la signature n'était qu'une arnaque. En plus, la date de son adoption ne coïncidait même pas avec l'année où moi j'avais reçu la confirmation de cette adoption. Seul le Bon Dieu ne m'a pas trahie dans cette histoire. Car je lui avais demandé de la remettre sur mon chemin un jour. J'ai vu ce signe en apprenant que ses parents adoptifs étaient plus âgés que mes parents, au moment de son adoption. Ils avaient été acceptés malgré leur âge avancé.

– Tu souffres encore de ces trahisons, dit Catherine. Autre temps, autres mœurs. Actuellement, tu restes accrochée aux trahisons au lieu de vivre l'amour qui t'est offert dans toute cette histoire. Il faudrait que tu prennes le temps de leur pardonner. Entre sa naissance et vos retrouvailles, as-tu beaucoup souffert ?

– Non, j'ai toujours cru que si je lui envoyais des ondes d'amour, elle les recevrait. Alors, je ne me permettais pas de penser à elle avec de la peine ou du regret. Ensuite, avec le temps, j'ai compris que mes parents avaient agi du mieux qu'ils pouvaient. En fait ce n'était que de la surprotection pour l'enfant que j'étais alors à leurs yeux.

En parlant de surprotection, dis-je, étonnée, le département de santé mentale agit de la même manière, il nous surprotège. Par contre, les concernant, il me reste un bout de chemin à faire avant de leur pardonner leur entêtement à diriger notre vie et à l'endormir avec leurs maudites médications.

– Suite à tout ce que nous venons de discuter ensemble, j'espère que tu arriveras à débrider la rage que tu vis envers eux.

– Seul le défi d'arriver à prouver que je pourrais être stable sans leurs méthodes me motive et me donne une raison de vivre. Sur ce, il faut que je me sauve, il y a du pain sur la planche.

Au moment de la quitter, elle m'a crié du haut de son balcon :

– Ne lâche pas, Marion, tu en vaux la peine.

En revenant, j'ai entendu pour la première fois la chanson « Le Blues de la Rue » de Richard Séguin. La phrase, « Balafré jusqu'au cœur », m'a fait vibrer jusqu'aux larmes. Étonnée, je me suis demandé ce qu'il pouvait y avoir de caché au fond de moi.

Jouer à l'autruche, consciente ou pas, ça ne paie pas

Ce passé qui voulait remonter à la surface me faisait peur et inconsciemment, je le fuyais dans mes engagements pour le projet du regroupement de la femme francophone. J'ai commencé à remettre mes rendez-vous avec mon psychologue en fermant volontairement les yeux sur les tumultes qui surgissaient de plus en plus souvent en moi. Ce n'est qu'après avoir vécu plusieurs situations désagréables que j'ai finalement compris que je ne m'aidais pas en agissant ainsi. N'allez surtout pas croire que je comprenais que je jouais à l'autruche, il me faudra beaucoup de temps avant de le réaliser.

Me voici donc revenue devant Alain qui m'invitait à me reprendre en main, à retourner là où nous en étions, à ce cap de tourmente que je voulais fuir. Il me dit tout doucement : « Depuis trois mois, vous êtes stagnante. À ce rythme, je devrais vous tenir la main pendant des années. Bien que ce ne soit pas toujours facile, Marion, le résultat que vous atteindrez sera à la mesure des efforts que vous y mettrez ».

Figée par la peur, je ne savais plus si je voulais retourner affronter mes problèmes. Il m'a regardée avec un air de compassion qui me fit le plus grand bien. Je me suis donc laissée convaincre, en espérant qu'il disait vrai. Il m'a demandé ce que j'avais appris dans les cours de gestion du stress que je venais tout juste de terminer.

C'est en grinçant des dents (seule façon que je connaissais à l'époque, pour laisser sortir mes émotions) que je lui ai rétorqué : « Ils n'ont pas répondu à ce que je recherche. Ils sont trop théoriques. Comprendre quelle partie de mon corps cause mes problèmes ne m'apprend pas comment m'y prendre pour les régler. L'hypothalamus et le cortex sont des parties qui m'étaient inconnues, mais qu'est-ce que ça m'apporte de plus de connaître leur existence, leurs noms et leur emplacement ? Ceci ne veut pas dire que je n'en ai rien retiré. La musique et les exercices de relaxation avec lesquels je me familiarise depuis sont des outils qui font maintenant partie de mon quotidien. Il y a quelque chose qui manque dans ce cours, mais je ne sais pas quoi. »

– Pourriez-vous m'en dire un peu plus ?

– Qu'est-ce que ça donne de savoir que ma bouche sert à me nourrir, si j'ignore d'où vient la nourriture, comment manger ou comment préparer de la nourriture ? Ne faut-il pas enseigner à l'enfant à faire la différence entre avoir faim et trop manger, avant de lui faire connaître comment son système digestif fonctionne ?

– Votre comparaison est bonne. Si vous me le permettez, vous êtes ce petit enfant qui cherche à apprendre non pas le nom et la cuisson des aliments, mais comment les semer, les récolter et connaître la valeur nutritive de chacun d'eux avant d'accepter d'ouvrir la bouche.

Je suis tombée de ma chaise tout en éclatant de rire. « Eh bien, vous visez juste ». Un Américain répliquerait : « Put your money where your mouth is[1] ». Quand il me vit plus calme, il me demanda les raisons qui m'avaient empêchée de venir à nos deux derniers rendez-vous.

– J'étais à l'extérieur de la ville, répondis-je un peu penaude.

– Où étiez-vous au juste, Marion ?

Je me mis à trembler comme une feuille. Une chance que ce n'était pas l'automne, je me serais envolée. Au Lac Saint-Jean avec Mira et son mari Philippe. Pour ne rien vous cacher, dis-je avec hésitation, j'ai eu une mauvaise passe. Ils m'ont offert le gîte et je m'y suis reposée pendant une semaine avant de me rendre à Ottawa pour la réunion annuelle de la FNFCF. Ah oui ! J'ai été élue représentante provinciale, sous la bannière

---

[1] Littéralement : Mettez votre argent là où est votre bouche ? Ici : Investissez dans ce que vous dites.

du nouveau groupe. Nous portons le nom de « Femmes francophones de l'Ouest du Labrador » (FFOL)

– Félicitations ! Mais si vous le voulez bien, nous n'allons parler que de vous aujourd'hui. Parlez-moi de la mauvaise passe.

– J'ai perdu les pédales. J'ai voulu baisser les bras et ma fille m'a tendu la main. J'ai accepté son offre et là je suis devant vous.

– Pourriez-vous élaborer ?

– Je ne vois pas comment je peux raconter tout ce qui s'est passé. J'ai perdu les pédales.

– Comment votre fille fut-elle mise au courant de votre difficulté ?

– Par hasard, en appelant à la maison durant mon épisode de déconnexion de la planète terre. Comme elle parlait avec son père, à travers les réponses de celui-ci, j'ai compris qu'elle se battait pour ma propre vie. Considérant que ce n'était pas sa responsabilité, j'ai choisi de me défendre moi-même.

– Vous souvenez-vous de ce qui a déclenché votre malaise ?

– Vaguement. Je me souviens d'avoir appelé mon père avec un grand besoin de me confier. Il m'a offert de me rendre en Floride et qu'à partir de là, il prendrait soin de moi. Mon besoin était simplement de recevoir de l'écoute et de la compassion, alors sa proposition m'a déçue et fâchée. Lorsque lui m'appelait dans des circonstances similaires, je sautais dans l'avion et j'allais vers lui. Non pas que j'aurais voulu qu'il en fasse autant, mais pleurer sur son épaule m'aurait fait un grand bien.

– Cela vous est-il déjà arrivé auparavant ?

– Non, mais une fille a le droit d'en rêver !

– Que vivez-vous face à votre père ?

– Depuis qu'il vit avec sa nouvelle femme, on dirait que je n'existe plus pour lui. Bye, bye, Marion, je n'ai plus besoin de toi.

– Est-ce que vous le vivez comme une rupture avec lui ?

– Je crois que oui, bien que ma raison me dit que j'ai tort de l'interpréter de cette façon. J'ai beau avoir 45 ans, c'est comme s'il m'avait abandonnée. C'est confus dans ma tête, parce que j'ai toujours souhaité qu'il rencontre une autre femme. C'est embêtant ces contradictions-là ! On dirait que ma tête n'a pas de cœur et que mon cœur n'a plus sa tête.

– Nous n'avons pas toujours le contrôle sur nos émotions. C'est ce qui met la chamaille et nous fait souffrir démesurément.

– Comment fait-on pour éviter cela ? Y a-t-il une recette ?

– La recette appartient à chacun de nous. Nous devons tous la trouver. Raconter ce que nous vivons est un moyen ou un outil pour nous libérer de ce qui nous étouffe. Analysons maintenant ce que vous venez de me raconter. La déception devant votre père, qui n'a pas su vous apporter ce que vous recherchiez au moment précis où vous en ressentiez le besoin, a déclenché une gamme d'émotions dans lesquelles vous vous êtes noyée. Ce qui vous a fait réagir au point de vouloir baisser les bras. Ce n'est pas à cause de votre père que vous avez perdu les pédales, comme vous dites, mais simplement à cause du flot de vos propres émotions.

Prenez l'exemple d'une personne qui gagne le million. À partir du moment où une vague de joie l'envahit, si elle se met à crier, allez-vous croire qu'elle a perdu la tête ? Certaines personnes vont même aller jusqu'à s'évanouir en vivant de grandes joies ou de grandes peines. Parler de ce que nous vivons permet d'évacuer et d'éviter les courts-circuits émotifs.

– Bien que je ne sois pas certaine de tout saisir, on dirait que ce dont vous parlez est logique. Je me souviens qu'après l'appel à mon père, Niko m'a demandé ce que je vivais. N'arrivant pas à le lui dire, je lui ai écrit ma réponse. Lorsqu'il m'a remis ma feuille, j'ai lu sa compréhension dans le reflet de ses yeux. Je...

– Voici une situation où vous étiez tellement noyée dans vos émotions, que vous n'étiez plus capable d'exprimer oralement ce qui se passait. Cette méthode que vous avez choisie par l'écriture est une partie de votre recette personnelle.

– Je vois.

– Poursuivez le récit de cette journée.

– L'après-midi, je me suis rendue au club Vidéo et j'ai choisi le film : « Amazing Smith and Chulk ». C'était l'histoire d'un petit garçon qui était inquiet face aux bombes nucléaires. Dans le film, il tenait tête au Président des États-Unis pour le désarmement. Sa détermination dans cette lutte me parlait beaucoup. J'ai regardé ce film à trois reprises consécutives, ce qui finit par inquiéter Niko qui m'en fit part. Quand je lui eus expliqué que je comparais ma lutte avec le département de santé mentale à celle du petit garçon avec le gouvernement des États-Unis et de la Russie, il m'a avoué qu'il était rassuré sur mon équilibre mental. Son soutien me fut...

– Permettez-moi d'intervenir. Si je vous dis que ce film vous permettait d'évacuer les émotions similaires au personnage et non pas seulement sa détermination à laquelle vous vous êtes associée, serait-ce un non-sens à vos yeux ? Nous nous libérons d'émotions en regardant des films, en lisant des romans. C'est la même chose en écoutant de la musique ou des chansons.

– Je n'avais jamais vu cela sous cet angle. Voilà donc pourquoi j'ai souvent besoin d'écouter la même chanson sans m'en fatiguer. Ce n'est donc pas une démesure de l'esprit ?

– Absolument pas. C'est votre façon à vous d'éliminer vos émotions. Certains le font simplement en regardant un paysage ou en écoutant le silence, ou encore en faisant beaucoup de sport. Ce que j'essaie de vous expliquer, c'est que notre corps trouve instinctivement des moyens pour nous défouler. Chez vous, il apparaît évident que c'est par la musique, les chansons et les films. Il serait bon que vous essayiez de dépister les troubles qui surgissent en vous devant un film ou en entendant une chanson. Essayez cet exercice et reparlez-m'en.

Cet enseignement restera gravé dans la mémoire, mais il me faudra beaucoup de temps encore avant de l'utiliser, ainsi que pour parvenir à l'intégrer.

_ Que s'est-il passé pour que vous décidiez de vous rendre à l'hôpital ? continua-t-il.

– Durant la nuit, n'arrivant pas à trouver le sommeil, je me suis levée et j'ai écrit. J'ai fait une longue litanie de lamentations sans queue ni tête. Alors, j'ai effacé les douze pages et je suis allée prendre un bain. Ai-je réussi à dormir à cet endroit ? La seule chose dont je me souviens, c'est que je claquais des dents lorsque je suis sortie de la salle de bains. Alors, j'ai couru à la cuisine pour prendre une tasse d'eau chaude. Lorsque j'ai vu qu'il était 6 heures du matin, j'ai fait du café en décidant d'attendre le retour de Niko qui devait venir bavarder avec moi vers 9 heures, tel que nous l'avions entendu la veille. J'ai reçu son appel d'excuse face à son retard, vers 9 heures 30. Il m'informait qu'il serait à la maison pour 10 heures. Curieusement, j'ai accepté sans réaction de colère excessive, c'est-à-dire sans jurer ou avoir envie de mordre.

– Tout le monde accepte un retard d'une heure sans colère excessive. Pourquoi pas vous ?

– Lorsque je suis en difficulté, tout est excessif chez moi. Mes dépenses deviennent excessives, mes recommandations aux enfants deviennent des ordres pour ne pas dire de la dictature, je crie au lieu de parler, je profère des jurons comme un gars de chantier, j'en arrache les portes de leurs gonds et j'en oublie même de manger et de dormir. En plus, mon besoin de parler peut atteindre cinq heures d'affilée sans interruption autre que de faire du café, aller me chercher un paquet de cigarettes ainsi qu'uriner.

– Ce qui me surprend toujours en vous écoutant, me dit-il, est de voir à quel point vous êtes consciente de ce que vous faites. Poursuivez.

– Je me suis servi un troisième café en attendant Niko. Je ruminais de la culpabilité en me demandant de quel droit je me permettais d'imposer à mon fils de venir discuter de mon mal de vivre. Je me suis vue comme un fardeau pour lui. Et à 10 heures 15, je suis partie à l'hôpital avec l'intention d'obéir totalement au médecin.

Arrivée sur place, j'ai appris par la réceptionniste qu'il n'y aurait pas de médecin avant 14 heures. Ma déception était tellement grande que je ne saurais vous la décrire. Je retournais donc penaude sur mes pas, lorsque la réceptionniste est intervenue en refusant de me laisser partir. Assise près d'elle, je me suis souvenue que je n'avais pas encore déjeuné. J'ai demandé la permission d'aller à la cafétéria, ainsi qu'au fumoir. J'appris que l'une et l'autre étaient fermés le dimanche. J'ai donc choisi de retourner chez moi. La réceptionniste s'interposa à nouveau, en me suggérant de rencontrer une infirmière francophone. En vingt-quatre ans, je n'avais jamais reçu une telle offre dans cet hôpital. Est-ce ce qui me fit revenir sur mes pas ? Je l'ignore. Disons plutôt que je n'ai pas eu la force de résister à sa requête. Après avoir attendu un certain temps, je me suis levée pour partir je ne sais où. Sur le seuil de la porte, je suis tombée face à face avec l'infirmière francophone. C'était Madeleine, la présidente du Cercle des fermières, avec qui je me débattais dans le dossier du regroupement des femmes. J'étais sur mes gardes en la voyant et c'est les mâchoires contractées que je suis parvenue à répondre à son bonjour.

– Tout vous tombait sur la tête en même temps, à ce que je vois. Imaginez-vous la quantité d'émotions que vous viviez sans dire un mot ?

– Je ne comprends pas ce que vous voulez me dire par la quantité d'émotions que je vivais. J'ai l'impression d'avoir le nez collé sur une porte lorsque vous mentionnez le mot « émotions ».

– Vous m'avez toujours dit que vous vous sentiez placée devant un mur. Pourquoi est-ce une porte aujourd'hui ?

– Placée devant une porte, il ne suffit que de reculer de quelques pas pour me sortir de l'impasse. Devrais-je en conclure que je suis moins embourbée que je ne l'étais ? Ceci voudrait-il dire que je ne perds pas mon temps à raconter tout ce que je vis ?

– En doutiez-vous ?

– Je me suis souvent demandé ce que je faisais en face de vous chaque semaine. Commencerais-je à piger ?

Il y eut un long silence.

– Qu'avez-vous ressenti devant Madeleine ?

– Je me souviens avoir pesté intérieurement : « Il ne manquait plus qu'elle ! » Puis, dans un éclair de colère, je lui dis bêtement : « T'es contente, là ! Vous pourrez dire que vous avez gagné. Je démissionne sur toute la ligne. La « craque-pot[1] » démissionne, elle s'en va avec ses semblables les fous : appelle ça comme tu voudras ; ça n'a plus d'importance pour moi. Au revoir » !

_____

[1] Déséquilibrée

En fait, ces paroles ne s'adressaient pas à Madeleine, mais à certaines personnes qui avaient critiqué mes démarches pour le regroupement des femmes. La « craque-pot » était un sobriquet qui m'avait été décerné par l'une d'entre elles.

– Comment a réagi Madeleine, face à votre colère ?

– J'ai appris à la connaître à son travail. Elle m'a impressionnée par son professionnalisme et surtout par sa chaleur humaine. Elle m'a demandé doucement de ne pas partir en me disant qu'elle avait tout son temps pour moi. Son accueil chaleureux fit fondre la glace qui enveloppait mon cœur. Au cours de notre conversation, elle m'a laissé entendre que ce n'était peut-être pas le moment de baisser les bras : « Le travail que tu as fait pour le regroupement des femmes démontre la santé et la sagesse de ton esprit. Ne lâche pas, Marion, tu en vaux la peine ». Puis elle m'a suggéré d'aller prendre un café et fumer une cigarette au restaurant avant de prendre ma décision finale. C'est ce geste de confiance à mon égard qui a désamorcé ma colère et mon scepticisme vis-à-vis d'elle. Je m'étonnais d'avoir été comprise. C'était la première fois que je recevais une telle marque de confiance et je n'avais pas l'intention de la trahir.

Au restaurant, il s'est passé quelque chose d'étrange. Assise à une table, j'étais complètement dans les « vapes ». Le va-et-vient des gens me donnait la sensation de vivre sur une autre planète, dans un autre monde parallèle au mien. C'était comme si j'avais été dans la télévision de l'endroit ou que l'endroit se trouvait dans la télévision. Après une certaine hésitation j'ai dit : « C'est difficile à mettre en mots pour que ça ait un sens ».

– Ne vous préoccupez pas de ça je vous suis très bien. Poursuivez là où vous en étiez.

– Un ami de Niko entra dans l'établissement. Il m'a reconnue et m'a fait un signe de la main. C'est à ce moment-là que j'ai eu l'impression d'être un personnage de télévision. Ma pensée a basculé en me demandant s'il était à ma recherche. Mon état d'esprit m'inquiétait sérieusement. Stéphane, l'ami de Niko, est passé près de ma table et il a mis sa main sur mon épaule avec beaucoup de douceur. Puis, il s'est dirigé vers la table qu'il avait choisie. Son geste a permis que je me ressaisisse, comme si j'étais tombée du toit d'une maison. En voyant l'heure, je me suis aperçue qu'il était temps de retourner à l'hôpital. Chemin faisant, j'ai remercié le Bon Dieu d'avoir placé Stéphane sur ma route.

En entrant à l'hôpital, nous devions tous patienter dans la salle d'attente. Il y avait des gémissements insupportables qui provenaient de la salle d'urgence. J'ai appris qu'un père de famille de huit enfants venait de perdre la vie. Je n'arrivais pas à supporter toutes ces lamentations qui résonnaient de partout. Je suis donc retournée à la maison avec l'intention de revenir. Mais, suite au téléphone de Mira, j'ai choisi d'aller passer une semaine de repos au Lac Saint-Jean où elle et son mari travaillaient pour le mois, au lieu de l'hôpital...

– Prenez le temps de respirer, sinon vous allez vous mordre la langue.

– C'est donc parce que je parle trop vite que je me mords la langue aussi souvent ?

– Que s'est-il passé au Lac Saint-Jean ?

– J'ai passé les cinq premiers jours à dormir, ce qui a fini par inquiéter Mira et Philippe. Ils se sont organisés pour me mettre en contact avec une de leurs amies qui avait eu le même genre de problème que moi. C'est en entendant son expérience que j'ai repris mon souffle et mon goût de vivre. Voilà, vous savez tout.

– Comment étaient vos parents à votre adolescence ? Seriez-vous capable de m'en parler ?

J'ai raconté quelques anecdotes sur mes crises d'adolescente incluant mes fugues, toutes des réactions d'impulsivité causées par l'incompréhension de mon statut de fille unique dans une famille de quatre garçons.

Trente-cinq minutes plus tard, il me demanda :

– Comment vous sentez-vous présentement ?

– Bien...

– Je n'insiste pas sur les émotions pour le moment. Si vous me le permettez, j'aimerais mettre l'accent sur le fait que vous veniez plus régulièrement au rendez-vous. Qu'en pensez-vous ?

– Il est vrai que je me laisse aller parfois. Mais si vous saviez comme je suis fatiguée de me battre.

– J'imagine. Y a-t-il une époque de votre vie où vous vous êtes sentie heureuse ?

– La seule chose qui remonte à la surface présentement, ce sont les nombreuses fugues que j'ai faites. À l'aube de ma vie d'adulte, ma mère m'a confié que j'avais été plus dure que ses six autres enfants ensemble. J'ai reçu le trophée de sa confiance à l'âge de trente-cinq ans. Ce jour-là, j'ai retiré mes vrais trophées de bowling du salon pour les mettre au sous-sol. Tiens, tiens ! Ceci me rappelle que j'en ai jeté aux poubelles pendant les crises où je ne m'aimais pas, ce qui remonte avant ma dépression de 1982.

Après une certaine pose, j'ai ajouté : « J'ai même jeté mon alliance, un jour où je me trouvais déplaisante avec Jean ».

– Dans le langage médical, nous appelons ça des signes d'autodestruction.

– Là, là… je suis épuisée de creuser dans mes problèmes, est-ce qu'on peut changer de sujet ?

– D'accord. Concernant le dossier du regroupement des femmes, à part votre élection dont je vous félicite, y a-t-il autre chose qui s'est passé ?

Je lui ai raconté les difficultés que j'avais traversées concernant ladite élection et j'ai terminé en disant que tout était sous contrôle, tout baignait dans l'huile.

– Je ne le vois pas comme vous, Marion. Ces difficultés ont dû vous faire de la peine d'une manière ou d'une autre.

– J'ai ravalé mes peines et je n'en suis pas morte.

– Il est malsain de ravaler ses peines et sa colère.

– Vous me faites penser à Catherine qui tient le même langage que vous. Je ne me fâcherais pas assez, selon elle. Mais moi je vois les choses d'une autre façon. J'inviterais une ennemie à mon réveillon de Noël si elle se retrouvait sans toit à cette occasion, mais au matin du 26 décembre je lui montrerais la porte en disant au Petit Jésus : « Ce n'est plus Noël. Occupe-toi d'elle maintenant ».

– En d'autres mots, vous remettez dans les mains de Dieu tout ce que vous vivez. Selon moi, de la colère, il faut que ça sorte. Votre amie Catherine m'apparaît comme une femme de grande sagesse. Comment va Jean ces temps-ci ?

– Ouf ! Lui ? Pourrait-on choisir un autre sujet ?

– Réalisez-vous à quel point vous êtes réticente à parler des problèmes que vous vivez au quotidien ? Seuls ceux qui ne concernent pas directement votre vie semblent avoir suffisamment d'importance à vos yeux pour vous en occuper.

– J'aimerais réfléchir sur ce que vous venez de dire. En l'écrivant, ce sera peut-être plus facile pour moi.

– Bonne idée. Voici votre question : Comment est ma vie avec Jean ?

J'ai rangé la question dans mon sac à main et me suis levée en croyant que la rencontre était terminée.

– Bien que l'heure soit déjà terminée, j'aimerais prolonger notre rencontre. C'est moi qui ai quelque chose à vous dire aujourd'hui, me dit-il avec une lueur d'hésitation dans les yeux Je vais donc de ce pas chercher deux cafés et je reviens vous en parler.

J'appris qu'il quittait la région pour aller dans une communauté francophone de l'est de l'Ontario. Seigneur ! Que j'aurais souhaité qu'il demeure avec moi pour une autre année. Je me suis sentie coupable d'avoir remis des rencontres. Les yeux rivés sur ma tasse pour éviter son regard, j'avais peur de me mettre à pleurer comme une enfant qui perd son père. J'aurais voulu disparaître et oublier du même coup, tout ce que nous avions fait ensemble. Il avait réveillé mon passé et maintenant il m'annonçait qu'il partait. J'ai bloqué mes pensées qui m'épouvantaient et j'ai dû faire un effort surhumain pour ne pas m'enfuir sur le champ.

– J'attends vos impressions sur ce que je viens de vous dire.

– L'annonce de votre départ est difficile à accepter. Pourquoi sommes-nous toujours placés devant ces situations ? Maudit Nord. Je n'oublierai jamais tout ce que vous m'avez apporté. Pleurer ternirait notre dernière rencontre, n'est-ce pas ?

– Peut-être pas, au contraire ; le faire serait un signe que vous avez compris ce que j'essaie de vous enseigner depuis le début, c'est-à-dire laisser couler les émotions que vous vivez.

J'ai tremblé de la tête aux pieds, en gardant le silence.

– Nous ne sommes pas à notre dernière rencontre, dit-il doucement. Mon départ est prévu pour septembre. Nous avons donc encore plus de quatre mois devant nous.

– Ah bon ! Mais moi, je serai absente à partir de la semaine prochaine, dis-je avec un trémolo dans la voix. Nous ne pourrons pas nous revoir avant septembre.

– Dans ce cas, il faut m'apporter le travail que je vous ai demandé avant votre départ. Comment vous sentez-vous devant cet arrêt prolongé ?

– Je me sens bien. C'est devant votre départ définitif que je bloque. Je ne m'attendais pas à ce que ce soit si tôt.

– Vous pourrez poursuivre avec un confrère.

– J'ai l'impression de recommencer à zéro une autre fois. Maudit Nord ! C'est toujours à recommencer, lui criai-je.

– C'est votre perception, Marion, et vous seule avez le pouvoir de le voir autrement. Tout le travail que vous avez fait avec moi ne s'effacera pas devant l'autre personne ; il s'ajoutera à celui que vous aviez fait avant d'arriver devant moi. Personne ne peut vous enlever les efforts que vous faites. C'est vous qui travaillez et non pas nous à votre place.

– Vous avez raison. Je ne le voyais pas ainsi. Merci. Alors, au plaisir de vous revoir en septembre.

– Que faites-vous de votre café qui n'est pas terminé ?

– J'étais prête à me sauver pour vivre ma déception.

– Je sais, j'ai vu. Prenez le temps de la vivre avec moi, cette déception. Maudit Nord est un début, mais ce n'est pas suffisant.

Je n'y suis pas parvenue. J'ai terminé la rencontre en disant :

– Je n'aurai donc pas eu le temps de vous raconter toutes mes bévues. Vous n'aurez entendu que celles des autres à mon égard.

– Permettez-moi ce conseil : Soyez aussi indulgente envers vous que vous l'êtes envers les autres et vous parviendrez à voir la vie autrement. Bonne chance.

Sur le chemin du retour, j'ai stationné la voiture en face de la rivière Wash, pour laisser couler les larmes qui embuaient mes yeux. En sortant de l'auto, pour m'approcher de l'eau circulant à travers les bancs de glaces qui n'avaient pas encore fondu ou décroché de son rivage, mes yeux sont redevenus secs, comme si le vent, sur mes joues, s'était occupé de ma peine. Installée sur un promontoire qui me permettait de scruter la rivière, j'étais figée comme cette glace qui s'accrochait à l'hiver sans aucune émotion. J'observais les filets d'eau que je pouvais apercevoir et écoutais le ruissellement de celle-ci calée par la glace. Je me suis comparée à elle dans mes émotions bloquées. Je n'arrivais pas à laisser s'écouler la déception qui étreignait mon cœur face au départ d'Alain. Ce qui m'a rappelé que c'était ainsi depuis ma première ordonnance de lithium, chaque fois que je vivais une situation de déception. Voilà donc pourquoi je ne sais plus rien dire sans atteindre un état de colère extrême. Et moi qui me blâme et me culpabilise de ma froideur et de ma rudesse envers tous. À ce moment-là, je me suis rappelé qu'Alain avait dit que certaines personnes ne se défoulaient qu'en observant la nature. J'ai tenté l'expérience. J'ai entendu les phrases clés qu'il m'avait citées depuis notre première rencontre. C'était comme une litanie, sans début ni fin :

« Où avez-vous puisé cette âme de sauveur ? »

« Prenez garde à la démesure devant vos responsabilités. »

« Vous êtes trop sévère et exigeante vis-à-vis de vous-même. »

« Dans tout ce que vous entreprenez, prenez le temps de jouer. »

« Vous mettez Jean sur le côté lorsque c'est difficile. Pourquoi ? »

« Dites-vous que la personne la plus importante sur terre, c'est vous. »

« Vous êtes la seule personne qui peut vous rendre heureuse. »

Etc.

J'ai vécu la joie de tout ce que j'avais pu apprendre en sa compagnie. J'ai fait le souhait de me rappeler de toutes ses observations et conseils au moment opportun. Puis, je suis rentrée à la maison calme, bien qu'un peu abattue et je n'ai pas parlé à personne de la mauvaise nouvelle.

Le lendemain, je suis arrivée à coucher sur papier les émotions accumulées vis-à-vis de Jean. En relisant les quatorze pages, j'étais aux prises avec une boule de colère rouge qui m'étouffait. J'ai utilisé le numéro d'urgence qui m'avait été donné par le département des services sociaux de Fermont. La réceptionniste a transféré mon appel dans le bureau de M. Alain Loiseau, et par téléphone, en pleurant, je suis parvenue à lui lire les quatorze pages. Après ce débordement, il m'a demandé si j'avais une poubelle en métal. Puis il m'a invitée à brûler le tout en sa compagnie. Il a terminé notre entretien en disant : « Bravo Marion, vous êtes arrivée à vous détacher d'un poids que vous accumuliez depuis des années. Votre quotidien sera moins lourd maintenant ».

Avant de raccrocher, il m'a demandé où j'en étais concernant ma déception à propos de son départ de la région. « J'en ai éliminé une bonne partie sur le bord de la rivière à mon retour de notre dernière rencontre. Depuis, c'est stagnant, comme figé dans mon estomac. Je sais que le lithium joue un rôle dans tout cela. Par contre, durant la saison d'été, où je ne prends pas de lithium, je vais observer si je peux trouver un moyen de les laisser s'évaporer ». « Pourquoi vous n'en prenez pas durant cette période, demanda-t-il ? » « Ça toujours été ainsi, l'altitude joue un rôle avec le lithium, je crois. Mais ça, ce n'est pas prouvé ni… » « Essayez de les liquider, peu importe le temps ou les moyens que vous utiliserez ».

Je raccrochai en me sentant plus calme et moins étouffée.

Mes adieux à mon « psy » préféré entre tous

La saison à la pourvoirie a été l'une des meilleures des dix dernières années, car j'avais accompli mon travail sans avoir recours ni à Jean ni à Niko. Pour la température, je ne peux en dire autant ; elle avait été l'une des plus exécrables, ce qui a occasionné plus de repas du midi et la présence des clients qui préféraient rester au sec au chalet, au lieu d'aller à la pêche. À ma grande surprise, j'ai passé à travers ces journées sans grogner ni hurler. Un autre fait exceptionnel : j'avais eu l'occasion de discuter avec l'un des clients qui prenait du lithium. Notre échange m'avait éclairée en plus de nourrir ma confiance personnelle. De plus, il était médium et m'avait prédit un divorce prochain ainsi qu'un autre grand amour. Bien que je ne savais pas vraiment ce qu'était la médiumnité à l'époque, ma réaction fut : « Qui vivra verra ». Et j'avais relégué le tout aux oubliettes.

En revenant à Labrador City, j'avais un message du département des services sociaux me rappelant mon rendez-vous avec mon psychologue. J'étais très réticente en m'y rendant, je n'avais pas envie de lui faire mes adieux. Assise devant lui, qui me donnait un résumé sommaire du travail que nous avions fait ensemble, je me sentais mal à l'aise. Lorsqu'il m'a dit qu'il n'avait jamais reçu le rapport qu'il avait demandé au département de Labrador City, j'ai eu un soupir de découragement. Voyant ma déception, il m'a demandé pourquoi ça me tenait tant à cœur.

– J'espérais qu'il m'aide à ne rien oublier de ce que j'avais fait depuis 1984. Tant pis ! Je ne me baserai que sur ma mémoire.

– Votre mémoire vous est très fidèle.

Brusquement, j'éclatai en sanglots.

– Quel nom portent ces larmes, demanda-t-il ?

– L'espoir d'y arriver ou la crainte de ne jamais y parvenir, je ne saurais en faire la différence. La lutte est tellement longue. Depuis que j'écris, j'ai bousculé tous les membres de ma famille et j'ai peur de ne pas arriver à terminer ce livre.

– Si vous écrivez comme vous racontez…

– Comment se fait-il que personne ne m'ait encouragée avant vous ? Comment se fait-il que personne ne m'ait parlé de suivre des cours sur le stress avant vous ? Comment se fait-il qu'on ne m'ait jamais parlé de gérer mes émotions avant vous ? Votre remplaçant sera-t-il aussi… ?

– Cela n'existait pas, Marion. Nous faisons de grands pas depuis peu en santé mentale et il en reste encore beaucoup à faire. Vous êtes de celles qui feront avancer les choses. Tout ce que j'ai appris et compris en vous écoutant me permet d'y croire.

– J'aimerais en dire autant.

– La persévérance vous permettra d'y arriver. Amenez votre personnage principal en thérapie. Créez le psychologue que vous auriez souhaité avoir. Oubliez l'heure, l'endroit et la date des événements.

– Vous paraissez plus confiant que moi.

– Il y a quelque chose qui me dit que vous parviendrez à écrire ce livre que bien des psychologues et des thérapeutes aimeraient lire, au point de souhaiter avoir été le vôtre. Soyez sans peur et croyez en vous.

– Je n'ai pas eu le temps de tout vous raconter. Je…

– Vous dégagez de la peur pour le moment. Quelle est-elle ?

– J'ai peur que tout me retombe sur le nez et que je me réveille un beau matin en étant obligée d'admettre que j'ai eu tort sur toute la ligne. Ce qui veut dire que j'aurais fait souffrir toute ma famille en plus d'avoir emmerdé tous les départements de santé mentale durant toutes ces années pour rien ! Hésitante, j'ajoutai : « Prends tes pilules puis ferme ta gueule serait-il l'unique solution »?

– Y croyez-vous ?

– Non.

– Vous avez donc votre réponse. Dites-moi, Marion, depuis que vous faites face à la maniaco-dépression, quelle est votre clef maîtresse qui vous fut la plus utile ?

– Ma tête de cochon enveloppée de mon gros bon sens qui m'a fait choisir le défi de leur prouver qu'ils ont tort de ne croire qu'en leur médication. Est-ce votre profession de psychologue qui a fait la différence entre vous et tous ceux que j'ai rencontrés avant vous ?

– Je ne suis pas psychologue, je suis thérapeute. Il me reste des cours à compléter pour le devenir. Mais qui vous a…

Devant ma surprise, il resta béat.

121

– J'ai toujours cru que vous l'étiez. Ceci prouve donc que l'intervenant n'a rien à voir avec la performance de sa cliente.

– Vous n'avez jamais si bien dit. De quoi aimeriez-vous parler ce matin pour notre dernière rencontre ?

– De ma peur de perdre le tournoi. Jean m'a déjà dit que je me battais contre tout le système. Je me sens bien petite devant eux, sans aucun diplôme ni mots pour m'exprimer.

– Ayez confiance en vous. Votre expérience vécue vaut plus que des diplômes. Oubliez leur manque de réponse qu'ils n'ont pas su vous donner, peu importe les raisons et foncez dans tout ce que vous vous avez appris tout au long de votre vie.

– Je crois que j'ai appris plus en regardant des films qu'assise devant eux dans leur bureau ; en vous excluant de la liste, bien sûr, de tous ceux que j'ai rencontrés précédemment. L'un des films que j'ai vus il y a à peine six mois se déroulait en 1946, l'année de ma naissance. L'histoire se passait dans un petit village qui abritait un asile de fous. La première scène se passait au café du village et la serveuse disait à son client que le nouveau médecin (en parlant du psychiatre, j'imagine) qui venait d'arriver, était plus fou que les fous, parce qu'il leur parlait et, pire encore, il essayait de les faire parler ! Nous avons donc tous fait de grands progrès si nous considérons l'ouverture des gens à notre sujet et le travail des spécialistes. Ils ont séparé et classé les différentes manies comme on classe des œufs, en les regroupant dans différents paniers au lieu d'un seul. Nous ne sommes pas encore considérés par unité, œuf par œuf, mais au moins nous ne sommes plus tous fous à cause d'un rire trop haut, d'une grimace trop longue, d'un achat démesuré ou d'une colère excessive. Nous entendons donc de moins en moins parler de folie.

En parlant d'elle, la folie a été remplacée par la dépression et la dépression a été minimisée encore par le burnout[1]. La maniaco-dépression a elle aussi trouvé une certaine soupape en la réduisant à la maladie bipolaire ou polaire affective pour expliquer nos hauts et nos bas. L'épaisseur des étiquettes diminue de plus en plus, ce qui nous permet de nous reconnaître de mieux en mieux, et ainsi de recevoir de la compassion par ci par là, en dehors des amis proches et des membres de notre famille. Mais les préjugés provenant des spécialistes ne s'effacent pas aussi facilement qu'ils choisissent un nouveau nom à nos maladies. Les dérèglements de l'humeur tels qu'ils sont expliqués dans la maladie bipolaire affective, donne l'impression que la personne qui en souffre est responsable de ce qui lui arrive. Il n'y a aucune information sur les causes de ces dérègle-

---

[1] Burn-out : dépression due à un excès de travail

122

ments. Serait-ce parce qu'ils ne cherchent pas la cause mais plutôt la « pilule miracle » qui règlerait ou empêcherait les phases ?

Aujourd'hui je crois que c'est ma philosophie de vie qui m'a aidée tout au long de mon cheminement, elle serait l'une de mes clés. Une autre clé fut de vouloir regarder en face ce que je faisais, ce qui m'a permis de prendre conscience de mes actions et réactions dans mes crises et de réajuster mon tir à plusieurs reprises. J'ai toujours cru que ce n'était pas parce qu'on voulait bien faire qu'on faisait bien. Mais cette philosophie n'a jamais été prise en considération avant que je m'assoie devant vous. Mon petit doigt me dit que ça n'avance pas assez vite. Nous perdons des personnes récupérables, parce que ça prend trop de temps de comprendre ce qui se passe. Serions-nous en train d'inventer des maladies mentales ? D'ici là, peu m'importe dans quel panier je suis classée, je veux être mon œuf et en prendre soin. Il m'arrive de voir le tout comme un tournoi interminable, ce qui me fait très peur. Je me suis sentie souvent devant un gouffre sans fond, sans porte de sortie ni porte d'entrée. Heureusement que nous avons des écrivains et des metteurs en scène qui prennent le temps d'analyser et de sentir ce qu'ils voient. Je vous laisse la parole.

– Votre raisonnement est très intelligent, mais dites-vous bien que ce n'est pas aussi simple que vous l'imaginez. Le cerveau est très complexe et les spécialistes ne se limitent pas qu'à la médication comme vous semblez le croire. Là où je suis d'accord avec vous, c'est que si toutes les personnes consentaient à s'observer dans leurs forces comme dans leurs faiblesses, nous serions en mesure d'aider un peu mieux ; c'est-à-dire sans avoir les mains et les pieds liés. Bien que je sois encore jeune, vous êtes la première personne que je rencontre qui cherche ses erreurs et qui veut les corriger. À mes yeux, c'est ce qui vous distingue. Il faudrait aussi vous occuper de trouver vos forces, mais ça, on dirait que ça ne vous dit rien. Concernant les émotions, arrivez-vous à mieux comprendre le rôle qu'elles jouent en vous ?

– Disons qu'à chaque fois que je m'observe, la seule chose que je vois, c'est que je suis en colère vingt-quatre heures sur vingt-quatre. J'essaie d'éviter l'apitoiement. C'est tout ce que je peux faire pour le moment, mais je ne sais pas où ça me mènera.

– Je vous conseille de poursuivre votre travail sur une base régulière avec un confrère, jusqu'à l'arrivée du psychologue. Faites attention aux périodes où vous allez bien. C'est lorsque vous allez bien que vous pouvez apprendre et progresser, voir clair et mieux comprendre ce qui se passe pour éviter de vous retrouver dans le pétrin.

Mon regard de surprise et d'approbation à sa consigne fut mon denier contact avec lui, trop enlisée dans mes émotions pour ajouter un seul mot. Puis, sa main dans la mienne, il me dit : « Gagnez le tournoi pour vous, pour vous seule, pour personne d'autre que vous ». J'ai quitté son bureau en remerciant le Gars d'en Haut de l'avoir mis sur ma route et en lui demandant que son remplaçant soit aussi... aussi... aussi...

Mais, j'oublierai ces derniers conseils et ces avertissements et j'en payerai le prix...

Troisième chapitre

Quinze mois époustouflants !

Un aperçu d'une phase d'excitation

Le lendemain de mes adieux avec M. Alain Loiseau, psychologue en herbe, je retournai à ma routine quotidienne en oubliant qu'il avait fait partie de ma vie. Une fois le nouveau groupe FFOL bien structuré, j'évitai de prendre des responsabilités, autres que mon rôle de représentante provinciale à la Fédération nationale de la femme canadienne française. (FNFCF) pour l'année en cours. Enfin je respirais ! Mais… Je me suis engagée les yeux fermés dans tout ce qui se présentait. J'acceptai de faire partie du comité de programmation à la radio communautaire, ainsi que de la création d'une émission de radio, sans évaluer le temps que je devrais y consacrer. Je suis même allée jusqu'à m'engager dans une deuxième émission en coanimation. Je courais à gauche et à droite, incluant des cours de perfectionnement pour comprendre mes nouvelles fonctions. Dans le feu de l'action, je ne voyais ni l'ampleur du travail, ni la démesure qui m'habitait. Pourtant, Jean et mes amis me les ont soulignées à quelques reprises, mais sans succès.

Au début de septembre, au milieu du mois, je reçus une convocation pour une réunion spéciale de la FNFCF. Je profitai de l'occasion pour planifier des visites chez mes enfants qui vivaient tous au Québec à ce moment-là. Je demandai le gîte à Claudelle et rejoignis Niko pour connaître l'horaire de son CEGEP et finalement j'informai Mira et Philippe de ma venue. Ces derniers m'ont appris qu'ils travaillaient à Valleyfield durant le mois de septembre, heureux que nous puissions tous nous rencontrer pour partager quelques repas ensemble. J'ai aussi prévu une visite dans les Laurentides pour aller voir maman qui résidait, depuis peu, à La Pointe Bleue de Sainte-Marguerite du Lac Masson. Horaire que je devais remplir en trois jours, avant de me rendre à Ottawa.

Entre-temps, je redoublai d'ardeur dans mes travaux, pour rencontrer mes engagements. À la veille de mon départ, j'assistai à la première réunion officielle du groupe FFOL où nous avons fêté l'événement jusqu'à minuit. Le réveil pour mon vol de 6 heures fut un peu pénible et j'oubliai de prendre mon lithium, constatation que je fis pendant que je me rendais à l'aéroport. Aussitôt après le décollage, je réclamai un verre d'eau. J'appris à mon corps défendant que la médication prise à haute altitude était différente. Pourtant, je le savais pour les boissons alcoolisées, mais je ne fis pas le lien. Me voici donc assise sur mon siège, occupée à mettre de l'ordre dans mon dossier de représentante provinciale, lorsqu'en portant mon verre de café à ma bouche, je constatai que mon bras n'obéissait plus à ce que je lui demandais. Il a choisi la direction inverse. Même chose pour ma jambe lorsque je la décroisai pour changer de position. Je pensai alors au lithium que je venais de prendre. Embarrassée, je jetai un rapide coup d'œil autour de moi ; personne ne regardait. Ouf ! Quelques minutes plus tard, l'hôtesse m'offrait un croissant et du miel. En me voyant utiliser ma main gauche pour aider ma main droite à prendre l'assiette qu'elle me tendait, elle m'a demandé ce qui se passait. Mon explication la rassura, mais lorsque je suis descendue à l'aéroport de Sept-Îles pour aller fumer, elle me suivit pas à pas. Je fus même obligée de passer un examen sur mes facultés motrices avant de remonter dans l'avion. De toute ma vie, je n'ai jamais autant souhaité arrêter de fumer. Je fume toujours, mais plus jamais je ne pris et ne prendrai de médicaments dans un avion.

Outre les sorties et soupers avec mes enfants, je profitai de mon passage à Montréal, pour recevoir un troisième traitement de magnétisme chez l'oncle de Claudelle qui habite à L'île Bizzard. Les craquements au niveau de la nuque dus au contact de la main d'oncle Réginald sur mon front, oxygénaient mon cerveau. Bizarre ou pas, c'était ainsi. Puis, en compagnie de Mira, Philippe, Claudelle et mon petit-fils Rock nous sommes allés visiter maman à Ste-Margueritte.

Elle était dans une forme surprenante. Elle nous raconta qu'elle revenait d'un voyage aux Îles de Saint-Pierre-et-Miquelon avec mon frère Jacques. Elle nous expliqua sa croisière comme l'accomplissement du plus grand rêve de sa vie. L'exubérance de sa joie m'inondait de bonheur. Je m'en pinçais le bras afin d'être certaine que je ne rêvais pas. Ensuite elle me parla d'un étrange malaise qu'elle avait depuis les trois derniers jours. Je suis allée au poste des infirmières. Celles-ci me dirent qu'une visite était prévue chez son médecin le vendredi suivant.

Au retour, dans le stationnement de l'établissement, je me sentis mal et contrariée. Je me faufilai en pleurant derrière le véhicule pour me cacher de Rock, le considérant comme beaucoup trop petit pour voir sa grand-maman pleurer. À ma grande surprise, j'ai donné des coups de pieds de rage dans les pneus du véhicule. (Comme si, quelles que soient les émotions que j'avais à vivre, je ne pouvais le faire autrement que violemment.)

– Que se passe-t-il, maman, demanda Mira ?

En me tournant vers elle, je vis que Claudelle était à ses côtés. J'ai dit : « Ce n'est pas sa place ici. Avez-vous vu l'état de santé des autres personnes ? C'est invivable d'avoir ça en face de soi à longueur de jour.

Pourquoi le Bon Dieu ne vient-Il pas la chercher ? Elle a accompli sa vie. Pourquoi doit-elle attendre dans cet établissement ? Combien de temps devra-t-elle subir cela encore » ?

– Voyons, maman, dit Mira, tu réagis trop fort

– En voyant sa photo avec sa robe de bal, dis-je en bégayant, je l'ai vue dans son cercueil !

– Ben voyons, tu capotes vraiment, dit Mira.

– Capoter ou pas, je sais depuis longtemps qu'elle est en paix avec elle-même et qu'elle n'a pas peur de la mort.

Claudelle s'approcha de moi et passa sa main dans mon dos. En sanglotant, je l'interrogeai : « Se pourrait-il que le Bon Dieu vienne la chercher et plus vite qu'on ne le pense ? J'ai souvent entendu dire qu'une personne passe par un regain d'énergie et réalise un grand rêve avant de mourir ».

– Si nous voulons arriver avant que Richard revienne de l'école, dit-elle avec douceur et avec un petit reflet candide dans les yeux, on ferait mieux de ne pas attendre la réponse à cette question.

Le lendemain, je quittais Montréal par avion pour me rendre à Ottawa. Les réunions du vendredi furent longues et intenses. Comme nous étions en retard dans l'ordre du jour, nous devions revenir pour 20 heures, ce qui nous donnait à peine deux heures pour nous rafraîchir et aller manger.

En passant devant le bureau de la réception pour rejoindre le groupe qui allait manger à l'extérieur, j'ai été interpellée par un employé me disant de rejoindre immédiatement mon mari. Jean m'apprit que maman était à l'hôpital, mourante, et que je devais me rendre à son chevet immédiatement. « Niko est déjà en route pour venir te chercher », me dit-il sur un ton compatissant. Mon fils n'était pas encore arrivé à Ottawa que je recevais un second appel de Jean m'annonçant sa mort. Il me dit qu'il prévoyait de prendre la route vers 21 heures et qu'il serait chez mon frère Claude pour l'heure du dîner. J'ai raccroché, calme, comme vivant sur un nuage. Mes compagnes m'ont demandé ce que je souhaitais. Nous nous sommes regroupées en cercle pour lui dire au revoir. J'ai présenté ma mère aux femmes du pays, en partageant avec elles ce que je connaissais de sa vie de femme, sans oublier, bien sûr, sa bataille en santé mentale. Nous avons terminé le tout par un Notre Père, puis je me suis retirée avec Adèle, ma compagne de chambre, qui me suivait pas à pas depuis cette nouvelle. Une fois mes bagages à la consigne, nous sommes allées au Lounge du Novotel.

Je finissais mon deuxième café cognac lorsque Niko est arrivé, accompagné d'un de ses amis du collège. Quand je lui ai annoncé la nouvelle, il m'a prise dans ses bras en formulant ses condoléances, ce qui me fit éclater en sanglots. Me voyant plus calme, il me dit qu'il avait soupé en route et que nous devions partir le plus tôt possible. « J'ai des examens à passer pour 8 heures demain matin » dit-il. Je remerciai Adèle et nous avons démarré immédiatement

Sur la route de Montebello, les yeux grands ouverts devant le reflet de la pleine lune, qui me servait de phare, je flottais dans mes souvenirs en écoutant des chansons de Ginette Reno, délicatesse du copain de Niko. Maman fut enterrée dans le caveau familial à Val-David. À ma demande, le fossoyeur m'apprit qu'elle était placée au-dessus de sa mère. Pour moi, elle était dans les bras de sa maman et c'était sa place. Je me suis sentie en paix.

Le lendemain, je reprenais la route en voiture avec Jean pour Labrador City. Il m'interrogea concernant le calme avec lequel j'avais vécu la mort de maman. Ne sachant que lui dire, j'ai répondu simplement qu'elle était dans mon cœur pour le restant de ma vie.

Malgré tout le travail que j'avais fait avec M. Loiseau sur le fonctionnement des émotions, je n'avais pas encore compris comment je ravalais tout. Entre comprendre le principe rationnellement et le mettre en pratique naturellement, il y avait un bon bout de chemin à parcourir.

Octobre sans « spectre »

Dès mon retour à Labrador City, je me précipitai dans mes nouvelles activités. J'intitulai mon émission « Quand les oreilles ont des murs ». En ce qui concerne celle que je devais faire en coanimation, avec l'accord de ma partenaire, nous l'avons remise au deuxième trimestre de la programmation. Octobre sans « spectre », pour une deuxième année consécutive, était une victoire sur mon système émotif. En novembre, en très grande forme, j'entrepris l'écriture de mon livre qui sommeillait depuis plus de deux ans. Je sentais maman près de moi et je lui demandais de m'aider dans la rédaction des cinq cents pages de notes que j'avais accumulées. J'étais très confiante de réussir à combiner mes activités.

À la fin de la première semaine, après plus de quarante heures de travail, j'avais réussi à rédiger à la main, mon seul accessoire à l'époque, quatorze pages. Un peu découragée, j'ai douté de mon potentiel en me demandant si mon talent n'était qu'une illusion. Je me sentis tellement petite et limitée que j'en ai pleuré. Refusant de capituler, je me raccrochai à mon objectif en me disant : « Si ce travail ne sert qu'à une seule personne, le jeu en vaut la chandelle. Et si jamais je n'y arrive pas, je trouverai quelqu'un pour le faire à ma place.

Trois jours plus tard, vingt et une pages couvraient à peine les cinquante premières pages de mes notes. Je suppliai donc le ciel de m'accorder l'équipement adéquat pour y parvenir. Drôle de coïncidence, le soir même, je recevais un appel de mon frère, Claude, qui m'annonçait que nous avions un héritage de maman. Le summum de la nouvelle : le montant couvrait facilement l'achat d'un ordinateur. J'ai rangé mes cahiers précieusement, en m'engageant en mon âme et conscience à aller jusqu'au bout.

Décembre est arrivé en silence et il y avait des cadeaux pour moi : Claudelle et mes petits-fils, Richard et Rock, venaient pour leur premier réveillon de Noël sous mon toit. C'était la première visite de mes petits-enfants chez leur grand-maman. Il était temps, car Richard croyait depuis un certain temps que ma maison était l'aéroport de Dorval ! Je trouvai ma fille bien courageuse de planifier un tel voyage de deux mille kilomètres avec deux enfants à bord. J'ajoutai donc à mon emploi du temps, la préparation des menus pour une semaine.

Voilà qu'un des frères de Jean s'annonçait lui aussi avec sa famille. Douze à table était pour moi un nombre magique pour les recettes que j'apprêtais. Je jubilais. Mon état de santé pétillant surprit Jean plus que moi-même. « C'est la première fois que je te vois si positive devant le temps des Fêtes ! » Il n'avait pas tort, je n'avais jamais aimé cette période de l'année, d'aussi loin que je pouvais me rappeler. J'en déduisis que c'était la visite de mes petits-enfants qui faisait la différence.

Après leur départ, incluant Niko qui passait le Jour de l'An chez sa copine à Montréal, je me suis sentie très fatiguée. Une fatigue extrême qui m'a imposé plusieurs jours de repos. À l'époque, je ne savais pas encore que vivre de la joie brûlait mes énergies. Alors l'époque des fêtes terminée, c'est avec beaucoup de regret que j'ai dû démissionner des comités sur lesquels je siégeais.

Si octobre avait été une victoire, janvier fut un vrai fiasco. Pire que tous les mois d'octobre précédents, il fut un enfer ! J'avais reçu mon ordinateur, mais je n'avais plus la force d'écrire. Juste le fait d'apprendre le fonctionnement de cet outil m'épuisait au point de m'obliger à dormir deux et parfois trois heures l'après-midi. Découragée, je suis retournée aux réunions de « Channel » pour m'y ressourcer. C'est à ce moment-là que je me suis souvenue du conseil d'Alain Loiseau de poursuivre ma thérapie jusqu'au bout.

Février : je demande de l'aide

J'ai choisi de retourner au département de santé mentale de Labrador City plutôt qu'au CLSC[1]. J'évitais ainsi les tempêtes de neige, nombreuses en ce mois de l'année et qui pouvaient m'empêcher de me rendre à mes rendez-vous. Placée devant cette décision, j'ai réalisé que trois ans s'étaient écoulés depuis ma dernière visite à cet endroit. Hésitante, je me dis : « Peut-être que mes difficultés avec eux auparavant étaient dues à mon manque de flexibilité ? En tout cas, moi je suis devenue plus souple depuis ! ». La secrétaire, qui m'avait répondu avec beaucoup de chaleur humaine, m'avait demandé si je tenais à voir la même intervenante ; ce qui m'a rappelé notre dernier entretien, lequel s'était terminé en queue de poisson. Embarrassée, j'ai laissé le choix à cette dernière de décider si elle voulait me reprendre ou pas.

Entre-temps les hauts et les bas se succédaient. J'avais beau essayer de comprendre ce qui se passait, je n'y parvenais pas. Je ne savais vraiment plus où donner de la tête. Quelques jours plus tard, j'ai rappelé la secrétaire. Il n'y avait pas de place avant cinq à six semaines. Anxieuse, car je ne pouvais attendre jusque-là, j'ai raccroché en pleurant. Le soir venu, Jean m'offrit d'être à la maison le plus souvent possible, malgré son travail à la radio et ailleurs. Mais je n'arrivais pas à apprécier sa présence sans me sentir coupable de lui imposer cet effort.

Un soir, je me mis à pleurer sans raison. Je m'accroupis sur le lit en me balançant. J'essayais de fuir je ne sais quoi ni qui. C'était comme si quelqu'un d'invisible avait été à ma poursuite. Jean était bouleversé devant mes agissements étranges. Il ne savait pas plus que moi ce qu'il fallait faire dans une situation semblable. Il reçut un appel lui demandant d'aller porter la clé de la station de radio qu'il avait en sa possession. Personne d'autre ne pouvait le faire à sa place. Il m'a suppliée nerveusement de l'attendre en disant sur un ton ferme : « Accroche-toi, Mine, ne démissionne pas. Je reviens tout de suite. »

Seule, ce fut la panique totale. Étais-je au seuil de la folie ? Refusant cette hypothèse, je m'accrochai aux dernières paroles de Jean, en m'imaginant me river solidement au sol, ce qui me fit sortir du lit. Ne me souvenant plus du nom de Dieu, je criais du fond de mes tripes : « Ciel, aide-moi ». Puis, je pris mon courage à deux mains et je réussis à m'habiller pour aller dehors. Le contact du froid, en ouvrant la porte extérieure, me gifla, me faisant reprendre mes sens. La panique s'est estompée et je retrouvai mes esprits pour de bon. À son retour, je marchais calmement dans le stationnement. Il m'a rejointe au pas de course.

---

[1] CLSC : centre local de santé communautaire

– Je rappellerai au département de santé mentale, lui dis-je, et j'insisterai pour avoir une rencontre le plus vite possible.

– Pourquoi n'irions-nous pas au CLSC de Fermont à la place ?

– Non, répondis-je en hésitant. Labrador City devrait être capable de m'aider. J'ai cheminé depuis le temps où je leur tenais tête.

Dans l'intervalle, j'en avais parlé avec Catherine. « Marion, as-tu pris le temps de vivre le deuil de ta mère ? Un deuil ne s'éclipse pas en criant bingo, comme tu sembles le croire. Ça prend un certain temps. Si je me souviens bien, tu n'étais pas près d'elle lorsqu'elle est morte. Écris-lui ce que tu aurais aimé lui dire. Tu trouveras peut-être ce qui t'étouffe ».

De retour à la maison, j'ai ouvert mon ordinateur et j'ai écrit mon premier texte :

Bon voyage, maman. J'aurais aimé te tenir la main pour ton départ. Il paraît que tu as fait ça comme une grande, au dire des médecins. Félicitations.

Dommage que je n'aie jamais réussi à compléter mon livre de ton vivant. Toi, tu l'attendais avec impatience.

Merci, Maman, pour tout ce que tu m'as confié de tes souffrances durant ta vie. Grâce à tes confidences, je peux maintenant prétendre à la guérison et à l'évolution des soins pour les autres comme nous. Pour ce faire, il faut que je me « botte » le derrière, car je n'ai plus le goût de faire quoi que ce soit.

Crois-tu que tu puisses m'aider de là-haut ? Si oui, aide-moi, s'il te plaît !

Au revoir !

Puis, j'ai pris la décision d'augmenter mon lithium. J'ai préparé un agenda pour le faire graduellement. Ce jour-là, je recevais la confirmation de mon rendez-vous au département de santé mentale : dix jours d'attente ! Tendue, j'ai grincé des dents. Le soir venu, je me suis couchée en espérant être capable de dormir. Ce ne fut pas le cas. J'ai pris un somnifère à 22 heures mais, à 2 heures du matin, je me retrouvais assise dans mon lit avec la forte sensation de perdre la tête. J'ai prié. Jean ronflait à côté de moi. Je ne voulais pas le réveiller. J'ai décidé d'aller boire une tasse d'eau chaude en espérant calmer mon angoisse. Assise au salon, je ne savais plus que faire avec ce grand besoin de parler que je ressentais. Je ne pouvais tout de même pas aller bavarder avec Catherine en plein milieu de la nuit !

J'ai alors pensé à me rendre à la salle d'urgence pour parler avec l'infirmière. Elle, au moins, est payée pour m'écouter, me dis-je. Je le fis. Je fus très surprise de n'être pas trop nerveuse pour conduire l'auto. Mais arrivée sur place, je tremblais de la tête aux pieds. L'infirmière voulut enregistrer ma visite.

– Non, il n'en est pas question, lui dis-je. La seule chose dont j'ai besoin est de parler en buvant un café et en fumant une cigarette.

– Je ne peux vous recevoir sans vous enregistrer.

– Dans ce cas, vous n'êtes pas apte à m'aider.

Je revins sur mes pas, me dirigeant vers la porte.

– Attendez. Restez. Une fois n'est pas coutume.

Je suis parvenue à pleurer abondamment en lui parlant de la mort de maman.

Après le déluge, je lui ai confié que j'étais suivie en santé mentale. Elle a approuvé ma démarche envers elle en m'invitant à la refaire en pareille situation. Elle m'a souri en précisant qu'elle m'enregistrerait cette fois-là.

Même si je pris une fin de semaine complète de repos, mon malaise persista, j'étais incapable de rester en place. J'ai beaucoup marché, ce qui m'a rappelé mon hospitalisation de 1982. Me vint alors l'idée de rejoindre mon médecin pour qu'il prenne au plus vite un rendez-vous d'urgence au département de santé mentale.

– Tu n'as pas besoin de mon intervention, Marion, me répondit-il Tu n'as qu'à le demander à la secrétaire.

Ne voulant pas l'informer de mes démarches précédentes, j'ai cherché un moyen pour que lui le fasse.

– Le psychiatre m'a déjà menacée de couper ce service.

– Tu l'as rencontré périodiquement depuis ce temps ?

– Oui, mais il ne m'a jamais confirmé que je pouvais y aller au besoin. C'est urgent présentement.

– Bon. Dans ce cas, j'appelle immédiatement. As-tu augmenté ton lithium ?

– Oui. Je suis à 300 mg par jour.

– Double encore. Il ne devrait pas y avoir de problème.

Le lendemain, je me présentai au département, ventre à terre. Si j'étais allée au bureau de mon médecin, je crois qu'il m'aurait hospitalisée de force. La secrétaire m'a présenté une nouvelle intervenante. Bien qu'un peu déçue, je me consolai en me disant qu'elle ne pouvait pas me voir pire que je ne l'étais, du fait qu'elle ne me connaissait pas. Mon interlocutrice était très jeune et timide. C'était peut-être une étudiante en stage, mais cette probabilité m'a laissé froide. En entrant dans la salle de rencontre, elle a déposé un dossier sur la chaise près d'elle, puis elle a gardé le silence. Après un certain temps, j'ai compris qu'elle attendait que j'intervienne.

Hé zut ! C'était à elle de commencer la rencontre et non pas à moi. J'ai croisé les bras en signe d'attente. Scrutant impatiemment la pièce, mes yeux se sont posés sur le dossier qu'elle avait placé sur la chaise près d'elle. Il était presque aussi épais que celui de mes parents. Un courant d'air glacé me transperça le dos. J'ai persisté à attendre qu'elle me demande ce qui n'allait pas. Peine perdue, elle tenait tête au silence. Cela me rendit mal à l'aise, au point de ne plus savoir où regarder.

Après trois ou quatre petites toux de sa part, elle m'a demandé si j'étais mariée. J'en suis restée muette, incertaine d'avoir bien entendu sa question. Elle fit une autre tentative en demandant si j'avais des enfants, ce qui m'a confirmé sa première question. Je n'en revenais pas. Ça me déboussolait. J'ai alors bégayé : « Vous avez sûrement tous ces renseignements dans le dossier sur la chaise près de vous. Pourquoi me posez-vous ces questions ? »

– Je ne me fie pas à un dossier pour établir un contact. J'aime mieux me rendre compte par moi-même avant de consulter celui-ci.

– Moi, je n'ai pas envie de raconter ma vie et de reprendre à zéro avec vous. Je me sens bien trop fatiguée pour cela.

Elle a croisé les bras comme pour me dire : « J'attends vos réponses ».

Une colère rouge me monta dans le dos. Pourquoi ne me demandait-elle pas tout simplement ce que je vivais ? Un enfant de sept ans aurait compris cela. Entêtée, j'ai répondu :

– Les réponses à vos questions sont inscrites dans le dossier.

– J'aime me rendre compte par moi-même, me répéta-t-elle, confiante de son approche. Quel âge avez-vous ?

J'ai failli lui répondre « et vous », mais je choisis de me taire, ce qui nous ramena au silence, qui devenait de plus en plus lourd. Me sentant de plus en plus mal à l'aise, je lui ai demandé la permission de fumer. Elle a refusé catégoriquement. En me voyant sortir mon paquet de cigarettes, elle s'est placée debout devant moi. Elle ressemblait à un enfant qui avait peur de se faire prendre en flagrant délit.

– Dans ce cas, lui dis-je mécontente, je ne vois pas ce que je suis venue faire ici.

J'ai lu dans ses yeux une certaine panique, comme si elle ne savait plus que dire ou que faire avec moi. J'ai pris mon manteau lentement, tendant l'oreille à ce qu'elle pouvait m'offrir de mieux. Mon attitude la contrariait vraiment. (Elle cherchait à me rejoindre, j'en suis certaine, mais qu'elle était donc maladroite) !

Dans un élan presque de détresse, elle me questionna :

– Avez-vous l'intention de vous faire du mal ?

133

Ma réaction fut subite : « Bonne idée ! » Puis, en la regardant dans les yeux, je lui ai demandé si elle ne trouvait pas cela stupide, de me donner une telle idée. Ensuite, je marchai vers la sortie d'un pas ferme, pour ne pas dire enragé. Elle a couru pour s'interposer entre moi et la porte. Je n'en croyais pas mes yeux. Son jeune âge m'a inclinée à l'indulgence, mais ma colère était si grande que j'ai eu peur de ne pas parvenir à me retenir. Il fallait que je sorte de là, avant de perdre la boule. Je l'ai regardée dans le blanc des yeux et lui ai dit :

— Je n'ai peut-être pas l'air futée à tes yeux, mais il y a une chose que je sais. Je sais que la sortie est derrière toi et que toi, tu es en face de cette porte. Moi, j'ai décidé que je partais d'ici. Si tu m'obliges à te pousser, je vais le faire.

Elle n'a pas bronché, autrement que pour s'agripper plus fortement au montant de la porte.

— Je sais que tu es du bon côté de la clôture, question de crédibilité, car tu n'as pas mes problèmes de santé. Par contre, entre toi et moi, nous savons toutes les deux que je t'ai demandé poliment de me laisser passer. Si je dois te prendre par le collet pour sortir d'ici, tu vas être soulevée, je te le garantis. Grouille, je te le conseille, parce que moi, je ne sais pas combien de temps je pourrai garder le peu de calme qu'il me reste. Je sais que je suis la « mentale » et que tu es la « lucide » aux yeux du département et aussi que je serai la seule à payer le prix de mon geste. Je te le demande encore une fois : laisse-moi passer.

Figée sur place, elle ne semblait plus savoir quoi faire. Elle hésitait. C'est en grognant, avec les yeux exaltés, que je lui ai crié : « Tu dégages ou je t'enlève ? »

Lorsqu'elle a reculé, j'ai remercié le Bon Dieu pour elle comme pour moi.

En sortant de l'hôpital, je n'étais pas en état de prendre le volant de ma voiture. J'ai pris la décision d'aller méditer sur ma roche, même si elle était ensevelie sous six pieds de neige.

Arrivée au sommet de la colline, je me suis rappelé que je n'étais qu'à quelques centaines de mètres de chez Catherine, qui demeurait sur l'autre versant.

Je m'y suis rendue par le raccourci, même si par moments, je m'enfonçais dans la neige jusqu'à mi-cuisse. L'effort physique m'a fait un grand bien. À l'époque, je ne savais pas qu'il m'aidait à me défouler.

La sagesse de Catherine

Catherine écouta religieusement tout ce que je venais de vivre. Puis, à la fin de mon récit, devant le troisième mégot de cigarette écrasé dans le cendrier, j'ai retrouvé le calme que je recherchais depuis plusieurs jours.

— Je n'arrive pas à croire, dit-elle, que ce département soit si peu compétent. Si je ne te connaissais pas, je croirais que tu fabules. Comment t'expliques-tu ce qui vient de se passer ?

— Ils paniquent de nous voir paniquer. Ceci me prouve que j'ai raison lorsque je dis qu'ils nous surprotègent et qu'ils embarquent dans nos problèmes. Ce n'est pas mon premier déboire avec eux.

— Raconte-moi.

— Un matin où je m'étais rendue, de mon propre choix, à un rendez-vous avec une heure d'avance, la secrétaire m'a traitée comme un cas d'urgence parce que je n'étais pas coiffée et maquillée ! M'étant aperçue de son inquiétude, pour éviter la même réaction chez l'intervenante, je me suis retirée dans la salle de bains du département, afin de faire un brin de toilette. Mais je n'ai pas averti la secrétaire en quittant la salle d'attente.

— Ralentis, Marion, dit Catherine. Je te suivrai plus facilement.

En fait, je parlais si vite que je me suis mordu la langue jusqu'au sang. Puis, les yeux larmoyants de douleur, j'ai continué mon récit.

— Ma toilette complétée, j'ai décidé de fumer une cigarette. Pourquoi me serais-je abstenue de ce besoin ? J'étais seule dans le département avec la secrétaire. Pendant ce temps, celle-ci était à ma recherche. J'ai entendu des pas nerveux dans le corridor, mais je ne savais pas que c'était pour moi…

À ce moment de mon récit, je me suis sentie tout embrouillée et je me suis mise à trembler. Catherine est intervenue :

— Prends le temps de respirer. Tu viens de traverser une situation stressante. Comment peux-tu avaler tout ça si vite ?

Après cinq ou six bonnes respirations j'ai continué :

— Accompagnée d'une infirmière, la secrétaire a cogné à la porte de la salle de bains. Elles étaient tellement hors d'elles, que j'ai cru qu'elles venaient m'avertir que le feu avait pris dans l'établissement. Je leur ai dit d'ouvrir en précisant que la porte n'était pas barrée. Tu aurais dû voir la figure de l'infirmière ! Un loup se serait sauvé d'elle à vive allure. Moi, j'étais assise sur le bord du bain avec ma cigarette cachée derrière le dos. L'infirmière en colère m'a demandé d'une voix de matrone ce que je faisais là. Surprise de son attitude, je lui ai montré ma cigarette en soutenant son regard et je lui ai dit : « J'essaie de respecter vos lois du mieux que je peux ». Elle m'a ordonné comme à un enfant, d'éteindre et d'aller m'asseoir dans le bureau de la secrétaire jusqu'à l'arrivée de l'intervenante. C'était trop pour moi. Je lui ai fermé la porte au nez en la

135

verrouillant. Elle y donna des coups de pied en m'ordonnant de sortir de là. C'est la secrétaire qui a réussi à la calmer, en lui disant qu'elle s'occuperait de moi, maintenant qu'elle savait où j'étais. Elle finit par accepter en marmonnant des mots que je ne pus saisir. Après son départ, la secrétaire s'excusa et m'expliqua qu'elle avait été obligée d'avoir recours à une personne diplômée lorsqu'elle ne me vit plus dans la salle d'attente. Puis elle m'a invitée à finir ma cigarette et à en fumer une deuxième si je le souhaitais.

Fin de l'anecdote, dis-je en regardant Catherine dans les yeux. Je te gage que rien de tout cela ne se serait passé si j'avais pris le temps de m'accrocher un faux sourire au visage. Si ce n'est pas de la surprotection ou une façon d'embarquer dans nos pathologies, je me demande ce que c'est. En attendant, poursuivis-je essoufflée, ceci ne règle pas mon problème d'aujourd'hui. Où puis-je trouver l'aide dont j'ai besoin lorsque je suis dans cet état ? Si seulement je pouvais comprendre comment je m'y retrouve.

— N'as-tu pas suivi des cours pour apprendre la gestion du stress ? dit Catherine, d'une voix ferme mais douce.

— Oui, mais je n'arrive pas à lier les faits dans ma tête.

— Pourtant, quand il s'agit de faire des liens, tu es la plus forte de nous toutes dans le comité. C'est fou, mais lorsque ça te concerne, on dirait que tu n'y parviens pas. Tu devrais retourner te faire soigner à Fermont et relire tes notes de cours.

— Je les ai rejoints dernièrement. J'ai appris que leur psychologue ne serait à son poste qu'au début du mois de mars. Je demande au Bon Dieu de s'occuper de mon cas.

— Il y a quelque chose qui cloche dans toute ton histoire. Je me demande si tu retournes tout au Bon Dieu démesurément. En agissant ainsi, tu fuis. Tu es forte, Marion, et seule ta force te permettra d'arriver à trouver tes réponses. Ne lâche pas prise, même s'il reste encore quelques jours avant de pouvoir assouvir ton besoin de parler pour comprendre ce qui se passe en toi. Es-tu consciente de ta ténacité ? Fais-toi donc un peu plus confiance.

— Je ne crois pas que ce soit la confiance en moi qui me fasse défaut. J'ai peur de conduire pour me rendre à Fermont.

— Là encore, ce n'est qu'une fuite. Lors de notre dernière conversation, tu disais que tu avais refusé l'offre de Jean de t'y conduire. Ne serais-tu pas tout simplement dans une période d'apitoiement plus accentuée et plus longue que d'habitude ?

— On dirait que tu viens de mettre le doigt sur le bobo, dis-je en rougissant.

Je lui ai promis d'attendre le nouveau psychologue, puis, en râlant, je lui ai demandé pourquoi elle était plus apte à m'aider que les professionnels de la santé.

– As-tu la même attitude avec eux qu'avec moi ? Accepterais-tu qu'ils te parlent comme moi je le fais présentement ?

– Bon, il faudrait que je me mette à les aimer maintenant ? Pour ce qui est de ta deuxième question, je vais y réfléchir lorsque je serai plus calme.

– Qu'ai-je de plus qu'eux selon toi ?

– Tu me fais confiance et tu m'écoutes en considérant ce que je suis. Eux me traitent comme un œuf dans un panier. Ils m'obligent ou s'attendent à ce que je réagisse comme tous les autres, or je ne suis pas comme les autres, c'est pour ça que je te dis qu'ils se méfient.

– Donne-moi un exemple concret où je t'ai fait confiance.

– Lorsque j'ai eu recours au sel, durant une réunion stressante, tu as pris ma place en continuant là où j'étais rendue et tu m'as remis ma tâche lorsque je suis redevenue calme.

– Qu'aurait fait un spécialiste à ma place, devant cette situation d'après toi ?

– Il m'aurait retiré ma tâche et demandé d'augmenter mon lithium afin de ne pas perdre mon contrôle la prochaine fois où je serais placée devant cet état de stress.

– Mais nous paniquons tous à un moment ou à un autre.

– Lorsque nous sommes suivis en santé mentale, nous perdons ce droit aux yeux de plusieurs personnes. Surtout aux yeux de ceux qui travaillent auprès de nous et pour nous.

– Je ne saisis toujours pas la surprotection dont tu parles souvent !

– Bon. Voici un autre exemple. Lorsque je suis allée à Grosse Baie pour le Conseil du Statut de la femme, j'ai rencontré, à l'aéroport, le psychiatre qui venait d'arriver à Labrador City pour quelques jours. Il était enchanté de me voir en aussi grande forme. Il m'a serré la main en disant : « Je dois admettre que vous gagnez Mme Leloup » Malencontreusement, j'ai profité de l'occasion pour lui demander de m'écrire un rapport sur notre travail ensemble, en lui disant que cela allait m'aider dans la rédaction de mon livre, ses yeux se sont alors remplis d'inquiétude. Crois-le ou pas, il m'a offert une rencontre avec lui. En apprenant que je revenais à Labrador City le jour même où lui retournait à St-John's, il m'a suggéré d'augmenter mon lithium !

– Pourquoi a-t-il suggéré d'augmenter ton lithium ?

– L'enthousiasme est vu comme un signe avant-coureur d'une phase d'excitation aux yeux du personnel de santé mentale.

Catherine a écouté mes lamentations qui déboulèrent à ce propos. À l'époque je ne savais pas encore qu'en gémissant de la sorte je nourrissais des émotions inutiles et que ça grugeait mon énergie.

– Ce qui me frappe dans ce que tu me racontes, c'est que je me souviens parfaitement de ton état de santé à cette période-là et tu étais aussi allée à Port-aux-Basques durant la même semaine. Nous avions toutes remarqué l'équilibre que tu étais en train d'atteindre. Nous étions très fières de toi.

– Voilà ! Ils font l'analyse de nos comportements en se basant sur ce qu'ils ont appris dans des livres au lieu de nous écouter et de chercher à comprendre ce que nous vivons individuellement. À cause de cela moi je travaille seule et j'aurais bien besoin de leurs conseils pour comprendre ce qui m'arrive présentement, car je ne nie pas leurs connaissances d'universitaires ni leurs années de pratique. Imagine l'équipe que nous ferions si chacune des parties respectait les connaissances de l'autre. Ils se leurrent en nous ignorant ainsi. J'apprends plus avec toi, Catherine, qu'avec eux.

– Qu'ai-je de mieux ?

– Ton désir de comprendre ce que les gens comme moi vivent. Si les spécialistes respectaient l'expérience de leurs patients, peut-être qu'on arriverait à trouver d'autres solutions. Que leur apportent leurs hautes études s'ils ne peuvent descendre à notre niveau ? Ma mère avait un dicton simple : « Pas nécessaire de savoir comment écrire le mot colombage pour savoir le poser ». Suis-je en phase haute en pensant ainsi ?

– Crois-tu vraiment qu'il puisse y avoir une solution ?

– Une pour tout le monde, non, mais une pour chaque personne, oui. Il revient à chacun de nous de la trouver avec leur aide.

– Mais imagines-tu le nombre de spécialistes que ça exigerait ?

– Moins qu'aujourd'hui, car ils n'auraient plus à gérer nos vies. Ils deviendraient des conseillers spécialisés et nous, nous n'aurions pas d'autre choix que de nous prendre en main. Pour en arriver là, il faudrait que les spécialistes fassent équipe entre eux. Et ça… ce n'est pas pour demain.

– Que veux-tu dire par « faire équipe entre eux » ?

– Le psychiatre croit que les médicaments régleront nos problèmes, sans se soucier de savoir qui nous sommes ni ce que nous vivons au quotidien. Le psychologue se soucie de ce que nous sommes et de ce que nous faisons journellement, mais il ne donne pas d'ordonnance. Selon moi, tout dépend de l'état dans lequel je me trouve, avant de me présenter devant eux. Les pilules peuvent avoir leur raison d'être. Tout dépend de moi et du temps que ça me prend pour réaliser que je suis en difficulté. Pire encore, les spécialistes d'une même branche ne sont même pas d'accord entre eux, sur la façon de procéder. Si nous travaillions tous en équipe, nous trouverions la voie de la guérison. Oh ! Si je suis bien mon raisonnement, ils perdraient leur job car nous arriverions à prévenir ces maladies avant qu'elles ne se développent. C'est peut-être ça le vrai problème.

Après en avoir ri ensemble, Catherine dit :

– Serais-tu visionnaire ? Car ce que tu dis est plein de bon sens. Comment peux-tu être aussi lucide après ce que tu viens de vivre ? Et en plus, tu parais en meilleure forme qu'à ton arrivée. Garde bien en mémoire la force qui t'habite. Ne t'occupe que de toi en oubliant tes semblables et les spécialistes qui ne peuvent t'apporter ce qu'ils ne comprennent pas encore eux-mêmes.

– Je ne me rappelle même plus pourquoi je me suis présentée à l'hôpital ce matin !

– Ne cherche pas à le savoir. Préserve le calme qui t'habite actuellement. N'oublie pas que demain je pars pour l'Australie. J'espère que tout ira bien pour toi d'ici mon retour.

– Ne t'inquiète pas pour moi. C'est bon que tu ne sois pas toujours là. J'évite ainsi de m'accrocher à ta présence outre mesure.

– Je te décrocherais la lune si je le pouvais.

– Ne me surprotège pas, je t'en prie.

Je panique encore

Février n'en finissait plus ! Je priais le ciel tous les matins de me donner la force d'arriver jusqu'au mois de mars. J'ai eu envie d'appeler Danièle Lelièvre, mais je ne l'ai pas fait. Me voilà donc au beau milieu de la nuit, encore une fois, dans un état de panique et de colère indéfinissable. Je me sentais tellement mal intérieurement que j'ai cru devenir folle. J'avais envie de rentrer dans les murs, de m'arracher la tête, de crier jusqu'à ce que mes cordes vocales éclatent, bref, c'était insupportable.

J'ai réveillé Jean, pour lui dire que je ne savais plus ce qui se passait. Il m'a demandé d'attendre au lendemain pour décortiquer mon problème, se disant trop fatigué pour l'instant, ajoutant qu'il annulerait sa journée d'école s'il le fallait.

Insultée par son refus, c'est en bougonnant que je me suis habillée et je lui ai crié à tue-tête que je « foutais le camp » pour de bon. Ce n'était pas la première fois que je réagissais ainsi ; alors il n'en fit pas de cas. Je blasphémai en silence de le voir si calme ; en fait, j'enviais son flegme. Lorsqu'il s'est aperçu que je m'habillais, il m'a suppliée de me calmer. Je l'ai envoyé promener, il en fit autant en disant : « Fais donc ce que tu voudras et fiche-moi la paix. Je n'en peux plus de tes crises d'hystérie. Fais à ta tête, je ne suis pas responsable de ta vie ».

Arrivée devant la porte de sortie, les yeux rivés sur le trousseau de clés de l'auto, je vis l'accélérateur appuyé à fond. Je me souvins de ma promesse de ne jamais conduire en état de crise. Refusant de me trahir moi-même, j'ai changé d'attitude et de décision ; je suis allée câliner Jean en pleurant doucement. Était-ce de la manipulation ? Je l'ignore. Il m'a dit : « Sois raisonnable, Marion, déshabille-toi, couche-toi et essaie de dormir. J'ai du travail demain, pas toi ».

– Jean, je ne sais pas ce qui se passe. Je ne me suis jamais sentie ainsi auparavant. J'ai l'impression que mon cerveau et ma poitrine vont exploser.

– Si seulement tu te laissais aider quand c'est le temps. Mais non, madame est trop...

Ce fut la goutte qui fit déborder le vase. J'ai couru à la porte et j'ai pris les clés de l'auto. J'ai entendu Jean crier des mots incompréhensibles. Son appel m'implorait d'être raisonnable. J'ai arrêté brusquement. Puis, j'ai eu la sensation que les clés me brûlaient les mains. À cet instant-là, j'ai pensé retourner parler avec l'infirmière de la salle d'urgence. J'ai remis rapidement les clés à leur place en décidant de prendre un taxi. Le souffle court, j'ai composé le numéro de la compagnie. Voilà que devant le dernier chiffre j'hésitais. J'ai eu peur que l'infirmière soit aussi stupide que l'intervenante que je venais de rencontrer. « S'il fallait qu'elle le soit, pensai-je à haute voix, je la tue, j'en suis certaine ». Je ne savais plus que faire. Écrasée dans le fond du divan, le récepteur dans les mains, les épaules courbées et respirant avec peine, je cherchais la solution.

Dans le silence qui m'entourait, j'ai perçu la question de l'intervenante et ma réponse à répétition : « Avez-vous l'intention de vous faire du mal ? Bonne idée..._ Avez-vous l'intention de vous faire du mal ? _Bonne idée. _Faire du mal, faire du mal, du mal, du mal... » Ces mots m'étourdirent. Puis un déclic se produisit dans ma tête. J'ai raccroché le téléphone et me suis dirigée vers la cuisine en me disant : Je vais lui montrer ce que c'est que de se faire mal, la pauvre cloche ! J'ai ouvert le tiroir à ustensiles; j'ai pris le premier couteau qui m'est tombé sous la main et, à petits coups répétitifs, j'ai entaillé légèrement mon poignet. Question de montrer ce que c'est de se faire du mal ! J'entendais le couteau résonner sur le comptoir comme lorsque l'on coupe un gros chou vert coriace qui refuse la lame à son corps défendant. Le bruit alerta Jean qui accourut pour voir ce qui se passait. Pour moi, je me faisais mal, un point c'est tout. Je laissais glisser la lame sur mon poignet gauche, sans appuyer trop fort pour me blesser le moins possible.

J'eus alors l'occasion de me rendre compte à quel point les tendons sont coriaces. J'ai pensé à ceux qui avaient essayé de se tailler les veines. Quel courage ! Ou quelle détresse ! me suis-je dit. J'ai quand même continué à appuyer la lame, tout en faisant attention, car ça brûlait comme du feu. J'étais intriguée de ne pas voir de sang. J'ai pressé un peu plus fort en grimaçant. Repensant à ceux qui s'étaient ouvert les veines, j'ai compris que c'était un courage que je n'avais pas et que je n'aurais jamais car la détresse ne m'habitait pas. C'est à ce moment-là que Jean est arrivé.

– Marion, veux-tu bien me dire ce que tu fais là, cria-t-il. Hé ! Je te parle ! M'entends-tu ?

Je me suis retournée vers lui, le couteau en position de défense. Je ne comprenais pas son intervention et son timbre de voix m'apparut démesuré. J'ai bégayé une réponse inaudible. Jean s'est approché et m'a giflée. Je ne sais plus à quel moment j'ai laissé tomber le couteau, ni à quel endroit. Mais je me rappelle être sortie en courant par la porte de la salle à manger en me tenant la joue. Puis, je lui ai dit en colère : « Veux-tu bien me dire pourquoi tu m'as giflée ? »

– Marion, tu avais un couteau dans les mains. Il fallait bien que je te désarme. Regarde-toi, tu es pleine de sang. Assieds-toi, je vais aller chercher ce qu'il te faut.

C'est à la vue du sang que j'ai réalisé ce que je venais de faire. Ahurie, j'ai compris que j'avais perdu la tête. Cherchant à comprendre la portée de mon geste, je me suis trouvée stupide. La pauvre cloche, c'était moi et non pas l'autre !

Pendant ce temps, Jean insistait pour que je m'assoie. Puis un silence m'a enveloppée et j'ai ressenti une vague de calme qui m'était inconnue jusque-là. En regardant Jean qui appliquait un bandage sur mon poignet, j'ai lu une grande tristesse dans ses yeux.

– Que faisons-nous maintenant, demanda-t-il ?

– Que veux-tu que l'on fasse ?

– Marion, il faut aller à l'hôpital. Regarde. Ton pansement est déjà insuffisant.

– Fais ce que tu veux et j'obéirai.

– Je t'amène au CLSC de Fermont.

Le trajet s'est effectué en silence et le froid avait une odeur de cortège funèbre. Mais moi, je me sentais en sécurité. Comme c'était étrange ! Lorsque l'infirmière a désinfecté la plaie, des larmes de douleur ont coulé sur mes joues. Elle s'est retirée pour téléphoner au médecin. À son retour, j'ai appris que je devais y passer la nuit.

– Croyez-vous que ce soit nécessaire, demandai-je ? Selon moi, ces coupures ne sont pas critiques au point d'avoir recours à une hospitalisation.

– Le sérieux n'est pas vos coupures, mais le nombre que vous en avez. J'ai parlé avec le médecin de garde et elle aimerait vous voir demain matin.

– Pourquoi ?

– Vous devez comprendre tout ce qui s'est passé pour en arriver là.

J'abdiquai et Jean se retira, visiblement soulagé. Installée dans le lit et n'arrivant pas à dormir, j'ai demandé la permission d'aller prendre un bain. « Comme vous voulez, me dit l'infirmière. Fermez votre porte, il y a un système d'alarme si jamais vous avez besoin d'aide ». Le climat de confiance qu'elle m'offrait m'émut jusqu'aux larmes.

Combien de temps suis-je restée dans la baignoire, je ne le sais pas, mais je me rappelle de certaines réflexions : « Si quelqu'un te traitait de voleuse, te mettrais-tu à voler ? C'est ce que tu viens de faire, pauvre toi ». Je me suis promis d'être aussi clémente envers moi-même que je l'étais envers les autres et je me suis interrogée sur ce qui aurait pu arriver si Jean n'avait pas été là.

Puis, bien étendue dans mon lit, j'ai prié Dieu de me prendre dans ses bras. J'ai avalé le somnifère que l'infirmière m'offrait sans aucune ré-action. Après son départ je me suis dit : « Dors maintenant », avec la même douceur que j'avais toujours eue envers mes enfants. Je me maternais sans savoir que c'était possible de le faire.

À mon réveil, j'étais calme comme si je sortais d'un conte de fées. Par contre, mon corps souffrait de la tête aux pieds, y compris mes cheveux. Je n'ai avalé qu'une bouchée du déjeuner et ensuite j'ai demandé qu'on m'aide à descendre de mon lit, car je me sentais étourdie. Recouchée, on m'apprit que le médecin arriverait sous peu.

Elle fut un Ange de passage

Cette femme médecin, s'approcha de mon lit avec beaucoup de délicatesse. Gênée, je ne pouvais soutenir son regard. Elle s'est penchée au-dessus de moi. J'ai vu ses yeux pleins de douceur. À sa question « Que s'est-il passé ? », je me suis mise à pleurer. Elle m'a invitée à lui raconter ce que je vivais : « Je ne sais plus quoi en penser. Je me sens un peu perdue dans tout cela. Je me sens si bien présentement. C'est comme si je revenais d'une croisière de vacances. Je ne comprends plus rien ».

– Les médicaments que je vous ai prescrits jouent un rôle dans votre bien-être actuel. Pour arriver à comprendre ce qui s'est passé, il faut en parler. Je vous invite à me parler de vous avant d'aller voir ce qui s'est produit la nuit dernière.

– J'ai fait face à une dépression nerveuse en 1982. Je prends du lithium depuis… J'ai toujours cru que j'avais ma part de responsabilité pour corriger ou mieux vivre avec ce problème, ce qui ne fut jamais l'avis de mes médecins. Pour eux, le lithium est la solution et, pour moi, un moyen parmi d'autres. Si vous me le permettez, je peux vous expliquer ma philosophie du « problème ».

– Allez-y, je vous écoute.

– J'ai toujours associé mes vagues à une faiblesse de mon système émotif, et ce, même si les intervenants n'étaient pas de cet avis. Ensuite, placée devant l'inquiétude des membres de ma famille, j'ai cherché ce qui représentait le mieux mes états d'âme. Alors, des « c'est comme si », il y en a eu des centaines. Puis, j'ai trouvé une bonne comparaison avec l'iceberg, qui représente bien, selon moi, notre système émotif. Voilà.

Nous vivons tous nos hauts et nos bas à partir de la surface de l'eau jusqu'à la pointe extérieure de l'iceberg. Pour ceux et celles qui souffrent de maniaco-dépression ou de la maladie bipolaire affective, il y aurait une trappe qui s'ouvre aux changements de saison et qui nous immerge dans la partie inférieure (sous l'eau) de l'iceberg. Nous vivons alors dans un état émotif quintuplé qui rend notre vie et celle des membres de nos familles très difficiles, à cause de l'intensité avec laquelle nous vivons nos émotions, ce qui porte à croire que nous sommes complètement déconnectés de la réalité.

– J'aime beaucoup votre comparaison, dit-elle. Poursuivez.

– Pourquoi cette trappe s'ouvre-t-elle et se referme-t-elle ? Je n'en ai aucune idée. La seule chose que je sais, c'est que lorsque la trappe est fermée, je redeviens normale dans mes émotions comme tout le monde et ce, avec les hauts et les bas de la vie normale. Par contre, on ne me permet pas toujours de vivre mes hauts et mes bas comme tout un chacun. J'ai parfois l'impression que je devrais toujours être de glace.

Je me suis mise à pleurer.

– Prenez votre temps. Je comprends très bien votre état émotif présent. Il serait anormal que vous soyez de glace ce matin.

– Octobre et février sont les périodes culminantes pour moi. La comparaison de l'iceberg a permis aux membres de ma famille de mieux me comprendre, en plus de m'éclairer moi-même.

Je fis une pause en m'accrochant fermement aux couvertures.

– Après un certain temps, je me suis aperçue que lorsque la trappe s'ouvrait, je nageais à double vitesse pour suivre le rythme des autres. Je comprenais enfin comment je m'épuisais. Devant ma trouvaille du « siècle », j'ai choisi de ne concentrer mes efforts que sous l'eau. Je ne me préoccupais donc plus de ce qui se passait autour de moi ; ce fut alors un soulagement incommensurable pour Jean et Niko, notre fils, qui vit encore avec nous. Même les mots que j'utilise pour m'exprimer sont parfois démesurés. Résultat de la stratégie, mes fatigues sont devenues de moins en moins profondes et surtout moins longues.

Permettez-moi une parenthèse. Depuis que je prends du lithium, j'ai toujours inscrit mes observations dans un petit calepin. Fin de la parenthèse. Au bout d'un certain temps, j'ai observé que j'avais ralenti mes allées et venues et réussi à relaxer. Je devenais enfin autonome. Par contre, après avoir traversé quelques saisons avec cet outil, j'ai constaté que je me renfermais sur moi-même. Je ne voulais plus voir personne lorsque je traversais une période difficile. Sachant que c'était néfaste, je me suis efforcée de garder la tête à l'extérieur de l'eau. Mais ma fatigue est revenue au galop. J'ai alors amélioré l'outil en me construisant un radeau sur lequel je vais me réfugier lorsque mes fatigues sont trop prononcées. Conclusion, avec la méthode de l'iceberg, j'ai diminué mon lithium de 900 mg par jour à 600 mg par semaine, une garantie de longévité qui m'a rassurée…

— Que voulez-vous dire par là, demanda-t-elle ?

— J'estime qu'une pilule en moins représente un jour de lucidité de plus dans ma vie. Ceci ne veut pas dire que je me crois meilleure que les autres : loin de moi cette prétention et je ne mesure pas ma performance avec les milligrammes que j'absorbe non plus. Je…

— Je n'arrive pas à saisir ce que vous essayez de me dire.

— Le diabétique qui prend moins d'insuline que l'autre est-il moins diabétique pour autant ? Seul le rendement compte pour moi, en me basant sur le nombre de sautes d'humeur que je vis et l'état de fatigue de mon corps physique.

— Je vois et je suis surprise de votre capacité de défense.

— J'ai aussi remarqué que les difficultés normales de la vie n'ont rien à voir avec mes déséquilibres. J'ai perdu ma mère le 25 septembre dernier et j'ai gardé mon équilibre. Pourtant, c'est la période où je suis normalement la plus fragile. Je n'ai même pas eu besoin de me réfugier sur mon radeau, pas plus que je n'ai eu à me reposer outre mesure. C'est depuis le mois de janvier que rien ne va plus. C'est comme si mes outils ne fonctionnaient plus. Si vous saviez comme j'ai peur. J'ai peur d'être en train de perdre la tête. Mon heure serait-elle arrivée ?

— Holà ! Ne sautez pas aux conclusions si vite. Rien ne prouve jusqu'à maintenant que vous perdiez la raison. Que s'est-il passé pour que tout bascule et que vous n'arriviez plus à opérer avec vos outils ?

— C'est ce que j'aimerais comprendre. J'ai beau aller sur mon radeau et revenir, je n'arrive plus à retomber sur mes deux pieds. J'ai essayé de plusieurs façons d'avoir de l'aide. (Je lui ai raconté les démarches que j'avais effectuées depuis janvier.) Actuellement, je n'ai plus envie de faire quoi que ce soit ; je tourne en rond. Je ne sais même plus à quoi me rattacher car je ne vois plus où j'en suis.

Après une certaine pause, j'ai ajouté :

– Concernant la jeune thérapeute, je n'inculpe ni son jeune âge ni sa performance. Je considère la différence de culture et de langue comme la véritable cause du fiasco. La seule chose que je peux dire concernant ce qui s'est passé cette nuit, c'est que je n'ai pas essayé de me tuer, même si ce n'est pas évident. Voilà ! Qu'en pensez-vous ?

– Je ne vois pas une tentative de suicide. Par contre, je vois un appel au secours très sérieux.

J'en pleurai de soulagement.

– Que feriez-vous, Docteur, si vous étiez à ma place ?

– Il faut continuer de vous débattre comme vous le faites. Il y en a trop qui ne se fient qu'aux médicaments ou aux spécialistes pour trouver leurs solutions. Les réponses sont en vous et vous en êtes très consciente. Je vais choisir une travailleuse sociale avec qui vous pourrez discuter jusqu'à l'arrivée d'un psychologue. Vous êtes demeurée trop longtemps sur votre radeau. N'y allez pas pour un certain temps.

– Si je vous comprends bien, mon radeau serait devenu un isoloir sans que je ne m'en sois rendu compte ?

– Votre question démontre que vous avez trouvé la vraie réponse. Je veux vous revoir en clinique externe d'ici dix jours. Entre-temps, faites-vous confiance. Vous en avez la force.

Pendant qu'elle inscrivait des notes dans mon dossier, je pleurais de joie d'être enfin comprise. Elle m'a demandé si j'avais augmenté mon dosage tel que me l'avait suggéré mon médecin traitant. En l'informant que je n'avais pas encore eu le temps de le faire elle me dit :

– Parfait. Essayez une semaine complète de repos. Ensuite, vous verrez s'il y a lieu de l'augmenter. N'oubliez pas que vous avez le droit de vivre vos émotions.

– Que voulez-vous dire par là ?

– Prenez le temps de vider la colère que vous avez accumulée depuis le mois de janvier. Vous avez le droit de le faire.

Elle se retira pour répondre à un appel téléphonique. Quelques minutes plus tard, elle revint dans ma chambre en disant :

– Une intervenante en relation d'aide, Mme Lisette Morisson, s'occupera de vous jusqu'à l'arrivée du psychologue. D'ici-là, appelez-moi si vous en ressentez le besoin. N'hésitez surtout pas, je suis de garde pour les prochains dix jours. Bonne chance.

Bien qu'elle m'ait offert de rester au CLSC pour deux ou trois jours de repos, après l'heure du souper, je suis retournée à la maison, déterminée à suivre tous ses bons conseils.

Je me prends en main

Sur le chemin du retour, j'ai résumé à Jean mon entretien avec cette femme médecin. Il n'a fait aucun commentaire. Après un moment de silence, il m'a avoué avoir contacté mon médecin traitant, en ajoutant que nous avions un rendez-vous lundi après-midi. J'ai senti alors la lourdeur de mes conneries pesant sur ses épaules et n'ai pas osé refuser sa demande. Le soir, au moment d'aller au lit, je l'ai interrogé sur la réaction des enfants au sujet de mon geste, dû au fait qu'il m'avait demandé la permission de les informer avant de me laisser au CLSC la veille. Il ne les avait pas encore rejoints, mais il a insisté pour que ce soit lui qui le fasse.

Lors de notre visite chez le médecin, j'ai essayé en vain d'expliquer la conclusion de mon mini-séjour au CLSC. Le médecin m'a coupé la parole en disant que je prenais le tout trop à la légère et Jean l'a appuyé. J'ai dû me défendre, ce qui m'a fait valser entre la colère et la rage. Je m'attendais à ce que Jean traduise mes propos mais il n'en eut pas le temps.

— Se pourrait-il que notre barrière linguistique soit un handicap infranchissable ? demanda le médecin. Mon rôle consiste à prendre connaissance de tes difficultés et à te prescrire ce que je crois être le mieux pour toi. Le problème provient du fait que tu ne te laisses pas soigner, pour n'en faire qu'à ta tête. Prends le temps d'y réfléchir. Si je continue à te traiter, j'exigerai la présence de Jean à toutes les rencontres.

Devant ce mot « problème », j'ai maugréé, sans arriver à cacher ma réaction. Je me suis retirée pour tempérer ma colère, prétextant un faux besoin d'aller aux toilettes. Enfermée à double tour, la tête entre les mains, je pleurai devant l'évidence qu'en essayant de sauver ma peau, je n'avais réussi qu'à mieux m'enfoncer. Je me suis vue avec le couteau dans les mains tout en me rappelant les propos du médecin de Fermont : « C'est un appel au secours que vous venez de faire ». Mon cœur a palpité. Je suis retournée devant mes juges avec la ferme intention de ne pas me laisser influencer.

Jean renouvela son offre de traduction en disant qu'il en ferait autant pour ses amis. J'ai répliqué sur un ton tranchant.

— Je crois en tes bonnes intentions et en ton discours. Mais moi, je veux atteindre mon autonomie sans toi.

Le médecin est intervenu en me demandant pourquoi je réagissais de cette manière. Il m'a expliqué que c'était une réaction non contrôlée appelée Overreact. (À ce moment-là, je traduisais plutôt ce terme comme une réaction unique chez les gens traités en santé mentale) Puis, il a jouté que si j'étais autonome, je n'aurais pas besoin de soins du tout.

J'ai marché de long en large, à la recherche d'un peu de calme. Il a déposé ses lunettes sur son bureau pour me regarder aller. Son geste m'en disait long, du style Tu vois comme tu es hors de contrôle ! Quand le comprendras-tu ? Puis il me dit :

– Marion, tu es ma patiente depuis bientôt dix ans. Je crois que tu as la détermination nécessaire pour t'en sortir. Par contre, la raison pour laquelle je ne peux pas t'aider, vient du fait que tu refuses ta médication. Je crois sincèrement qu'il serait plus que temps que tu t'y conformes pour de bon et que tu acceptes de suivre le traitement au lithium que je t'offre depuis tout ce temps. Qu'en penses-tu ?

Après m'être tourné la langue sept fois dans la bouche, je lui ai répondu :

– Je n'arrive pas à croire que ma solution soit le lithium. Il est un outil et non pas la solution. C'est vous qui voudriez qu'il le soit. Je me tue à essayer de vous le faire comprendre depuis dix ans. Je veux mon autonomie.

Il a réagi en disant bêtement : « Be happy then ! Lorsque tu auras réussi à l'être, tu pourras dire que tu es autonome ».

J'ai reçu sa conclusion comme une gifle en pleine figure ! Puis, je me suis dirigée vers la porte en parlant calmement : « Désolée, ma tête de cochon n'a pas encore perdu l'espoir de trouver la vraie solution. J'irai à Fermont me faire soigner en français. Merci pour vos soins depuis dix ans ».

Sur le chemin du retour, son « Be Happy then » résonnait faux. Je me sentais déçue et contrariée par cette conclusion trop simple. Tout en pensant à mon séjour au CLSC, je me disais : Comment se fait-il qu'en une seule heure d'échange, elle ait compris ce que j'essayais de faire comprendre au médecin de Labrador City depuis dix ans ? Ça me dépassait !

Quelques jours plus tard, j'en ai parlé à Catherine qui était de retour de son voyage en Australie. (elle fut la seule à qui je me suis ouverte). Après une heure, elle me consola de mes déceptions en m'encourageant à ne pas baisser les bras et à continuer à me battre comme le suggérait le médecin de Fermont. Elle n'était pas d'accord sur ma perception que me tuer était un geste de courage que je n'aurais jamais. Pour elle, c'était un geste de lâcheté, ce qui m'a fait réfléchir plus en profondeur sur le sujet.

La semaine suivante, lors d'un coup de fil de Mira, j'ai senti le besoin de lui demander ce qu'elle pensait de moi et de ce que j'avais fait. Elle resta coïte. Jean ne lui en avait pas encore parlé. Je m'en mordis les lèvres. Après cet appel, j'ai téléphoné chez Claudelle puis chez Niko pour le leur dire. Lorsque j'ai mis Jean au courant, il fut très déçu et surtout très irrité. Il a réagi en me disant de me débrouiller toute seule avec mes problèmes à l'avenir. Au fil du temps, j'ai dû me rendre à l'évidence que quelque chose s'était brisé entre nous depuis l'événement du couteau.

J'apprendrai par Mira qu'il avait eu peur que les enfants le tiennent pour responsable de mon geste, ce qui ne fut jamais le cas.

Le jour de mon rendez-vous avec « mon ange de passage », qui avait été planifié lors de mon court séjour au CLSC, j'ai appris qu'elle quittait la région. Ma déception fut plus vive et plus intense encore que lors de mes adieux à Monsieur Loiseau, pour la seconde fois je perdais une personne qui me comprenait. Devant ma déconvenue, elle m'a suggéré de poursuivre mes rencontres avec Madame Morisso, avec qui je me sentais très bien. Elle termina notre entretien en me référant à un confrère et me promit de lui parler de moi.

De retour dans mon quotidien, j'ai démissionné de certaines responsabilités que j'avais prises à la radio communautaire. Quelques personnes m'ont fait me sentir irresponsable, mais la majorité me remercia en disant qu'il était temps que je pense à moi.

Je suis devenue l'une des meilleures clientes du Club vidéo. Le film « L'Huile de Lorenzo » m'apprit ce qu'étaient la force, le courage, la détermination ainsi que la ténacité. En me rappelant les conseils de mon thérapeute, parti en Ontario, je me suis identifiée à Lorenzo, à sa mère et à son père. La belle-sœur était une Catherine, de la trempe de celles qui s'étaient retrouvées sur mon chemin depuis 1982.

Je n'ose mentionner le nombre de fois que j'ai regardé ce film. Je dis simplement qu'il fut un guide pour moi pendant plusieurs années et qu'il le demeure encore aujourd'hui.

De plus en plus sereine et confiante

L'hiver s'acheva. Le coucher du soleil avait lieu de plus en plus tard. Monsieur Printemps m'offrait ses premiers clins d'œil. Je vibrais devant l'astre qui jetait un baume de douceur sur les plaies de mon cœur, en souhaitant des vacances pour l'été. Pour la première fois en vingt ans, j'ai considéré la saison à la pourvoirie comme un poids. Mais une surprise de taille m'attendait.

Les nouveaux actionnaires tentaient l'expérience du plan européen qui consiste à ne fournir que le chalet, les bateaux et les moteurs, comparativement au plan américain qui inclut le service de salle à manger et les guides. Alors ma présence au club ne s'avérait utile que pour trois groupes durant la saison. Je me promis un retour au golf ainsi que de plonger dans l'écriture de mon livre.

Au lendemain de cette nouvelle, j'allai à ma quatrième rencontre avec Lisette Morisso. J'ai appris que l'arrivée du psychologue était encore retardée. Sa venue ne m'importait plus. Je lui ai avoué que mes rencontres avec elle me suffisaient amplement. Elle m'a demandé une rétrospective de ce que nous avions fait ensemble.

– Vous m'avez permis de corriger beaucoup de mes perceptions erronées, c'est-à-dire que j'ai énormément appris sur le comportement humain en faisant des liens avec plusieurs de mes propres attitudes. Puis, vous m'avez aussi fait comprendre ma fuite dans l'humour.

– J'ai fait tout ça, moi ? me dit-elle, d'une voix rayonnante.

– Eh oui ! Sur quoi travaillons-nous aujourd'hui ?

– Voyons… Tiens, tiens, j'ai le goût de te demander quel est, parmi tous les déboires que tu as vécus, celui qui te préoccupe encore aujourd'hui ?

– Mes conneries avec des pilules pour dormir. La dernière fois, j'ai dû avoir recours à la franchise de Niko pour savoir ce qui s'était passé. Sa réponse fut claire mais sans détails : « Tu n'étais ni pire ni meilleure que mes chums qui se droguent avec des médicaments ». Pourquoi me cache-t-on ce qui se passe lorsque je fais une overdose ?

– Explique-moi dans quel contexte tu as pris ces pilules pour dormir, cette fois-là ?

– J'avais décidé de dormir au milieu de l'après-midi afin d'être en pleine forme pour la semaine chargée qui m'attendait.

Elle me fit comprendre que je dictais à mon corps quand dormir et quand travailler. J'entends encore ses explications : « Tu ne peux pas emmagasiner le sommeil, pas plus que tu ne peux obliger ton corps à dormir à l'heure que tu décides. Tu dois apprendre à reconnaître quand il te demande de dormir et tu dois le respecter. Ton anatomie est une machine avec des règles de fonctionnement préétablies et immuables. Imagine un alpiniste. Peut-il se servir de ses pieds pour les mettre à la place de ses mains ou de ses mains à la place de ses pieds, afin de s'aider à s'agripper à un rocher ? C'est la même chose que tu demandes à ton système en avalant des pilules pour dormir quand bon te semble. »

Elle venait de mettre le doigt sur le centre de toutes mes difficultés depuis plus de dix ans. Émue aux larmes, je lui ai dit : « Vous venez de trouver la réponse que je cherche depuis 1982 ».

– Pas tout à fait, me dit-elle. La cause de ton problème d'insomnie existait avant que tu n'aies recours à des pilules pour dormir. Que s'est-il passé dans ta vie pour que tu te retrouves avec des problèmes d'insomnie ? Tu feras ce travail avec le psychologue. D'ici là, respecte ton sommeil et fais-lui confiance.

Je tremblais d'émotion suite à ce que je venais de comprendre.

Elle a poursuivi : « J'ai l'impression que ta peur de ne pas dormir t'empêche de dormir. Attends quelques jours avant d'avoir recours aux médicaments. Ton corps a suffisamment de ressources pour passer à travers deux ou trois nuits blanches sans faire de dégâts. Base-toi sur six heures de sommeil par jour, peu importe le moment ou l'heure du jour où tu y parviendras. Par contre il faudrait que ce soit la nuit sinon, consulte ».

J'ai profité de l'été pour faire tout ce que je n'avais jamais eu le temps de faire depuis vingt ans, c'est-à-dire du golf, des marches, de la lecture et des randonnées en voiture. Je me suis même payé les services d'une femme de ménage pour la première fois de ma vie. Il n'y a eu qu'un échéancier et c'était pour mon livre.

Un automne pas comme les autres

Lorsque Jean est revenu de sa saison à la pourvoirie, j'étais rayonnante et surtout pleine d'entrain, ce qui n'était pas son cas, car il avait dû travailler plus que prévu. Il n'était pas très enthousiaste à l'idée de reprendre une autre année scolaire. Il se disait fatigué sans savoir pourquoi. Je me suis permis de lui dire ce que j'en pensais.

– Depuis vingt ans, tu refuses de prendre des vacances et tu te demandes pourquoi tu es fatigué ? Le jour où tu cesseras de te considérer comme un surhomme, tu auras appris à vivre.

– Que veux-tu dire par là ?

– Depuis 1972, tu reviens de la pourvoirie la veille de l'ouverture de l'école, quand ce n'est pas le matin même. Lors de l'ouverture du camp au printemps, je t'ai déjà vu partir en costume de gym, parce que tu n'avais pas eu le temps de te changer avant de prendre l'avion. Qui t'oblige à cette performance, si ce n'est toi-même ?

– Un gars en forme, c'est un gars en forme !

– Tous les « supermans » se « pètent » le nez un jour ou l'autre.

Il ne répondit pas ! Se servant une bière, il me dit qu'il y avait une réunion pour la radio communautaire. Il m'invita à y aller mais il fut déçu par mon refus de m'impliquer. À son retour, il me dit que le comité de programmation insistait pour que je poursuive l'émission « Quand les oreilles ont des murs ».

– Désolée. J'ai prévu de ne m'occuper que de la rédaction de mon livre. Je suis prête à attacher tous les morceaux du casse-tête. Je ne puis entreprendre autre chose avant que ce ne soit terminé.

– Tu es devenue d'un égoïsme sans limite. Ne m'arrive pas avec des sautes d'humeurs : elles ne passeront plus.

J'ai trouvé que ça ne valait pas la peine de répondre. Mon caractère de soupe au lait s'améliorerait-il, par hasard ? me dis-je.

La semaine suivante, j'appris que ma rencontre avec le psychologue était reportée au mois de janvier. Une liste de « cas urgents » devait passer avant moi. J'étais fière de moi.

J'ai inscrit dans mon calepin : Victoire du tournoi. Enfin !

Me suis-je assise sur mes lauriers en déclarant victoire ? Je l'ignore, mais l'automne ne fut pas de tout repos avec ma conscience. La sensation de bien-être qui m'habitait m'intriguait, car ma relation avec Jean devenait de plus en plus platonique. Étions-nous en train de nous perdre dans notre « vivre et laisser vivre » ? Je me suis mise devant le miroir pour trouver la réponse et il me fallut plus d'une semaine pour m'avouer que je ne voulais plus me battre pour la survie de mon couple. Placée devant un réel besoin de parler de tout ça, j'ai appelé chez Catherine.

– Serais-tu influencée par les prédictions du médium que tu as servi à la pourvoirie, l'an dernier ?

– Non. En fait, j'avais complètement oublié ses prédictions. C'est vrai qu'il avait annoncé que je divorcerais. Je pense quitter Jean depuis trois ans. Ça n'a rien à voir avec ce médium.

– Depuis trois ans ! Alors, pourquoi restes-tu auprès de lui ?

– Pour garantir les études de Niko.

– Réalises-tu que ta seule raison d'être là est ton fils ? Il ne sera pas toujours dans ta vie. En es-tu consciente ?

– Lorsqu'il aura terminé ses études, je m'occuperai de moi.

– Je vois. Comment considères-tu tes problèmes avec Jean ?

– Comme un dilemme.

– Que veux-tu dire par là ?

– Plus je perds mon équilibre, plus il boit. Plus il boit, plus je perds mon équilibre. Il ne peut être responsable de mes déboires, ni moi des siens.

– Comment fais-tu pour gérer tout ça ?

– Depuis mon appel au secours, je me base sur mes réussites au lieu de mes défaites.

– Te rends-tu compte à quel point tu es forte, Marion ? Plusieurs n'arrivent pas à faire face aux difficultés de la vie sans ton problème de santé. Comment fais-tu ? Hier, tu m'annonçais que ton fils avait démoli sa voiture, comme s'il s'agissait de son paquet de cigarettes. Je pourrais en déduire que tu es inconsciente, mais je sais que rien ne t'échappe.

– Je ne me considère pas plus forte pour ça : une auto, ça se remplace.

– Si tu prenais conscience de ta force, ce serait beaucoup plus facile pour toi.

151

– Je vis un seul jour à la fois. Tiens ! J'ai déjà dû gérer mon quotidien une seconde à la fois, mais ça fait très longtemps. Dois-je en conclure que mes efforts ne sont pas vains ?

– Comment vois-tu ton état de santé aujourd'hui ?

– Il est loin d'être réglé, mais j'y arriverai. Comment, je ne le sais pas, mais suis sûre que j'y parviendrai.

– Je crois que c'est ta foi qui te sauve.

– Pour être franche avec toi, je ne comprends pas vraiment ce que veut dire avoir la foi. Si nous revenions à notre point de départ. Je ne lève plus le petit doigt pour mon couple ; je crois qu'il ne revient pas seulement à moi d'essayer de le sauver. Est-ce que j'endors ma conscience ? Je ne le sais pas.

– Si tu ne comprends pas ce que veut dire la foi, alors tu sais ce qu'est la conscience !

– J'espère la conserver intacte, celle-là, car ce serait la fin. Entretemps, je continue à questionner ma vie en souhaitant toujours me trouver moi-même.

– Que cherches-tu au juste ?

– Le pourquoi de la tristesse qui habite quelque part au fond de moi. Quelque chose me dit qu'il faut que je trouve d'où elle vient.

– Pourquoi t'acharnes-tu autant à tout comprendre ?

– Les spécialistes croient qu'il y a un lien héréditaire dans les maladies dites mentales. Au cas où ils auraient raison, mon expérience et mes réponses serviront sûrement à mes enfants et petits-enfants. Je ne te cache pas que je pense aussi à mes semblables.

– Tu m'épates et me dépasses, tout à la fois. Tu portes bien ton nom.

– Que veux-tu dire par là ?

– « Leloup », tu es comme la louve qui pense à sa famille en plus de sa meute.

– C'est probablement mon totem. Pour en revenir à ce que je te disais, un jour, Niko m'avoua éprouver des difficultés à m'entendre pleurer. Il m'a confié que ce n'était pas dû au fait que je pleurais mais à cause de la manière dramatique dont je m'y prenais. Je lui ai expliqué que c'était un mal de l'âme. Une explication qui m'a surprise moi-même.

Depuis ce temps, nous entendons parler par les média du mal de l'âme. Alors il y a sûrement des spécialistes quelque part qui peuvent m'aider à trouver ce qui ne va pas chez moi ? Depuis je demande et supplie le Bon Dieu de placer sur mon chemin, la personne qui sera capable de m'aider. Alors l'expression : « à chaque jour suffit sa peine » habite mon esprit continuellement.

En changeant de propos, j'ai appris hier que Niko recevra entre cinq et six mille dollars de la compagnie d'assurance pour sa voiture. Il a décidé de garder l'argent pour ses études. Je suis donc libre de partir quand je veux.

– Serait-ce ce qui te motive le plus ce matin ?

– Possible. Je ne me rappelle plus quand nous avons fait l'amour pour la dernière fois.

– Tu sembles complètement détachée de Jean.

– Ma libido dort depuis trois ans. J'ai souvent dit à Jean d'aller ailleurs.

– Que se passe-t-il avec ta libido ?

– Depuis longtemps je me dis que je devrais en prendre soin, mais je n'ai rien fait. Là-dessus, je te laisse. J'ai du pain à mettre au fourneau.

– Ton pain te sauve, ce matin, moi, ce sont mes gâteaux aux fruits qui...

– C'est vrai. Le temps des Fêtes approche.

– Te fuirais-tu par hasard ?

– Il se peut que tu aies raison. Nous y reviendrons une autre fois.

– Quand ?

– La prochaine fois que nous nous parlerons, promis.

Mon cœur en hiver rencontre l'embâcle

Décembre 1993. Comme chaque année, Mira et Philippe sont arrivés dans la région pour remplir leur contrat de travail à Fermont. Leur souper de bienvenue était le 3 décembre. À l'heure du dessert, Mira nous a offert une carte d'anniversaire de mariage. Jean et moi étions pris en flagrant délit d'oubli, ce qui nous a fait rire tous les deux, mais pas Mira. Elle a fait une grimace silencieuse qui ne m'échappa pas.

Le lendemain, toujours un peu tracassée par l'expression de Mira, j'ai compris que mon rire face à l'oubli de notre anniversaire de mariage était faux. Comme pour refuser de l'admettre, je suis allée dans ma salle d'écriture pour mettre mon calepin de santé à jour. J'ai inscrit pour une troisième année consécutive : Période d'automne sans pépins. Puis, j'ai ajouté pour la première fois : sans somnifères.

Après quelques visites à la maison, Mira m'a souligné que j'avais changé. Je n'en fis pas de cas, ce qui me surprit, car elle n'avait pas tort. Comme nous n'attendions aucun visiteur pour la période des Fêtes, elle a suggéré que nous allions tous passer le réveillon de Noël dans la famille de Philippe. Niko et Jean furent d'accord avec la proposition et, par la même occasion, j'appris qu'ils planifiaient un voyage de chasse au caribou entre Noël et le Jour de l'An. « Je n'y vois pas d'inconvénient », leur dis-je. « Seule, je pourrai me consacrer à mes écrits », toujours mes écrits… pensai-je.

Puis, le 26 décembre au matin, Jean m'a demandé le divorce. Bien que le tout soit arrivé comme un cheveu sur la soupe, je n'ai pas pu me cacher à moi-même que je le voyais venir depuis l'automne. Cet événement indésirable atterrit deux heures avant le départ de Jean et Niko pour leur voyage de chasse. La période de treize jours précédant mon départ définitif ne fut pas de tout repos.

Ma première réaction a été de mettre les freins d'urgence afin de sauvegarder mon équilibre mental, que je qualifiais de fragile et fébrile à l'époque. J'ai quand même perdu la tête, c'est-à-dire que j'ai fait de nombreuses culbutes, passant sans crier gare de la colère à la résignation, ce qui a inquiété, il va sans dire, tous les membres de la famille.

Tout au fond de moi, sans en parler avec quiconque, j'ai vécu, durant quelques secondes, un désespoir profond, je voulais baisser les bras et m'imaginais enfermée dans une institution psychiatrique. Non pas parce que je croyais avoir perdu l'esprit, mais à cause du désespoir qui m'habitait. J'ai cru, pendant ces instants d'intimité intense, que je pourrais faire semblant d'avoir perdu l'esprit. Quel canular ! Heureusement, mon intelligence m'a dit que je m'enterrerais vivante si j'optais pour cette solution et ma conscience n'acceptait pas un tel geste de lâcheté. Je me suis raccrochée à l'espoir de vivre des jours meilleurs.

La veille de mon départ, le Vent m'offrait une symphonie d'au revoir en souvenir du quart de siècle vécu en sa compagnie. Pour moi le vent du nord, le vent qui mord prend racine au Labrador. Le tout s'est transformé en une tempête de neige où le ciel et la terre ne faisaient plus qu'un.

Après m'être rassasiée de la folie furieuse de la nature, j'ai passé la nuit assise dans la baignoire devant le film de ma vie. Le tout se déroulait à une vitesse vertigineuse et tous les bons souvenirs de mon existence de mère et d'épouse me remplirent de joie. Seuls ceux concernant ma santé assombrissaient le tableau. J'ai essayé, en vain, de lâcher prise. Devant l'amour avec lequel Jean avait pris soin de moi, je ne pouvais conclure que ma santé était l'unique responsable de notre séparation.

Mes yeux rivés sur la chandelle se sont détournés pour se poser sur les marques de couteau de mon poignet gauche. Muette et le souffle court, j'ai réalisé qu'elles ne s'effaceraient jamais de ma peau ni de mon cœur. Avec douceur, j'ai frictionné mon bras en me demandant comment j'en étais arrivée là ? J'ai alors vu que depuis, ma vie avait changé. Était-ce la véritable raison de notre séparation ? Car c'est à partir de ce jour-là que Jean avait choisi l'option des spécialistes.

Je me suis rappelée notre dialogue au retour de notre dernière visite chez le médecin de Labrador City, son ami Billy :

Il m'a dit : « Marion, après ce qui vient de se passer, je suis obligé de croire que c'est Billy qui a raison. Si tu prenais tes médicaments…. ». Sans écouter la fin de ses explications, je lui avais répondu : « Non, Jean. Il a tort. Moi, je me base sur ce que j'arrive à faire et non pas sur mes erreurs, car elles ne dominent pas mon rendement. Donne-moi deux minutes et je vais t'expliquer en deux phrases ce que j'en pense ».

– Toi, expliquer en deux phrases ? Oh ! J'ai déjà été assis à côté de toi pendant cinq heures sans pouvoir placer un seul mot.

– D'accord, c'est vrai, mais tu ne perdais pas ton temps. Moi, ça m'a permis de résoudre bien des énigmes. Laisse-moi une chance. Je te le répète : je peux répondre à cela en deux phrases, c'est-à-dire deux questions.

– OK. J'ai bien hâte d'entendre ça.

– Si je fais un survol de mes onze années de soins, j'arrive à la conclusion que, pour moi, il y a eu des périodes basses mais très peu de périodes d'excitation démesurées. Es-tu d'accord ? D'un signe de tête hésitant, il avait approuvé. La conclusion du médecin, a été : *Be happy then !* Si je comprends bien l'anglais, cela veut dire : « Sois heureuse alors ! »
– Oui. Et je suis d'accord avec lui.

– Dans ce cas, pour ceux qui vivent des hauts et qui font de folles dépenses jusqu'à se ruiner parfois, doit-on leur dire : « Don't be happy. Ne sois pas heureux ! »

Le silence qui a suivi n'a jamais été brisé, car le sujet n'est plus jamais revenu sur le tapis. Cette discussion que nous avions eue, faisait suite aux coups de couteau que je m'étais donné.

Revenue au moment présent, j'ai réalisé en frictionnant mon bras encore une fois, que c'était à partir de ce moment-là que nos vingt-sept ans de communication de couple s'étaient éteints. J'ai ainsi compris pourquoi la séparation était devenue la seule solution : moi, je croyais encore en moi.

Réticente devant l'éclaircissement que je vivais, ce fut, remplie de colère allant jusqu'à la rage, et les larmes aux yeux, que je lançai à Dieu : « La seule chose qu'il mérite, ce Bozo de mari, c'est que je guérisse une bonne fois pour toutes et qu'il se morde les doigts d'avoir manqué de confiance en moi ». J'ai allumé une deuxième cigarette pour m'aider à retrouver mon calme.

À l'époque, je n'avais pas encore compris qu'il fallait que je vive mes émotions au lieu de rester dans le rationnel comme je le faisais et ce depuis ma première prescription de lithium où je m'étais lancé le défi de gérer ma vie et de ne pas sombrer dans la folie. Je croyais que vivre ses émotions était un signe de faiblesse. En plus, mon ego fort, me portait toujours à essayer d'être parfaite. Mais ça, je ne le comprendrai que dix ans plus tard.

Entre-temps, assise dans ma baignoire, consciente que je n'avais pas de pouvoir sur Jean, ni sur personne d'ailleurs, je me suis dit que ça ne me donnait rien de réagir de la sorte. J'ai tout avalé, éteins ma cigarette et j'ai allongé un peu plus les jambes pour m'enfoncer davantage dans l'eau froide qui me rafraîchissait. Les épaules légères, j'implorai Dieu de m'accorder la guérison de mon système nerveux, afin que j'arrive à vivre sans souffrance. Puis, j'ai pris une douche chaude avant de terminer ma toilette.

J'ai quitté la salle de bains en me sentant plus confiante face à mon avenir. Fatiguée, pour ne pas dire épuisée, je me suis mise au lit, me glissant sous mes draps, j'ai fermé les yeux, mais je n'ai pas trouvé le sommeil et j'ai senti monter une vague d'apitoiement inutile. J'ai donc fait marche arrière en essayant de m'accrocher au positif. Ce fut peine perdue. J'inculpais ma santé mentale comme la véritable responsable de ma situation. Pas si vite, me dit ma petite voix intérieure ; ce qui me plongea dans un silence profond. J'ai tendu l'oreille aux bruits qui m'entouraient. Mélomane vibrant au chant du vent, j'écoutais la mélodie de la nature qui, non seulement n'avait pas encore diminué la cadence de ses mouvements, mais au contraire, l'avait amplifiée. J'ai perçu une note de colère qui grondait. C'était comme si le vent l'avait captée et transcrite dans sa sonate. J'ai ressenti ma propre rage mentale et mon impuissance devant les limites des spécialistes œuvrant en santé mentale, en me jurant de parvenir à régler moi-même mes problèmes.

N'arrivant pas à dormir, je me suis levée pour prendre une boisson chaude. J'ai constaté qu'il fallait que je reparte à zéro avec une autre équipe de professionnels. J'ai regardé vers le ciel, bien qu'il fût caché derrière les flocons de neige qui tourbillonnaient, en me demandant : « Seront-ils plus aptes à me comprendre ? La science a-t-elle fait des progrès à l'autre bout de la planète ? Est-ce que… ».

À l'époque, je ne savais que poser des questions sans savoir qu'il fallait que je laisse de l'espace pour recevoir les réponses. Puis, je me suis assoupie sur le divan pour me réveiller avant l'arrivée de Jean qui habitait chez un ami depuis une semaine, une délicatesse qu'il m'avait offerte et que j'avais acceptée, pour me permettre de partir en paix, m'avait-il dit.

Le dernier café ensemble

Lorsque Jean a mis sa clé dans la serrure, je refermais la porte de la chambre à coucher, prête à partir, mon sac à main en bandoulière. Nous

nous sommes retrouvés face à face au moment où il faisait basculer le capuchon de son manteau. La neige a éclaboussé les boîtes empilées près de la porte jusqu'à mes pieds. Les mains ballantes, le souffle court, les yeux pleins d'eau, le nez bouché et les joues rouges de froid, il me dit : « Déjà debout ? Je m'attendais à te réveiller ».

– D'où vient toute cette neige ? Es-tu venu à pied ?

– Non, je suis en voiture, mais j'ai rarement vu un vent si fort. Cela ressemble en pire à la tempête de 1983.

– Wow ! Quelle précision ! Tu fais ta Marion. Disons que Dame Nature a sorti son équipe de bras forts pour me dire au revoir. Crois-tu que le train puisse être annulé ?

– Annulé, non, mais retardé, je n'en serais pas surpris. Je dois rejoindre George Deer pour lui emprunter son véhicule, car avec le camion je risquerais de perdre tes boîtes dans le vent d'ici à la gare.

Au moment de prendre un café, Jean a dit : « Tout est en ordre ici. As-tu pris le temps de dormir cette nuit ? Marion, je suis inquiet pour ta santé ».

– Tu ne devrais pas. Je ne suis plus ta femme depuis près de deux semaines. Mais si ça peut te rassurer, j'ai prévu d'apporter tout ce dont j'aurai besoin pour dormir durant les dix heures de trajet qui m'attendent.

Jean regardait son émission « Salut, Bonjour[1] », mais il semblait avoir la tête ailleurs. Il m'a offert une deuxième tasse de café. En revenant, il me dit hésitant :

– J'aurais quelque chose à te dire, mais je ne sais si je le dois.

Curieuse, je l'ai invité à le faire.

– J'aimerais que tu me fasses une promesse.

J'ai réagi.

– Une promesse ! Drôle de question devant ce que nous vivons.

Ma curiosité s'intensifia encore et je lui demandai de poursuivre.

– Te connaissant comme je te connais, je sais que lorsque tu fais une promesse, tu la tiens. J'aimerais que tu me promettes de ne jamais te tuer.

Ouf ! Je n'en croyais pas mes oreilles. Je lui ai répondu :

– Je n'ai jamais eu l'intention de me tuer. Alors, pourquoi devrais-je te faire cette promesse ?

– Marion, je n'ai jamais été aussi sérieux qu'en ce moment. Je te redemande de me promettre de ne jamais te tuer.

– Je trouve cela insensé.

– Marion, s'il te plaît, je serais plus tranquille.

---

[1] Émission TV du matin au Québec

– Jean, je te le répète, je ne peux pas te faire cette promesse. Je ne peux même pas me le promettre à moi-même. Je comprends pourquoi tu le désires, mais je ne peux pas te dire oui.

– Explique-moi donc pourquoi ?

– Je « me tue » depuis des mois à te faire comprendre que les coups de couteau n'étaient pas une tentative de suicide. Acquiescer à ton souhait serait l'admettre.

– Réalises-tu que si tu te suicides, c'est moi qui vais vivre avec ça et non toi ? Je ne crois pas que je serais capable de le supporter.

– Jean, nos vies se séparent aujourd'hui. Je n'ai pas à te promettre quoi que ce soit sur ma vie.

– Tu ne comprends pas mon inquiétude, Marion.

– Cette inquiétude t'appartient et je n'y peux rien.

– C'est la dernière chose que je te demande. Promets-le-moi.

– Non, Jean. L'équilibre de ma conscience ne peut me permettre de répondre à ton vœu, car ce serait soit te mentir ou me mentir à moi-même.

– Bon ! Oublions tout ça. J'aurai fait tout en mon pouvoir pour te sauver la vie.

Cette dernière phrase m'est restée en travers de la gorge, mais j'ai réussi à garder le silence, me disant que je n'avais pas de pouvoir sur sa façon de penser. Puis, Georges est arrivé et ils ont chargé mes trente-deux boîtes. Jean me dit de ne pas m'inquiéter, qu'il serait de retour à temps pour m'emmener à la gare.

Durant ce temps, j'ai fait le tour de l'appartement. Dans la chambre qui m'avait servi de bureau, je suis parvenue à retrouver un certain calme. Mais je me sentais coupable de quitter cet homme qui avait pris soin de moi avec tant de patience ; coupable aussi de le laisser avec tant d'inquiétudes. Malgré tout, je ne suis pas arrivée à me décider à lui faire la promesse qu'il souhaitait entendre. Puis j'ai palpé une lourdeur enfouie au creux de mon estomac. Je respirais avec peine, les yeux larmoyants tout en palpant du bout des doigts une boule qui se promenait dans ma gorge. Qu'était donc cette boule ? Je n'en connaissais pas le contenu, encore moins la grosseur. Mais que ce soit utopique ou non, j'espérais qu'elle s'éclipse au même rythme que les kilomètres qui défileraient entre Labrador City et Les Cèdres, ma nouvelle destination.

Je suis montée à bord du train, Québec North Shore and Labrador (QNS & L) seul transport en commun (outre l'avion) disponible entre Labrador City et Sept-Îles, consciente que ma vie n'avait appartenu qu'à mes enfants, oubliant ma vie de femme. Comme j'avais fait du chemin pour eux ! Bien emmitouflée sous ma couverture, la tête sur l'oreiller, je les remerciai de l'aide qu'ils m'avaient offerte depuis le 26 décembre. Claudelle m'avait ouvert la porte de sa maison, Mira et Philippe m'avaient proposé une halte de deux semaines de repos à Sept-Îles, (où ils avaient un contrat de deux mois) et Niko, pour m'éviter l'autobus s'était dit prêt à venir me chercher à Sept-Îles pour me conduire aux Cèdres chez Claudelle.

J'étais ravie de ces propositions généreuses, qui me permettraient de me détacher graduellement de la terre du Nord. Les yeux fermés, j'ai laissé couler ma peine de quitter ce coin de pays qui m'avait tant appris. Il m'avait permis de grandir et de créer, ainsi que de connaître des gens merveilleux. J'ai vu passer sur mon écran mental tous ceux et celles qui avaient croisé ma route pendant vingt-cinq ans.

Pour éviter la déchirure qui me transperçait la poitrine, j'ai choisi de penser à Claudelle, Richard et Rock qui avaient bien hâte de me voir arriver. Une certaine crainte de nuire à leur quotidien me faisait grimacer. Je pensai alors à une phrase clé de Niko qui m'aidait beaucoup dans mes excès : « Maman, répète après moi : De quoi je me mêle ? ». Je l'utilisais chaque fois que je tentais de mettre mon nez dans la vie des autres. Je me suis imprégnée à nouveau de cette consigne pour anticiper l'intrusion chez Claudelle. Puis j'ai essayé de retrouver les bras de Morphée.

Mes enfants me soutiennent

– Mon Dieu, maman ! Je ne m'attendais pas à te voir aussi en forme, me dit Mira. Durant ton séjour avec nous, je t'offre nos déjeuners causeries pour évacuer tout ce que tu as vécu depuis le 26 décembre. Qu'en penses-tu ?

– Disons que personnellement, je suis prête à tourner la page.

– J'aimerais qu'on en reparle, car depuis le retour de chasse de papa et Niko, tu n'as plus rien partagé avec moi. À moins que tu l'aies fait avec quelqu'un d'autre ?

– Je suis surprise de ton offre et de ton insistance. Tu devrais te trouver chanceuse de ne pas avoir eu à le vivre comme ton frère. Dis-moi, pourquoi devrais-je revenir là-dessus ?

– N'est-ce pas toi qui m'as appris à partager mes peines ? N'est-ce pas toi qui as toujours insisté pour que nous le fassions ? Alors, je te sers ta propre médecine.

– Tu as raison. Par contre, je ne veux pas passer mes deux semaines sur le sujet. Ah oui ! Il se pourrait que je reste moins de deux semaines avec vous.

– Tu fais comme tu veux, maman. Tu n'as plus de comptes à rendre à personne.

Au premier déjeuner causerie, seule avec Mira, je suis parvenue à effleurer le bout de l'histoire qu'elle connaissait déjà. Je me révélai incapable de poursuivre, alors, elle m'a aidée à comprendre que mon sentiment de culpabilité, bloquait toutes les autres émotions. C'est donc grâce à sa compréhension que je suis arrivée à faire fondre la glace qui m'enveloppait le cœur. Il ne faut surtout pas croire que j'y suis arrivée avec douceur. Je m'époumonais à en perdre le souffle dans un désordre chaotique. Elle a dû me rassurer fréquemment dans tout ce que je lui racontais. Puis, j'ai ressenti, à travers mes bouts décousus, une gamme d'émotions refoulées ; ainsi j'ai compris, pour la première fois de ma vie, que tout ce blocage intérieur n'avait rien à voir avec la folie. J'ai alors promis à ma fille que je ne resterais pas paralysée toute ma vie.

Après cinq jours, j'ai appelé Niko pour qu'il vienne me chercher. La voiture était surchargée. Nous n'aurions pas pu y ajouter une seule paire de souliers, même pas sous le dessous des sièges. La tête posée sur l'oreiller, appuyée contre la portière de l'auto, j'ai plongé dans un calme relatif. Entre deux eaux, je voguais à la recherche de la paix.

J'ai entendu Niko qui se parlait à lui-même : « La neige est déjà de la partie. J'ai donc eu raison de voyager de nuit. Il y a quelque chose qui me dit que la route va être longue ». J'ai ouvert les yeux pour lui demander les prévisions de la météo.

– Tempêtes de neige accompagnées de vents violents pour toute la Côte Nord et ce, pour les deux prochains jours, selon M. Météo. C'est pourquoi j'ai accouru aussitôt que j'ai reçu ton appel.

– Dame Nature m'accompagne chaque fois que je voyage depuis que j'ai quitté le Labrador.

– C'est le Bon Dieu qui envoie ses anges pour t'accompagner.

– Tu parles comme ta mère. Heureusement que ce n'est pas moi qui conduis. Ton expérience acquise dans de telles conditions de route me rassure.

– Depuis aussi longtemps que je me souvienne, je ne me rappelle pas avoir fait ce parcours sans une tempête de neige. J'ai aussi appris, durant ces heures avec toi, que malgré la température désobligeante, il y a toujours moyen de s'amuser.

– Tu ne vas pas me demander de chanter, j'espère !

– Parlons. Quels sont tes projets, Maman ?

– Je n'en suis qu'au stage de la réflexion. Je me croise les doigts pour ce qui est de me trouver du travail à mon âge. Disons qu'à quarante-huit ans, les chances sont plus minces qu'à quarante.

– Si j'avais une pourvoirie, je t'embaucherais tout de suite.

– Merci, mais tu ferais peut-être une erreur. Ma santé ne me permet plus de travailler comme je le voudrais.

– Tu y arrivais à la pourvoirie du Lac Justone. Pourquoi pas ailleurs ?

– Sans toi et ton père pour combler ce que je n'arrivais pas à accomplir, j'en doute.

– Moi, je crois que tu peux le faire encore. J'ai confiance en toi. Je suis certain que tu vas t'en sortir.

– J'aimerais avoir ton assurance. Si seulement j'avais pensé à moi au lieu de tout donner, je ne serais pas complètement démunie. Toutes ces heures de bénévolat ne me rapportent rien aujourd'hui. Je ne suis pas plus compétente qu'à la sortie de ma neuvième année.

– Tu te trompes, maman. Ton expérience de vie est plus riche que tous les diplômes universitaires. Laisse-toi le temps de retomber sur tes deux pieds. « Rome ne s'est pas construite en un jour » comme tu dirais, et la manne du désert, c'est pour tout le monde.

– Oui, mais le Sahara est loin, ne trouves-tu pas ?

Nous avions à peine une heure de route de faite que Niko scrutait les courbes.

– Tu es certain que tu vois où tu t'en vas ?

– Maman, répète après moi : « De quoi je me mêle ? »

– Je vais enlever mes lunettes. Comme ça, je serai moins tannante.

Les quatre heures qui ont suivi nous ont permis de nous rappeler de bons souvenirs. Lorsque j'ai commencé à bégayer de fatigue, Niko m'a dit :

– Dors. Je te réveillerai lorsque nous serons arrivés à Québec. Nous irons prendre un bon déjeuner que je payerai de ma poche, comme si j'étais un homme.

J'ai souri de son allusion, me rappelant notre petit jeu de un quart, un demi et trois quarts d'homme, c'était comme une règle pour mesurer sa façon d'agir et de réagir lorsque nous vivions sous le même toit. Puis, après seize heures de route, nous sommes arrivés aux Cèdres, exténués mais ravis.

Mon séjour chez Claudelle sera de courte durée, mais d'une très grande intensité

De prime abord, mon plan d'action était l'arrêt immédiat des somnifères que j'avais réutilisés depuis la demande de divorce, afin d'atteindre un sommeil profond et récupérateur. Concernant le lithium, je savais que je devais le faire graduellement et prudemment, j'ai donc tracé un échéancier avec une diminution progressive qui se terminerait le 5 mai. Par mesure de précaution, devant la probabilité de complications, je prévoyais avoir recours à la médecine alternative ; mes revenus devenaient donc primordiaux. C'était un stress inévitable dans ma décision d'en sortir.

Ma première démarche concrète fut de me trouver du travail. De ce fait, j'ai appris au bureau du chômage que les ouvertures dans le domaine des pourvoiries ne paraissaient que vers la mi-avril. J'ai vu là l'occasion d'en finir avec mes écrits. Mais voilà que tout était bloqué et que je n'arrivai plus à rédiger. Quelle poisse que la phobie de la page blanche !

Donc, il va de soi que, dès ma première semaine aux Cèdres, j'ai commencé à tourner en rond. De surcroît, ma fille était une femme ordonnée. De ce fait, il m'était impossible de me fuir en l'aidant. J'ai paniqué et Claudelle est venue à mon secours en demandant : « Sommes-nous la cause de tes larmes ? » Devant mon signe de tête négatif, elle a dit : « Dans ce cas, il est temps que tu verbalises ce que tu as vécu. Mira m'a informée que tu n'y étais pas encore arrivée. » Craintive et hésitante, je lui ai avoué : « Je n'ai pas envie de te dévoiler mon côté sombre. » Elle a insisté en disant : « Lorsque je t'ai offert mon gîte, j'y ai vu l'occasion de mieux te connaître. Si tu me caches qui tu es, je ne saurai jamais pourquoi je t'aime. »

Alors, je racontai ce qui m'étouffait, en jurant à tour de bras. Je haussai le ton, piétinai sur place, jusqu'à secouer les meubles sous ses yeux. Elle retenait avec peine son envie de rire et j'ai fini par rire moi aussi de me voir agir comme une enfant. Redevenue calme je lui ai confié : « J'ai quelque chose sur la conscience qui me fatigue. Jean ne m'a jamais demandé le divorce. Il a tout simplement dit qu'il y pensait sérieusement. C'est moi qui suis passée à l'action. » Les yeux grands ouverts elle m'interrogea : « Quelle différence cela fait-il pour toi ? Puisque tu n'en vois pas, raconte-moi comment tu as réagi, toi, et non pas lui, comme tu viens de le faire. Ceci t'aidera à mettre le tout au passé ».

– Tu ne sais pas dans quoi tu t'embarques, ma fille.

– Lorsque j'en aurai assez, je te le dirai.

– Sais-tu combien de fois j'ai emballé et déballé mes boîtes ?

– J'en ai entendu parler. Lorsque j'ai divorcé, moi, j'ai tout lancé en bas du balcon.

– Sais-tu que je parle à mon chérubin Gazou ?

– Tu me l'apprends.

– Est-ce fou à tes yeux ?

– Pas plus fou qu'un enfant qui se couche avec son toutou. Pas plus fou que tous ceux qui portent un porte-bonheur.

– J'ai été dure avec Mira car j'avais perdu confiance en elle en croyant, à tort, qu'elle m'avait trahie en racontant toutes mes confidences à son père. J'ai peur qu'elle ne me le pardonne jamais.

– Mira ne tient pas le même discours que toi. Elle t'admire dans ta force et ta détermination. Que s'est-il passé le jour de la demande de divorce, après le départ de Niko et Jean pour la chasse ?

162

Hésitante d'abord, je suis arrivée à le raconter :

– Je commençai par pester vis-à-vis du Bon Dieu en souhaitant du négatif aux autres : pas nécessaire que je te dise à qui. Ensuite, je pris un somnifère avec l'intention de dormir toute la journée. Mais, voilà que, bien emmitouflée dans ma couette, je vécus une sensation de liberté étrange : c'était comme si j'avais attendu cette séparation depuis des années. Puis une peur m'envahit, celle de perdre le contrôle de tout. Sachant que ta sœur venait à Labrador City régulièrement, je la rejoignis pour lui demander de garder l'auto. Je ne voulais pas l'avoir à portée de main. Puis, je pris un second somnifère. À demi endormie, j'ai pensé à Mira qui pourrait s'inquiéter de la profondeur de mon sommeil. J'écrivis une note pour la rassurer en laissant près de moi mon calepin dans lequel j'inscris l'heure et le nombre de médicaments que je prends. J'ai ajouté, d'une main déjà tremblante, d'attendre que je lui donne d'autres nouvelles à mon réveil. Est-ce mon écriture méconnaissable qui l'a inquiétée ? En tout cas, elle a décidé de rejoindre le CLSC et…

Claudelle est intervenue :

– Si j'avais été à sa place, j'aurais agi de la même manière. Quand on ne connaît rien aux médicaments on ne peut pas savoir si… Grâce à cet appel, nous avons appris que tu savais ce que tu faisais.

– Comment ça, lui demandai-je.

– À cause de la réponse de l'infirmière : « Selon ce que vous me dites sur votre mère, elle m'apparaît une femme ayant le plein contrôle de ses moyens. Rassurez-vous. Les personnes en danger n'ont pas la faculté de se protéger elles-mêmes, alors que votre mère le fait. Laissez-la dormir en paix ! ». Tu sais, maman, Mira et moi n'avons pas eu la chance de comprendre ce que tu vivais comme Niko qui lui était près de toi et…

Je la coupai avec emportement :

– Demande-lui donc s'il se trouve chanceux, lui ?

Elle s'est retirée pour aller chercher du café et elle m'a offert une cigarette. Puis, d'une voix remplie de douceur elle m'a dit : « Tu te dénigres et tu ne devrais pas le faire. »

Ma réticence s'est atténuée. Puis je lui ai demandé : « Est-ce que Mira t'a parlé de mon silence de trois jours ? » Elle a contourné ma question. « Disons que c'est difficile pour tous lorsque tu agis ainsi. J'espère seulement que tu ne le feras plus. »

J'ai éclaté en sanglots et elle m'a pris dans ses bras. Elle m'a glissé tout doucement à l'oreille : « Grand-maman ne t'a jamais montré qu'il fallait pleurer et que ça faisait du bien ? » Apaisée par sa douceur, j'ai avoué : « Oui ! Mais j'ai refusé cet enseignement, en croyant que c'était un signe de faiblesse que de pleurer. »

Soulagée devant ces aveux j'ai senti un calme relatif m'imprégner. Claudelle m'a demandé comment je me sentais.

– Toute de travers. Je ne sais pas comment expliquer à Mira ce qui s'est passé et…

– Elle n'a peut-être pas besoin que tu le lui expliques. Elle a peut-être tout compris sans que tu n'aies à lui dire un seul mot. Nous ne sommes plus des enfants, maman. Tu sais, on ne te demande pas d'être parfaite, mais on dirait que toi, tu l'exiges de toi.

Étonnée par ses paroles, j'ai gardé le silence pour réfléchir. Elle me dit : « Ce qui compte aujourd'hui, c'est de reprendre ta vie en main. N'oublie pas qu'il faut que le temps fasse son œuvre. Que s'est-il passé au retour de chasse de Niko et Jean ? Niko m'a parlé à mots couverts d'une crise que tu aurais faite. »

Moins réticente, je lui ai raconté :

– J'ai oublié l'agent déclencheur, mais la colère que je vivais à ce moment-là était si forte que je n'ai rien pu faire pour la juguler J'ai menacé de tout casser dans la maison. Consciente du contrôle que j'étais en train de perdre, j'ai demandé à Jean de me retenir tout en balayant, d'un grand geste du bras, ce qui se trouvait sur la table. Comme nous avions aussi monté le ton, Niko est sorti de sa chambre en courant et Jean lui a fait signe de l'aider à m'arrêter. Après quelques minutes d'affrontement physique, Jean me tenait par les pieds et Niko par les épaules. Ils sont parvenus à m'immobiliser en douceur. J'ai continué à me débattre même si je ne pouvais plus bouger le petit doigt. Je tendais mes jambes et mes bras tout en retenant ma tête qui semblait vouloir s'envoler. J'ai eu peur de la perdre ; j'en ai vu des étoiles. Je respirais à pleins poumons, incapable de pleurer ou de crier. J'ai alors entendu le halètement de Jean et de Niko qui étaient eux aussi à bout de souffle.

Je m'arrêtai, incapable de poursuivre mon récit, Claudelle m'invita à prendre le temps de respirer et de pleurer si j'en ressentais le besoin. Ce que je fis quelques secondes.

– C'est à ce moment-là que ton frère est intervenu en me disant : « Maman, ça ne te donne plus rien de te débattre. Tu te vides de tes énergies pour rien. Nous pouvons te retenir sans te faire de mal pendant une éternité si tu nous y obliges. Lâche prise ! ». Je lui lançai, sans pouvoir prononcer un seul mot ni sortir un seul son : « Non, fiston, je ne me débats pas pour rien ni ne gaspille mes énergies. Je vide la rage que j'ai dans le cœur. Si tu savais comme ça me fait du bien, tu ne me dirais pas d'arrêter ». Puis j'ai ouvert les yeux qui ont croisé les siens. Son regard plein d'amour m'a permis de retomber sur terre tout doucement. Le typhon passé, l'accalmie s'est installée. Je me suis levée, prête à tourner la dernière page du livre « Jean », et je suis sortie marcher dans un froid sec que j'adore.

À ce moment-là, le silence était total, à l'exception des crissements de la neige. Le souffle de ma respiration se transformait en nuages blancs qui montaient vers le ciel. Il était d'un bleu indescriptible. J'ai alors pris le temps de dire au revoir à l'hiver du Labrador en espérant qu'il ne me manque pas trop. J'ai ensuite écouté le chant des « crisquis » qui m'apprirent que ton frère courait derrière moi pour me rejoindre. Nous avons écouté leurs cris en silence...

– Des oiseaux en hiver, dit Claudelle. Hé ! Là, tu me fais marcher !

– Non ! Non ! dis-je en riant. C'est un gag du Labrador ! Tu sais, un climat sec et froid produit des crissements de la neige si forts que les marcheurs doivent élever la voix pour s'entendre. L'une d'entre nous, Lise, a comparé ces crissements au chant des oiseaux Et c'est ainsi que naquit la colonie des « crisquis » Elle a donc traduit leur chant par cette mélopée: « Crisqui fait frette ! » Ce juron est souvent utilisé dans l'humour québécois.

– Toi et ton amour de l'hiver ! J'arriverai peut-être à m'y faire, dit-elle avec un soupir. Et si on allait se coucher maintenant, qu'en penses-tu ?

– D'accord. Je couche par terre encore ce soir.

– Pourquoi fais-tu ça ?

– Depuis cinq ans environ, j'ai constaté que cela augmentait mon énergie durant mon sommeil.

– Tu as de drôles d'idées parfois. Dis-moi, es-tu allée au Bistro du village ? J'ai cru remarquer que tu ne faisais plus de marche. Pourquoi ?

– Il fait trop froid.

– C'est bien la femme du Labrador qui parle ainsi ?

– Justement. Ici, on se fait transpercer les os par le froid, tandis que là-bas on peut éviter d'avoir froid jusqu'aux os en s'habillant adéquatement. Je m'attendais à un choc culturel mais non à un choc atmosphérique.

– Ah bon ! D'ici à ce que tu te familiarises, débats-toi, sinon tu ne t'en sortiras pas, car tu t'éteins chaque jour un peu plus cette semaine.

Elle m'a donné un câlin avant d'aller dormir.

La troisième semaine fut un enfer !

Trouver où était ma place n'était pas mon seul souci. Je n'assimilais pas les distances à parcourir d'un endroit à l'autre, ni la densité de la circulation de la banlieue de Montréal. Selon mon nombril, le trajet entre Les

Cèdres et Longueuil où habitait Niko devait être facile à couvrir, ce qui m'a amenée à avoir des préjugés sur les visites trop espacées de mon fils.

Ce lundi-là, Niko devait se rendre à Dorval et passer me voir après son rendez-vous de 10 heures. J'ai attendu sa visite toute la journée, sans recevoir de ses nouvelles.

À l'arrivée de Claudelle, j'étais dans un état d'apitoiement lamentable. Croyant que c'était dû à la turbulence du comportement de Richard et de Rock, elle leur a demandé d'aller se calmer dans leur chambre, ce qui a retardé l'heure du souper. Le temps venu, les cuisses de poulet étaient trop cuites et les enfants ont refusé de les manger. Ce fut la cerise sur le gâteau, je me mis à pleurer.

– Ne t'en fais pas pour si peu, maman. Ils n'en mourront pas. Ça m'arrive, à moi aussi, qu'ils refusent de manger ce que je leur offre.

Démunie devant la situation j'ai répliqué : « À quoi je sers alors ? Je ne suis même plus capable de faire à manger comme du monde. Je suis un membre totalement inutile. » Elle a eu un long soupir avant de dire : « Je constate que tu te sens vide. » De mon côté, je reniflais en refoulant mes larmes En sortant de table, j'étais brusque avec la vaisselle, comme une adolescente. Elle est intervenue : « Que dirais-tu d'aller chez Al Anon[1] ? Je ne connais pas cet organisme, mais j'ai vu un membre de ma famille y adhérer et sa vie a complètement changé. »

J'ai fait la sourde oreille et elle a lâché prise. « Bon ! Lorsque tu voudras parler, fais-moi signe. »

Lorsque Niko a téléphoné une heure plus tard, j'ai sorti le morceau : « Maintenant que tu n'as plus besoin de ta mère, tu t'en fous. Tu demeures peut-être loin, mais tu n'es pas à pied que je sache. Je ne veux plus rien savoir de toi. Pas la peine de venir me rendre visite. Je ne veux plus te voir. Je t'écrirai lorsque j'aurai besoin de l'auto. Et si jamais tu viens ici pour visiter ta sœur, avertis de ta présence pour que je puisse aller ailleurs le temps que tu y seras. Salut ! » Sans égard, j'ai raccroché en faisant éclater le cendrier qui était sur la table du téléphone. Je suis allée à la salle de bains pour m'asperger le cou d'eau froide.

Claudelle, silencieuse, attendait la suite. De retour, au salon, j'ai rappelé chez Niko : « Bon ! C'est moi. Je reprends ce que j'aurais aimé te dire. Tu me manques. Lorsque tu auras le temps, ta venue me fera un grand bien. J'ai besoin de ta présence. Je me sens perdue ici. Je sais que je ne peux pas te demander d'être auprès de moi chaque fois que j'en ai envie, mais pour le moment j'ai besoin de toi. » Les larmes dégoulinaient de mes lunettes mais je sentais le poids diminuer dans ma poitrine, poids dû à

---

[1] Organisme fondé par les compagnons des alcooliques : les AA

la contrainte que je vivais depuis le matin. Comme une enfant, j'ai continué mes confidences. « Il fait plus froid ici qu'au Labrador. Je n'arrive même pas à marcher sans geler des pieds. Excuse-moi pour la bombe. J'espère que tu n'as pas trop mal aux oreilles. As-tu quelque chose à me dire ? »

Après un silence calculé, j'imagine, il me dit doucement « J'étais certain que c'était toi qui rappelais. Notre rendez-vous à Dorval a été retardé de quart d'heure en quart d'heure, petit jeu qui a duré plus de quatre heures. Comme j'étais avec un copain d'école, j'ai dû revenir sans passer te voir. Tu n'as pas démoli le téléphone, j'espère, dit-il en riant. Puis il ajouta : « Si jamais tu as un autre bouchon à faire sauter, je suis là, même si tu ne me vois pas le bout du nez souvent. » Rassurée, j'ai dit : « J'aimerais mieux communiquer en d'autres circonstances ». Il a répliqué : « Aussitôt que j'en aurai la chance, j'appellerai. Comme ça, je vais être certain que tu seras là. Prends soin de toi, maman. Je t'aime ».

J'ai raccroché, gênée devant Claudelle, par tout ce que je venais de faire. Elle s'est avancée, les yeux humides, m'a prise dans ses bras en disant : « Je suis tombée en amour avec toi lorsque nous nous sommes vues pour la première fois à l'Île Perrot. Maintenant, je sais pourquoi. Je suis fière d'avoir une mère comme toi. Ne change pas ». Je lui ai dit dans le creux de l'oreille : « Ton idée d'Al-Anon, je vais y réfléchir sérieusement ».

Le lendemain, à l'heure du souper, Richard me dit : « Oh, grand-maman, tu es bien belle aujourd'hui ! » (en fait, j'avais pris le temps de me maquiller ce jour-là). Rock silencieux, a tourné la tête vers moi avec un regard qui approuvait ce que son frère venait de dire. Me voyant surprise de l'observation de son fils, Claudelle ajouta : « Chaque fois que je me maquille et me coiffe il me complimente ainsi, elle a ajouté, il y a aussi une partie de ton sourire qui est revenu. Ne lâche pas ».

Quelques jours plus tard, j'ai eu la brillante idée de faire des brioches à la cannelle, en planifiant leur cuisson de manière à ce que tous puissent en manger à leur sortie du fourneau. Ma boule de pâte, près du calorifère, entre les bonnets et les gants des enfants, nuisait à toute la maisonnée. Mon intention de leur faire plaisir avec une brioche chaude ne s'avérait plus une bonne idée. Ne pouvant faire marche arrière, j'ai continué. À la troisième étape, où je dois tailler la boule pour en faire trois rouleaux, j'étouffais et je me massais le cou pour atténuer la douleur que je ressentais. C'est alors que Claudelle est intervenue en disant : « Tu ne trouves pas qu'il est un peu tard pour cuisiner ? »

– Ce n'est pas la cause. J'ai mal dans le cou depuis plusieurs années, peu importe l'heure. De toute façon, je dois terminer ce que j'ai commencé.

Elle a fait la grimace. J'ai pris le couteau pour trancher mes rouleaux en rondelles et j'étouffais encore plus. Je l'ai déposé et j'ai virevolté sur place, comme un chien qui court après sa queue. J'aurais voulu me cacher six pieds sous terre pour éviter qu'elle me voie agir de la sorte. Elle s'informa doucement : « Qu'est-ce qui se passe, maman ? »

Je me demandais si le lithium pouvait jouer un rôle dans les malaises que je vivais. J'ai répondu : « Je… je ne sais pas au juste, je… »

Elle s'est approchée de moi, m'a fixée dans les yeux en m'invitant à m'asseoir. Je me suis sentie contrariée par son intervention. Mais je n'ai pas réagi. Elle a dit : « Prends le temps de comprendre ce qui se passe. Nous sommes seules. Les enfants se sont endormis. »

C'est d'une voix tremblante que je lui ai dit : « C'est le couteau qui me tombe sur les nerfs, on dirait… »

— Oui, je le sais. Je m'en suis rendu compte à ta manière de respirer chaque fois que tu l'as pris en main. À quoi te fait penser ce couteau ? Elle a approché un cendrier en sortant deux cigarettes avant de dire : « Moi, je ne bouge pas d'ici avant que tu ne vides ton cœur. Nous y passerons la nuit s'il le faut. »

Les deux mains agrippées à la chaise, j'ai éclaté en sanglots. J'ai retenu une envie de crier comme une débile, pour ne pas réveiller Richard et Rock. Puis j'ai senti une boule dans mon estomac. En essayant de refouler tout ce que je vivais, j'ai vu des étoiles et j'ai eu peur de perdre connaissance. À ce moment précis, Claudelle scanda haut et fort : « Maman, sors ce que tu vis. Tu l'as trouvé ; je l'ai ressenti. » Ébranlée par son intervention ferme, je suis arrivée à trouver ce qui se passait en moi :

— Le plus lourd à porter en santé mentale, ce sont les préjugés qui nous entourent. Nous les subissons par la société, le personnel médical et par nous-mêmes les uns pour les autres. Ceux qui proviennent des membres de nos familles sont pires à supporter. Je sais que ce n'est pas toujours rose de vivre avec nous, mais c'est…

— Si tu me racontais exactement ce qui s'est passé au lieu de tourner autour du pot, qu'en penses-tu ?

Timidement j'ai essayé.

— Le dernier matin où Jean a couché à la maison, j'ai…

— Pleure, dit Claudelle. C'est ton droit le plus strict !

— Jean m'a avoué qu'il avait peur de moi. Peur que je lui assène un coup de couteau dans le dos. Il avait même verrouillé la porte de la salle de bains pour se doucher.

Après une longue pause, j'ai ajouté presque en criant : « Pourquoi a-t-il vécu ces douze dernières années avec moi, si j'étais si lourde à supporter ? Se peut-il qu'il ait vraiment cru que je sois un danger pour sa vie ? »

Claudelle a répondu simplement :

– Ne te laisse pas abattre par ces dernières phrases. Elles sont rarement justes. Tu le sais, ces phrases que l'on jette avant de renoncer, celles qu'on ne se rappelle plus avoir dites, mais qu'on se souvient malheureusement d'avoir entendues. Que dirais-tu d'un café avec une bonne brioche chaude, avant qu'elles ne brûlent ?

Ce soir-là, j'ai compris qu'il fallait que je me détache du passé pour de bon et que je ne travaille qu'à construire mon futur. Mais il me faudra encore beaucoup de temps avant de savoir comment le faire. Exprimer ce qui nous oppresse et parvenir à s'en détacher est un processus qui demande de l'aide lorsque nous avons toujours tout accumulé, durant notre vie.

Le lendemain, je me mis devant l'ordinateur, confiante d'arriver à déblayer mon blocage. Ce fut en vain. Je m'habillai alors avec l'intention de vider mes frustrations en pelletant. Malheureusement, la pelle à neige était dans le coffre de la voiture de ma fille. J'ai fait un pied de nez au vent et je suis allée prendre un café au bistro du village. J'écoutais son chant et j'entendais la mélodie du vainqueur enterrée au fond de moi. Malheureusement, pour une deuxième fois, il n'y avait aucun client au moment de mon passage au bistro. De plus, la serveuse est restée muette durant tout son service. En réglant ma note, je me suis sentie dans un pays étranger qui m'ignorait. Sur le chemin du retour, l'envie profonde de rentrer chez moi m'a envahie. J'ai compris dans les bourrasques du vent que j'avais besoin de ma ville natale, comme d'une gourde d'eau en plein milieu du désert.

Arrivée à la maison, j'ai enlevé mes bottes et je les ai jetées à terre. Assise devant mon croissant de jambon, j'étais incapable de le porter à ma bouche. Je me suis enfoncée dans mes souvenirs. Je m'y noyais presque. Les yeux fermés à la recherche d'une bouée de sauvetage, j'ai entendu certaines phrases de mes conversations avec Claudelle : « Tu sais, maman, lorsque tu nous dis que la seule chose qui compte pour toi est d'être capable de te loger, de te nourrir et de t'habiller, nous comprenons ton besoin d'autonomie. Mais quand tu poursuis ton discours avec une lueur d'humour en ajoutant que tu souhaites parvenir à ramasser l'argent de ton cercueil et surtout lorsque tu précises que tu le feras capitonner de velours rouge, personne ne la trouve drôle, celle-là, à part toi. Tu n'as plus de buts dans la vie ? » J'ai alors compris son message. J'ai mordu dans le croissant et ma langue en même temps. Avec un goût de sang, j'ai vu qu'il fallait que je bouge avant de m'enfoncer définitivement. Ma place n'était plus aux Cèdres.

Le soir venu, je lui en ai parlé et elle m'a approuvée. Elle m'a confié qu'elle s'était aperçue, dès la première semaine, que mon séjour serait de courte durée. Puis elle m'avoua que l'idée de se retrouver en tête-à-tête avec Richard et Rock ne lui déplaisait pas. Elle a terminé en disant : « Ton séjour a permis de remplir un grand vide que j'avais au fond de moi. Merci d'être venue habiter avec nous ». Après le silence qui avait enveloppé ses deux dernières phrases, elle a demandé où je voulais aller et elle m'a interrogée sur ce que j'avais l'intention de faire. Avant que je puisse lui répondre, le téléphone sonna.

Seule à l'écart, pour lui laisser son espace, j'ai réfléchi à ce qui venait d'être dit. Je me considérais très chanceuse d'être ainsi soutenue par mes enfants depuis mon nouveau départ. En plus, ce vide dont elle venait de me parler complétait une partie du mien en ce qui la concernait. J'ai laissé vivre librement ces doux sentiments comme on déguste un dessert de choix.

Mais je comprendrai cela, encore une fois, beaucoup plus tard, après le cheminement que je ferai pour apprendre le rôle des émotions dans notre vie. Aujourd'hui, devant l'écriture de ces événements de ma vie, (après le grand ménage) je crois que mon impression sur le fait que le lithium figeait mes émotions était une vérité et non une possibilité.

Revenons à ma dernière soirée de dialogue avec Claudelle.

Lorsqu'elle est venue me rejoindre elle m'a demandé à nouveau ce que j'avais l'intention de faire. Je lui ai expliqué que je voulais m'installer dans un petit appartement à Sainte-Agathe-des-Monts, trouver du travail dans une pourvoirie pour la période de l'été et je lui fis part de mon impression qu'il fallait que je prenne le temps de faire mon deuil du Labrador avant de pouvoir continuer à écrire. Je terminai en disant : « J'ai aussi l'intention d'aller chez Al-Anon. Tu es la troisième personne qui m'en parle. J'imagine que ce n'est pas pour rien ». Après un certain silence, j'ajoutai : « Je veux aussi me faire soigner en médecine douce aussitôt que mes moyens financiers me le permettront. Ce sera mieux qu'un cercueil », dis-je en riant.

– Là tu parles comme j'aime. Fais attention, il y a des supercheries qui se font en médecine douce. Les filles au travail en ont déjà parlé. Moi, je ne crois en rien de tout cela, mais….

Je suis intervenue : « Tu n'y crois pas, dis-je, surprise ? Pour une fille qui m'a fait connaître ce domaine, tu me surprends ». Elle dit : « J'y crois pour les autres et parce que c'est mon oncle. Sans ça, je ne t'aurais pas conduite chez lui, ça, j'en suis certaine ». J'ai ajouté : « Peu m'importe les moyens que j'utiliserai. Mes instabilités viennent de quelque part. Il y a sûrement quelque chose qui s'est passé dans ma vie et que j'ai oublié. Je pense même utiliser l'hypnose pour... »

– Qu'est-ce qu'un hypnotiseur peut faire ?

– Lorsque tu dis hypnotiseur, je vois l'hypnose de spectacle. Il y a des spécialistes qui utilisent l'hypnose pour nous aider à trouver ce que nous avons oublié, ce sont des « hypnologues », je crois. Je veux savoir pourquoi je ne m'aime pas ? Je vis trop souvent cette sensation-là. J'ai cru longtemps avant nos retrouvailles que notre séparation à ta naissance pouvait être la raison de mes tourments, mais depuis que tu es revenue dans ma vie, je ne vois rien qui ait changé. Mon problème proviendrait donc de plus loin que ça.

Mal à l'aise devant ce que nous étions en train de discuter, j'imagine, elle s'est retirée quelques instants et est revenue en disant : « Tu te creuses trop la tête. Oublie le passé et regarde vers l'avenir. » J'ai répliqué : « Enterrer une poutre tordue ne la redressera pas ni ne la renforcera. Au contraire, ça l'aidera à pourrir plus vite ». Après une profonde inspiration, elle dit : « Là, je dois admettre que tu n'as pas tort. Mais pour me convaincre des moyens que tu veux prendre pour arriver à tes fins, ce sera une toute autre paire de manches. En tout cas, à chacun sa façon de gérer sa vie », dit-elle en se dirigeant vers sa chambre à coucher. J'élevai la voix pour lui répondre : « Si une gélule peut être fabriquée de façon à soigner un endroit précis du corps, pourquoi ne serais-je pas capable de m'y rendre moi-même pour faire ce travail ? J'ai vu une émission de télévision où l'on parlait de l'autoguérison. À mon avis, cela a plus de sens que la panoplie de comprimés étalée dans les pharmacies ».

Elle est revenue sur ses pas pour me demander si j'avais déjà rencontré quelqu'un qui se soit guéri par l'hypnose ? J'ai répondu : « L'hypnose ne guérit pas, mais elle aide à trouver les causes. Quand on connaît la cause d'un problème on peut y remédier. Une fille qui était au comité exécutif de la FNFCF a réglé ses problèmes de santé de cette façon ».

– Qu'a-t-elle trouvé ?

– Des abus sexuels provenant de son père à son berceau. Juste le fait qu'il lui ait demandé pardon, elle a reprit goût à l'existence. Ce fut le plus beau cadeau d'amour qu'elle ait reçu de toute sa vie, disait-elle.

– Là, ça me dépasse. Si tu veux, nous allons changer de sujet.

Elle m'a demandé si j'avais fait des démarches pour retourner dans ma ville natale. Je lui ai fait part de ma première tentative concernant le « bachelor[1] » de mon frère François qui n'était pas libre, ainsi que de mon entretien avec mon frère Claude qui lui, m'avait offert un gîte pour la deuxième fois de ma vie, jusqu'à ce que je trouve un endroit qui me

---

[1] Petit logement souvent réservé aux étudiants

plaise. Je mis fin à notre conversation en lui disant : « Ton ouverture d'esprit et ta compréhension à mon égard ne cesseront jamais de m'étonner. Tu es merveilleuse, le savais-tu ? »

– Pas avant d'avoir eu la chance de vivre auprès de toi comme nous venons de le faire. Tu me manqueras, j'en suis certaine.

Les yeux humides, encore une fois, je l'ai pris dans mes bras en ressentant que c'était moi la mère, cette fois-là.

Le 7 février au matin, j'attendais l'arrivée de Claude qui venait me chercher avec un de ses copains, celui-ci avait eu la gentillesse de mettre son camion à ma disposition.

Quatrième chapitre

Retour à la source !

Mon passé me rattrape

Arrivée au pied du Sommet Bleu de Ste-Adèle, devant la beauté du panorama qui m'entourait, je me sentis mal derrière le volant, j'étouffais et curieusement, j'éclatai en sanglots. Ces larmes qui devenaient de plus en plus fréquentes dans mon quotidien me faisaient peur. Elles m'apparaissaient comme un signe de détresse grave plutôt qu'une délivrance comme on me l'avait expliqué jusque-là. Ma réaction fut de me dire : « Fais quelque chose avant qu'il ne soit trop tard ». Je m'arrêtai sur l'accotement de l'autoroute, à cause des larmes qui coulaient trop abondamment. Elles ne pouvaient pas provenir uniquement du stress de conduire, c'était plus que ça. À travers les va-et-vient des essuie-glaces, je me transportai dans le passé. Toute ma jeunesse était là devant moi. Il s'agissait d'une boule d'émotion, accumulée depuis vingt-cinq ans par l'ennui dû au regret de ma région natale. (Ça, je ne l'ai pas compris au moment même.).

Le calme revenu, je m'empressai de rejoindre Claude et son copain qui transportaient tout mon avoir. La boule avait disparu mais pas pour longtemps. Je décidai alors qu'ils étaient capables de vider le camion sans moi et j'ai ralenti.

À la sortie de l'autoroute pour Val-David, je ressentis le besoin d'aller au cimetière rendre visite à maman. En longeant le Chemin de la Rivière. Il me sembla curieux de me retrouver, encore une fois, dans ce village, comme si ce lopin de terre était le berceau de mon cœur. Ce qui déclencha une tonne de souvenirs, particulièrement ceux qui étaient rattachés à mes fugues qui avaient eu lieu entre onze et dix-sept ans. Ainsi perdue dans mon passé, tout en respectant le stop, j'ai lu l'écriteau indiquant le nom de la rue que je croisais. C'était la rue Bastien. En tournant le volant pour l'emprunter, une crampe abdominale me saisit au point de me plier en deux pour atténuer la douleur. Dans cette posture, j'avançai lentement de façon à pouvoir me garer le plus près possible de la sépulture.

Ressentant un besoin de silence et ne pouvant pas éteindre le moteur afin de me garder au chaud, je fermai la radio et pleurai abondamment demandant à ma mère de m'aider à me dégager des mémoires douloureuses qui m'assaillaient.

Redevenue calme et les yeux secs, j'ai constaté que mes peines étaient toutes reliées à mon statut de fille née dans une famille de garçons. J'ai alors pensé à Monsieur Loiseau, le jour où il avait parlé d'aller fouiller dans mon passé. C'est donc avec un goût de sel dans la bouche que j'ai demandé à Dieu de guider mes pas vers une personne-ressource et j'ai fermé les yeux. Quelques minutes plus tard, je crois, je retrouvai un peu d'apaisement et repris la direction de la maison de mon frère, tout en me demandant si Val-David était prédestiné à être ma terre d'accueil.

(La libération s'effectuera progressivement et je me rendrai sur la tombe de ma mère à de nombreuses reprises, pendant plusieurs saisons, avant d'être totalement détachée d'elle et ce pour les bons comme pour les mauvais souvenirs…

En entrant chez Claude, celui-ci m'interrogea sur mon retard, j'observai un silence qu'il respecta. Je scrutai sa maison en pleine rénovation. Le désordre de la cuisine et du salon ressemblait à mon propre tumulte intérieur. Je compris ainsi qu'une vie, ça se rénovait au même titre qu'une maison et que c'était ce que je venais tout juste de commencer à faire au cimetière.

Le soir venu, la salle de jeux était devenue ma chambre. Couchée dans le même lit qu'en 1987, des réminiscences plein la tête m'empêchaient de trouver le sommeil. Je me levai en tentant de comprendre ce qui se passait. Je tremblais de la tête aux pieds, comme si j'avais froid, ce qui n'était pas le cas, même si je claquais des dents. Assise sur le bord de mon lit, la tête face au mur pour utiliser mon cendrier sur ma table de chevet, je me sentais placée devant moi-même et j'écoutais mon intérieur. J'oscillais entre l'apitoiement et la détermination de m'en sortir une bonne fois pour toutes. Mal à l'aise, devant mon envie de baisser les bras, je réagis encore une fois en m'arrachant quelques cheveux.

Ma solitude était insupportable. J'ai alors réalisé que c'était la première fois que je me retrouvais toute seule depuis que j'avais quitté Jean. Ainsi éclairée sur ce que je vivais, j'ai éteint la cigarette que je venais tout juste d'allumer, j'ai rangé mon cendrier et je me suis glissée sous les draps avec la ferme résolution d'entrer en contact avec le groupe Al-Anon dès mon réveil.

Marie-Pia : marraine ou amie ?

Dès mes premiers pas avec cet organisme, j'assistai à deux rencontres par semaine et j'y ajoutai des lectures que je dévorais à une vitesse vertigineuse. Je compris, par des partages lus ou entendus, que j'avais râlé là où j'aurais dû me taire et m'étais tue là où j'aurais dû parler. Marie-Pia, que je choisis d'abord comme marraine m'aidait à regarder vers l'avant au lieu de chercher ce que j'aurais dû faire ou ne pas faire. Elle s'aperçut rapidement que je gobais tout sans prendre le temps de le digérer. Nos conversations étaient donc parsemées des slogans de l'organisme, comme « Se hâter lentement » ainsi que « Un jour à la fois », qui a pris un sens autre que celui que je lui donnais et « Écouter pour apprendre » qui m'a demandé beaucoup d'efforts de concentration.

Lors des réunions, les slogans servaient de thèmes sur lesquels nous échangions en petits groupes pour nous aider à les reconnaître dans notre quotidien. Le soir du « Vivre et laisser vivre », Marie-Pia était assise près de moi en m'observant avec une lueur de compassion qui me nourrissait. J'avais l'impression d'avoir une grande sœur remplie de sagesse qui me tenait par la main. Durant nos marches quotidiennes, elle me répétait continuellement que l'étape première consistait à prendre soin de moi. Même si l'on me l'avait répété depuis cent ans, celle-là, je n'en avais pas encore compris le sens.

Un jour, lors de mon réveil, alors que je devais la contacter par téléphone pour confirmer notre marche matinale, c'est en larmes que je lui avouai ne pas savoir comment m'occuper de moi. Elle m'a répondu : « Savoir qu'on ne sait pas, c'est déjà savoir ». Ensuite, elle m'a invitée à aller prendre un café au lait à St-Sauveur.

Chemin faisant, je lui ai parlé de toutes mes heures de bénévolat et confié que je ne voulais même plus servir un café à personne. J'ai pleuré en lui parlant de mon mal-être et confessé me sentir coupable à chacune des réunions, de ne jamais lever le petit doigt pour ranger une chaise ou une table. C'est d'une voix imprégnée de colère et de découragement que j'ai terminé en disant : « J'évite même de passer le sucrier à la personne en face de moi. »

Marie-Pia est intervenue en disant : « Tu es vide, ma pauvre enfant. Ne te gronde pas ainsi. Nous avons tous nos limites et nous devons les reconnaître. Présentement, il y a des personnes autour de toi qui ont besoin de s'engager, comme toi tu l'as fait du temps où tu faisais du bénévolat. Accepte ce qu'elles font, comme toi tu le faisais quand tu étais à leur place ».

Les aimer comme je fus aimée, me dis-je intérieurement. Je me suis tournée vers elle qui gardait les yeux sur la route et lui dis : « Je vais méditer sur le slogan « Ne pas compliquer les choses. »

Au fil de nos rencontres, elle est devenue une amie avec qui je pouvais tout partager. Je lui ai parlé des soins que j'avais reçus en santé mentale ainsi que de mon intention de cesser le lithium pour le premier mercredi du mois de mai. Voyant sa grimace réprobatrice, j'appris qu'elle avait travaillé en relation d'aide. Elle me dit qu'Al-Anon ne réglait pas tout, tout en m'exprimant son inquiétude concernant ma rapidité à vouloir tout comprendre et régler ma situation.

– Je n'ai pas toute ma vie pour réapprendre à vivre sainement, répondis-je les dents serrées.

D'une voix douce elle me dit : « Tu sais, Marion, je n'ai pas à te dire quoi faire ou ne pas faire. Ce serait de l'ingérence et je n'ai pas le droit d'agir ainsi. Par contre, mon expérience en relation d'aide me permet de te dire ceci : que ce soit par la médecine conventionnelle ou par la médecine alternative, je crois qu'il est important que tu prennes soin de ta santé mentale en dehors des rencontres d'Al-Anon ».

La semaine suivante, nous sommes allées au bistro de Val-David, où les décors ne parlaient que des Alpes et de l'Italie. Transportée par ces ornementations et l'ambiance de l'endroit, je rêvais de guérison comme un alpiniste rêve de vaincre les montagnes. Je lui ai demandé si elle connaissait quelqu'un en médecine alternative. Elle m'a avoué connaître très peu de choses sur cette nouvelle façon de traiter et qui parlait à qui mieux mieux de guérison. Puis, elle m'a souri en me recommandant de ne pas me fier à son opinion, qu'elle était fille de médecin. J'ai alors appris que son père m'avait mise au monde.

Ce jour-là, j'ai vu dans ses yeux une complicité qui ne mentait pas ; elle était devenue plus qu'une marraine pour moi. Au moment de nous quitter, je lui souhaitai bonne fin de journée et devant sa réponse : « À demain peut-être, s'il fait beau ? » J'ai dit : « C'est vrai, j'oubliais. J'ai promis à ma fille Claudelle d'aller garder ses enfants pendant la semaine de relâche. Ensuite je dois me rendre à Ottawa pour une réunion de la Fédération nationale de la femme canadienne française. Je te contacterai à mon retour. » La porte de la voiture entrouverte elle m'a répondu : « Entre-temps, n'oublie pas de *te hâter lentement, un jour à la fois* ».

La semaine chez Claudelle a été calme et reposante. Elle m'avait même encouragée en me disant que j'étais sur la bonne voie. En ce qui concerne mon voyage à Ottawa, je ne peux pas en dire autant, car malgré moi, il évoquait le deuil de mes vingt-cinq ans de vie au Labrador, comme un suivi inévitable de ma rénovation intérieure.

En dehors du travail que j'avais fait pour le regroupement des femmes, toutes mes démarches et sorties pour l'Association francophone, dans le but de défendre notre langue et notre culture m'étaient revenues à l'esprit. Le tout s'était déroulé durant mon voyage pour me rendre à Ottawa comme dans un film où faits vécus et scènes de vie défilent en flashes de quelques secondes. J'ai revu tous ceux et celles qui avaient croisé ma route lors de rencontres provinciales, colloques, séminaires, etc., ainsi que le nom des villes où j'étais allée, comme sur une bande électronique :

Moncton, Memorumcook, St-John's Nfld, Stephenville, Dear Lake, Port-aux-Basques, Connerbrook, Gander, Goose-Baie, Ottawa, Cap St-George, L'Anse à Canard, La Grande-Terre, Québec... Bref, vingt-cinq ans de vie s'étaient réanimés devant mes yeux, ce qui m'a fait comprendre que j'étais en train d'assister à l'enterrement de mon existence de francophone hors Québec. Il ne pouvait pas y avoir un meilleur moment pour le faire, puisque Catherine était à Ottawa à titre de déléguée de l'ouest du Labrador.

Lors de ces fins de semaine intensives, nous avions toujours un soir de libre. Je passai cette soirée avec elle, devant un souper aux chandelles bien en retrait des va-et-vient du restaurant que nous avions choisi. Notre tête-à-tête nous fit vivre de nombreux : « Te souviens-tu de... » et ce, pour les bons coups comme pour les moins bons. Finalement, revenues au moment présent, je lui fis part de tout ce que j'avais appris chez Al-Anon. Puis, elle s'informa de ma santé. Je lui parlai donc de mon intention d'arrêter le lithium pour le remplacer par des soins en médecine douce. Ce qui la fit sursauter en me demandant si j'y croyais vraiment.

– Te répondre simplement par un oui te rassurerait-il ?

Ce n'est qu'après un long moment de réflexion qu'elle me dit :

– Si je savais que ta motivation ne provient pas uniquement de ton inquiétude de transmettre, par tes gênes, ce problème à tes enfants et petits-enfants, j'approuverais peut-être ta démarche. Dis-moi pourquoi tu devrais arrêter maintenant ?

L'heure qui suivit me permit de voir où j'en étais dans mon cheminement intérieur, car en sa compagnie j'ai fait une rétrospective de toutes mes démarches pour ma santé mentale.

– Tu sais Catherine, j'ai observé tout ce que je vivais avant de tenter des expériences pour m'en sortir, et c'est dans les petits faits quotidiens que j'ai trouvé mes réponses. Il y a quatre ans, je prenais entre 900 et 1 200 mg de lithium par jour. Une fois, j'ai laissé tomber mon flacon d'ordonnance mensuelle sur le comptoir. Imagine, 105 capsules qui roulent et moi qui essaie de les attraper avant qu'elles ne se retrouvent sur le plancher. Impressionnée par le nombre, j'ai eu la curiosité de voir le volume qu'elles occuperaient dans un bol à soupe. Il était plein. Alors, j'ai ajouté mes 21 hormones, les 30 lécithines que je prenais à l'époque et quelques somnifères équivalant à ma portion de 20 à 40 comprimés par année. La pyramide construite avec mille et une précautions n'a tenu que quelques secondes. C'est ce jour-là que je me suis juré que j'arriverais à me sortir de cet enfer des pilules.

– Ne viens pas me dire qu'elles sont toutes inutiles ?

– Ce n'est pas ce que je te dis. Même qu'il se peut fort bien que le lithium m'ait sauvé la vie. J'essaie de te faire comprendre que moi, je suis capable de vivre sans béquilles.

– Si seulement il y avait un spécialiste qui t'accompagnait, me dit-elle hésitante. J'ai peur que tu te « casses » le nez, comprends-tu ? Où vas-tu chercher ta détermination et ton courage ?

– À travers tous ceux qui m'ont tendu la main, comme toi par exemple. Tu sais, j'ai toujours observé les gens malades et ce, avant même que je ne sois confrontée à la santé mentale. J'ai écouté toutes les émissions qui parlaient de maladies et de médicaments. Je sais comme toi qu'il y en a qui demandent qu'on règle leurs problèmes avec des comprimés et qu'ils ne veulent rien faire d'autre pour leur santé, même pas manger sainement. Moi j'ai décidé de faire ma part.

Il y a eu un long silence que j'ai interprété, à tort, comme une réticence à mes dires.

– Fais le tour des tablettes de la pharmacie, lui dis-je, enflammée, et compte les différentes sortes de drogues qui ne servent qu'à soigner nos organes à cause des mauvais traitements que nous leur faisons subir. Devant son signe d'approbation j'ai poursuivi. J'ai vu un film intitulé « Médicaments danger » qui expliquait la compétition entre les compagnies pharmaceutiques et j'ai compris qu'ils cherchent tous la petite pilule miracle, sans effets secondaires, au lieu de chercher ce qui nous rend malades. Moi, je le comprends ainsi. Ça ne veut pas dire que j'ai raison. La majorité des pilules ont sûrement leur raison d'être. C'est en santé mentale que je crois qu'ils s'y fient un peu trop. Je suis sûre qu'il y a d'autres choses à faire en plus des gélules que nous prenons. Je me dis aussi que j'ai le choix de demeurer leur cobaye ou de faire ma part. En fait, nous avons tous le choix.

– Plus je t'écoute, plus cela a du bon sens, mais comment peux-tu être aussi certaine devant tout l'inconnu de la santé mentale ?

– Je ne me fie pas seulement à l'expérience que je vis ou que j'ai vécue auprès de mes parents. Un jour, j'ai vu un client de la pourvoirie qui transportait ses médicaments dans une valise de la taille de celles des médecins de campagnes, tellement il en avait ! Le jour de son départ, il n'était même pas capable de laisser sa valise sur le quai pour attendre l'avion. Et il n'y avait aucun danger de vol ou de perte. Pire encore, il faisait suivre sa valise chaque fois qu'il changeait de chaise. Lorsqu'il s'est aperçu que je l'observais, il m'a dit sur un ton paniqué : « C'est ma vie qui est là-dedans ». Je n'ai jamais oublié cet homme, il m'a inspirée. C'est à cause de lui que, devant mon bol de pilules, j'ai levé les yeux vers le ciel en disant au « Gars d'en Haut » que je ne croyais pas avoir besoin de ça pour vivre. C'est à cause de lui que j'ai pensé prier en demandant de l'aide pour y parvenir. C'est donc grâce à lui que je suis en train de réussir. Et ce n'est pas de l'entêtement à vouloir gagner sur le système ni une obsession face à mes enfants et petits-enfants.

— Tu me rassures. Mais, le fait de t'avoir toujours vue trop compréhensive vis-à-vis de ceux et celles qui essayaient de te mettre des bâtons dans les roues, je…

— Face à cela, la sagesse de ma mère me sert encore très bien. Je ne t'ai jamais parlé de ses bons côtés.

— Non. Ce serait la première fois.

— Elle m'a enseigné à ne jamais me laisser influencer parce que les autres disaient de moi. Elle me l'expliquait en ces termes : « Si je t'accuse à tort d'être une voleuse, vas-tu te mettre à voler pour autant ? » Alors, que certaines personnes me croient fêlée je n'y peux rien. Maman m'a aussi enseigné le respect d'autrui. Son exemple était bien simple : « Un homme en chaise roulante n'a pas le droit de m'écraser les pieds avec ses roues, du fait que sa chaise prend plus d'espace que mes pieds » J'ai compris que moi, je n'avais pas le droit d'encombrer mon entourage par mon grand besoin de parler.

— Je vois pourquoi tu restais parfois seule à la maison.

— Tu sais, Catherine, ajoutai-je, les larmes aux yeux, j'ai toujours su que je faisais peur à cause de mon besoin insatiable de parler. Par contre, quelques-unes, toi entre autres, ont su m'écouter et me permettre ainsi d'évacuer mes débordements ; ça me permettait de retourner chez moi plus calme. Merci pour ce que tu es.

— Ne lâche pas, tu vas y arriver ! Comment vis-tu ta séparation ?

— Depuis notre dernière conversation téléphonique, j'ai compris que ça ne me donnait rien de m'apitoyer. Je m'accroche au moment présent et j'utilise mon slogan « De quoi je me mêle ? », ce qui me ramène à moi, au lieu de me préoccuper obsessionnellement des autres, Ha ! Ha !

— Être capable de rire de soi-même est une grande force. Ton sens de l'humour, bien que trop souvent sarcastique à mon goût, m'a toujours impressionnée.

— J'ai toujours utilisé l'humour face aux difficultés de la vie. J'ai l'impression d'être venue au monde avec cette clé-là.

— Par contre l'humour peut aussi aider à se fuir.

— Personnellement, je crois que je m'en sers pour me défouler.

— Quelle est la différence selon toi ?

— Pour moi, la fuite, c'est s'endormir avec des substances de dépendance, telles la boisson et la drogue, incluant les drogues légales. L'humour ne fait pas partie de ça.

— Et le masque du bouffon, t'en fais quoi ?

– Bien oui ! Tu as raison ! Merci. Il me reste encore beaucoup à apprendre mais j'y arriverai.

– En sachant tout ce que je sais sur toi, je me demande pourquoi tu n'arrives pas à replacer ta barque pour de bon.

– C'est ce que je recherche dans mes nouvelles démarches ! Mon fonctionnement à l'intérieur d'un comité ou d'un conseil d'administration est très différent de celui que j'ai à la maison. La ténacité de mes convictions pour le bien des autres est inversée lorsqu'il s'agit de moi. Lors d'une de mes crises j'ai dû m'accrocher à l'existence de mes petits-enfants pour persévérer et passer au travers, car mes enfants n'avaient plus de poids dans la balance.

– Oui je sais, et c'est pourquoi je crois que tu as besoin de personnes compétentes autour de toi. Te cherches-tu au moins un compagnon de vie ?

– Absolument pas, répondis-je avec réticence.

– Envisages-tu vivre le reste de ta vie seule ?

– Non. Mais, je ne suis pas prête à m'occuper de cela.

– N'oublie pas qu'il faudra que tu y penses un jour.

– D'ici là, s'il y en a un qui m'attrape, ce sera parce je ne l'aurai pas vu venir !

– Cet heureux élu devra donc te tomber dans l'œil.

– Heureux élu ? Voyons, Catherine ! Avec mes problèmes émotifs, je passe des périodes où je suis invivable. L'heureux élu n'a pas de…

– Continue tes réunions d'Al-Anon et ouvre bien tes oreilles les soirs où on parlera de l'estime de soi. Apporte-toi un carnet pour prendre des notes, car je ne serai plus là pour te rappeler ce que tu as déjà compris mais mis aux oubliettes.

– J'ai une marraine qui joue très bien ton rôle. Ha ! ha !

– Là, je suis rassurée.

J'étais heureuse de la voir ainsi tranquille à mon sujet, mais cette conversation que nous venions d'avoir me laissait perplexe. J'appréhendais ma solitude devant les démarches que j'envisageais de faire. J'eus une pensée envers Marie-Pia en ressentant un lien d'amitié très fort. Ce qui m'a fait réaliser que je ne devais pas m'accrocher à elle pour remplacer les amis qui m'avaient soutenue jusqu'à maintenant. Ma petite voix intérieure me souffla : « Tu ne dois compter que sur tes forces personnelles ». Un frisson d'insécurité me parcourut et me donna la chair de poule.

Vivre seule était-il mon destin ?

De retour à Val-David, j'ai ressenti, pour la première fois depuis mon départ de Labrador City, une soif de vivre et de me faire des amis. En rentrant chez Claude, j'ai appris le départ d'un de ses locataires et la venue d'un autre. De ce fait, il m'offrait le choix de m'installer en haut. J'ai donc consacré la matinée à déménager. En entrant dans ma nouvelle chambre, une poussée de colère m'a envahie face à ma solitude présente. Et cette rage s'est transformée en une peur bleue que ce soit ma destinée pour le reste de ma vie.

Ma réaction instantanée fut de fuir en allant faire le ménage du salon. Comme pour engourdir la panique qui m'habitait, je fis jouer à tue-tête et à répétition continue une chanson où la strophe *Send me an angel* m'apaisait. En plus, cette chanson était chantée par Mira sur une cassette qu'elle avait enregistrée spécialement pour moi, ce qui m'a permis de ressentir sa présence. Je me promis solennellement pour la deuxième fois de tout faire pour trouver réponse à ce qui m'étouffait. J'ai alors prié le Ciel de me donner la santé pour travailler afin d'avoir les moyens financiers de le faire. « En attendant, me dit ma voix intérieure, il faut vivre; et le seul moyen d'y parvenir c'est de savourer le moment présent ».

Ce soir-là, après la réunion d'Al-Anon, j'ai accepté l'invitation de ceux et celles qui allaient manger une petite bouchée au restaurant. J'ai fait alors la connaissance de personnes qui avaient le don de faire rire une, deux et même trois tables à la fois. Je me suis promis de ne plus jamais oublier de m'amuser.

Quelque temps plus tard, en me promenant en solitaire, la question de savoir si je voulais vivre le reste de ma vie seule m'assaillit encore. Je me demandai pourquoi la panique m'envahissait toujours devant cette interrogation. Je découvris que c'était le fait d'avoir à faire l'amour qui me paralysait. Ce qui me rappela, à nouveau, que je ne me souvenais plus de la dernière fois où je l'avais fait avec Jean. Ce trou de mémoire m'intriguait et il m'inquiétait. Pour moi, oublier ainsi pouvait être un signe avant-coureur d'une maladie mentale plus grave, et ça, je n'avais pas besoin de me mettre à y penser, ça se faisait tout seul. J'ai étouffé ma peur. Je suis entrée dans le premier bistro et me suis dirigée dans un petit coin à l'écart pour réfléchir calmement. Ont alors surgi, dans ma mémoire, les douleurs physiques que je ressentais en faisant l'amour et ma promesse faite à Catherine de parler de ma libido. Devant mon sentiment de regret, je constatai que j'avais pris bien soin de tout enterrer. Pourquoi ?

« Cesse de te poser des questions, laisse de la place pour recevoir tes réponses », me murmurai-je intérieurement. Le regard perdu dans le filet d'horizon qui passait à travers la fenêtre, je me rappelai avoir désiré entrer en religion après la naissance de Claudelle. Étais-je revenue à ce point de départ ? J'ai alors pensé à Mère Rosalie Jetté, fondatrice des Sœurs de la Miséricorde, qui avait élevé sa famille avant de devenir religieuse. « Savourer le moment présent » me disait ma petite voix. J'ai souri à ces souvenirs qui me remuaient tant, puis j'ai réglé ma note.

En sortant de l'établissement je me suis dit : « S'il existe une congrégation qui se dévoue pour les gens au lieu de s'enfermer entre des murs pour prier, je ne dis pas non. Mais il faut d'abord que je trouve ce qui se passe avec la « mort » de ma libido. Puis merde, Vivre le moment présent, ce n'est pas toujours évident ! ».

Voilà que la semaine suivante, lors de la réunion d'Al-Anon nous avons été invités à parler de notre vie sexuelle. Wow ! Quel hasard ! (bien que je n'y ai jamais cru). J'ai été surprise par l'ouverture d'esprit et la simplicité du partage de la responsable de la réunion. À chacun des petits échanges autour de la table, j'ai vu jusqu'à quel point j'étais fermée sur le sujet. Bien que nous ne soyons jamais forcés de parler, j'ai passé mon tour en mentant que je n'avais rien à dire. J'ai continué d'écouter les autres. Puis, j'ai trouvé le courage de lever la main et de marmonner : « Je me demande si mon orientation sexuelle ne serait pas autre que celle que j'ai toujours vécue jusqu'à maintenant. Vos partages de ce soir me donnent le goût de trouver mes réponses au lieu de continuer à empiler mes questions. Merci ».

Ce soir-là, j'ai refusé les invitations au restaurant et je suis partie seule au « Parc des amoureux » dans le but d'écouter la rivière surexcitée par le dégel du printemps. Il n'y avait personne. J'ai fermé les yeux pour mieux l'entendre et je me reconnus en elle. J'ai imploré le Ciel de m'envoyer un ange en pleurant à cause du stress qui m'habitait. Je suis ainsi arrivée à desserrer l'étau qui me serrait la gorge et à trouver un certain calme. Mes larmes n'avaient plus le même sens qu'avant, elles me calmaient au lieu de m'inquiéter sur ma santé mentale.

Assise sur un banc, dégagé de neige, sous un lampadaire, j'ai ouvert mon sac à main à la recherche de mes cigarettes. J'ai réalisé l'ampleur du travail que je devais faire pour arriver à vivre le « moment présent ». Sentant à nouveau la panique revenir, j'ai réagi en m'intimant : lâche prise.

En replaçant mon paquet de cigarettes dans mon sac, j'ai vu mon courrier que je n'avais pas encore pris le temps de lire. J'appris ainsi que je n'avais pas été choisie pour le travail en pourvoirie que je convoitais depuis trois semaines, je vidai mes frustrations en m'adressant au « Gars d'en Haut » : « C'est bien beau, ce bien-être intérieur, mais je dois aussi faire face à la réalité de la vie quotidienne. Ce n'est pas gratuit sur la terre, le savez-Vous ? » Allez savoir pourquoi, je me suis sentie mieux.

(Je n'avais pas encore compris, à cette époque, que c'était ainsi qu'il fallait faire pour éliminer ses émotions).

En rentrant à la maison, je suis arrivée face à face avec le nouveau locataire qui attendait le retour de mon frère avant de prendre possession de sa chambre. Comme il était un ami de Claude, en le voyant je me suis souvenue l'avoir déjà rencontré lors d'un repas familial du temps des fêtes. Il me rappela alors son nom, Daniel Rossignol, et nous nous sommes serré la main.

Lorsqu'il eut terminé de transporter ses effets personnels au sous-sol, je lui ai offert un café. Il m'a demandé pour combien de temps j'étais dans la région. Bien qu'un peu embarrassée, je lui ai expliqué ma présence chez mon frère comme un temps d'arrêt avant ma prochaine destination inconnue. Il a souri en disant : « Je ne sais pas pourquoi, mais, je suis heureux de me retrouver dans le même terminus que toi ». Durant l'échange, j'ai vu en cet ami de mon frère, un homme calme et profond avec qui il était agréable de partager. En me retirant dans ma chambre, bizarrement, je ne me suis plus sentie seule.

(Je trouverai la réponse à cette sensation, en développant avec Daniel Rossignol une relation amicale, franche et sincère.)

Quelques jours plus tard, j'ai reçu, par courrier, une invitation à suivre un cours sur la recherche d'emploi. J'y courus en remerciant le « Gars d'en Haut », tout en comprenant que la vie continue malgré les vents et marées. Entre-temps, j'allais marcher avec Daniel. Voilà que j'appris qu'il avait été locataire chez mes parents, l'année suivant mon mariage avec Jean. Il avait donc entendu parler de moi, soit par maman, soit par mon frère Claude, chaque fois que j'avais donné de mes nouvelles. Je me suis rappelé de certaines conversations que j'avais eues avec Claude et j'ai réalisé qu'il m'avait toujours donné des nouvelles de son « chum » Daniel. Nous avons ri en comprenant, au même instant, sans nous le dire, que nos routes se suivaient depuis fort longtemps.

Le mois d'avril avait apporté sa chaleur ainsi que l'arrivée de ma fille Mira et de mon gendre Philippe qui effectuaient un contrat de deux mois dans un Club situé à Dorval. Ils m'ont invitée à passer une semaine avec eux. À cause des cours que je suivais, je n'ai pu passer qu'une fin de semaine auprès d'eux. J'ai appris que Jean avait une nouvelle compagne. Mira m'interrogea sur mon manque de réaction. Elle insista pour savoir ce que j'en pensais.

– Savais-tu que tous ceux et celles qui étaient suivis par mon médecin de Labrador City pour maniaco-dépression sont tous divorcés. Selon ses explications, nous rencontrons des dérèglements hormonaux qui surgissent périodiquement. Soit que nous refusions de faire l'amour ou, au contraire, que nous n'arrivions pas à nous en abstenir. Certaines personnes vont même chercher ailleurs la satisfaction de leurs besoins excessifs. Disons, sans ajouter de détails, que je me trouve bien chanceuse que ton père ait vécu toutes ces années avec moi.

Elle resta muette un moment, puis elle me reprit :

– Dans une de ses lettres, il me demande de prendre soin de toi. Qu'en penses-tu ?

– Écoute, je ne sais pas ce qu'il t'a écrit, mais tu ne dois pas te sentir responsable de moi. S'il t'en reparle, dis-lui que ma vie n'appartient qu'à moi maintenant. Devant son silence, j'ai ajouté comme pour la rassurer : je prévois de suivre une thérapie à l'automne, si mes moyens financiers me le permettent.

Je vis bien qu'elle retenait ce qu'elle pensait. Je l'ai invitée à tout me dire, alors elle lâcha :

– Tu n'as pas peur de te casser la tête pour rien ? Arrête de te croire malade. Regarde comme tu vas bien depuis que tu es partie du Labrador.

J'ai dégluti et répondu : « Facile à dire ! Tu ne vis pas avec moi vingt-quatre heures sur vingt-quatre. Parles-en avec ta sœur. J'ai vécu trois semaines avec elle et elle était soulagée de me voir partir ».

Hésitante, elle ajouta : « Daniel Rossignol avec qui tu étais lorsque nous sommes allés te chercher hier, est-il un ami ou un « chum » ? »

Embarrassée par sa question directe, j'ai évité de répondre en lui disant : « N'est-ce pas toi qui m'as dit à Sept-Îles que je n'avais plus de comptes à rendre à personne ? »

– En tout cas, ce serait le fun s'il était ton chum.

– Pour vous, peut-être. Vous cesseriez alors de vous inquiéter inutilement à mon sujet !

– Maman, pourquoi as-tu toujours la parole si juste pour nous et si confuse lorsqu'il s'agit de toi ?

– Je ne sais pas ! Pour le moment, je vous demande d'oublier un peu la mère que j'ai été pour me laisser la chance de reprendre ma vie en main.

– D'accord, mais à une condition ! Cesse de nous parler de ton cercueil capitonné de velours rouge que tu prévois acheter si tes moyens financiers…

– C'est déjà fait. Ta sœur m'a parlé à ce sujet.

– Parfait, dit-elle, accroche ton sourire, nous t'amenons dans un restaurant pour ton souper de fête. Quarante-huit ans, ça se fête sur une terrasse pour une femme qui a vécu au Labrador pendant 25 ans.

– Une terrasse ? Il ne fait pas suffisamment chaud : on va geler. Ne crois-tu pas ?

– C'est une terrasse intérieure chauffée, située sur une falaise en face du fleuve, me dit-elle en se retenant en vain de rire.

Mes enfants ne devaient plus être mes confidents

Je suis retournée à Val-David, embarrassée d'avoir menti à tour de bras à Mira pour qu'elle cesse de s'inquiéter à mon sujet. En plus, je ne voulais absolument pas qu'aucun de mes enfants ne me voie pleurer à cause de mon échec avec leur père. En fait, je ne voulais même pas me l'avouer à moi-même. Je l'ai compris au milieu de la nuit en me réveillant avec un soubresaut. Je retenais une colère vis-à-vis de Jean, ça m'oppressait et cette ire m'empêchait de dormir. Lorsque je suis revenue de ma troisième visite à la salle de bains, je me rappelai tout à coup du conseil que M. Loiseau m'avait donné d'écrire ce que je vivais pour m'en détacher. J'ai allumé mon ordinateur pour déverser le négatif de mes 27 ans de mariage qui remontait à la surface. Les yeux rivés sur le clavier sans pouvoir reconnaître les lettres des touches, j'écrivis tout ce que je n'avais pas dit dans les bureaux de ceux qui avaient pris soin de moi. Au bout de quatorze pages, j'ai ressenti un grand frisson dans le bas du dos. J'étais placée devant mon propre pardon sur mes bévues et incompréhensions à son égard. (Ça, je le comprendrais aussi beaucoup plus tard) J'ai alors pris la décision définitive que mes enfants ne devaient plus être mes confidents.

Je m'enveloppai dans une couverture de laine avant de me rendre au salon pour permettre à mon corps de se réchauffer. Je fumai une cigarette en me rappelant toutes les batailles gagnées. J'ai ainsi passé en revue tous les gestes, les phrases et le soutien que Jean m'avait apportés tout au long des douze années passées. Du fond du cœur, je le remerciai pour m'avoir accompagnée, tout en me sentant désolée de ne pas être parvenue à m'en sortir lorsque je vivais encore avec lui.

Que penses-tu là, me murmura ma petite voix intérieure, le jour de ta victoire n'a pas encore sonné !

Je me suis souvenue que seul le temps me donnerait la victoire. J'ai jeté un coup d'œil sur la feuille du calendrier et observé que nous étions le 21 avril. Ma dernière pilule de lithium était programmée pour le 5 mai. J'ai fouillé dans mes tiroirs à la recherche de mon carnet dans lequel j'avais inscrit toutes mes démarches depuis 1982. Ça donnait un cahier de trois cents pages, duquel il ne restait que trois pages à remplir. J'ai inscrit des « x » à répétition jusqu'au bout de la dernière ligne pour pouvoir dire que je les avais toutes remplies. Puis, je me suis habillée chaudement, j'ai pris mon flacon de lithium en ne conservant que les deux comprimés dont j'avais besoin pour respecter mon échéancier de sevrage et je suis sortie de la maison pour brûler le tout.

J'en ai fait une offrande à Dieu en guise de remerciement pour toutes les personnes qu'Il avait mises sur mon chemin pour m'aider. J'ai ressenti une délivrance, au-delà de mes espérances. En regardant le ciel étoilé je Lui ai demandé dans le calme cette fois : « Amène-moi là où je dois être pour trouver la paix. Que cette lourdeur au fond de moi disparaisse, peu importe le temps que je devrai y mettre. Je veux la guérison. Y a-t-il quelqu'un de disponible là-haut pour prendre soin de Jean ? En tout cas, je vous le confie. Merci ! ».

Je suis retournée dans ma chambre, me suis installée à l'ordinateur et j'ai effacé à reculons, lettre par lettre, ligne par ligne, page par page avant de jeter le dossier dans la poubelle de l'ordinateur. Question de prévenir la tentation d'y revenir. En fermant le tout, j'ai dit : « Jean est maintenant enterré ! » Puis, je me suis couchée sur le sofa du salon et me suis endormie.

En ouvrant les yeux, dix heures plus tard, j'ai entendu la scie radiale de Claude qui chantait près de mon oreille. Lorsqu'il vit mes yeux ouverts et gonflés de sommeil, il arrêta son travail pour me dire : « Je n'arrivais pas à croire que tu pouvais dormir dans ce vacarme. » Ce n'est qu'après mon premier café que je lui ai répondu : « Une femme fatiguée, c'est une femme fatiguée. Ne t'en fais pas. Je serai sur pied avant de travailler dans ton foyer d'accueil. En parlant de ça, j'ai réfléchi sérieusement à ton offre de partenariat. Je ne me sens pas prête à m'engager pour une longue période, je trouve que ce n'est pas prudent. Jusqu'à maintenant, j'aimerais mieux te donner un coup de main jusqu'à ce que je trouve ma voie. Tu serais mal pris si je découvrais en cours de route que je n'aime pas ce domaine ». « C'est vrai je t'ai un peu « garrochée[1] » làdedans ! », me répondit-il.

– Accepte mon coup de main, lui dis-je, et laissons venir le reste.

– De toute façon, ajouta-t-il en riant, je prendrai une année sabbatique avec ou sans toi.

---

[1] Garrochée : jetée

Cinquième chapitre

Suivre le courant

Enfin ! Le vent dans les voiles

Avant la fin du cours sur la recherche d'emploi, échelonné sur six semaines, j'ai obtenu, par l'entremise d'une des élèves, une entrevue où j'ai été engagée comme cuisinière dans une pourvoirie. Comme je devais demeurer disponible à partir du 30 avril, je profitai de ce temps pour relaxer. Je goûtais enfin à la vie.

Dans la semaine qui a suivi, au retour d'une promenade une étrange sensation m'a envahie. En entrant dans la maison, je me suis retrouvée devant Daniel et spontanément j'ai déposé ma main sur son cœur et le mien s'est mis à battre à vive allure sans préavis. J'ai rougi en disant : « Excuse-moi, je ne sais pas ce qui se passe. On dirait que mon cœur veut sortir de sa cage ». Il m'a invitée à m'asseoir et il m'a confié que le même phénomène s'était produit pour lui quand nous avions dansé ensemble. Ni Daniel, ni moi n'envisagions une relation amoureuse, mais que pouvions-nous faire face aux palpitations réciproques que nous ressentions ? D'un commun accord, nous avons décidé d'attendre mon retour de la saison de pêche avant d'aller plus loin que notre relation d'amitié.

Tous les soirs qui ont suivi, nous nous sommes retrouvés chez « Tim Horton[1] » assis à la même table à deux, en face d'un café et d'une tartelette aux fraises, pour parler de nos vies réciproques. Je lui ai raconté tout ce que j'avais vécu en santé mentale et je lui ai parlé de mon sevrage du lithium. Il semblait surpris de mes confidences et j'ai palpé un malaise à mon égard. Je lui ai demandé s'il préférait ne rien entreprendre avec une fille comme moi. J'ai ajouté que cela ne compromettrait pas l'amitié que je ressentais pour lui. « Notre relation n'est pas en cause, dit-il ; je me demande quels « thérapeutes » ont pris soin de toi, pour qu'après douze ans tu en sois encore à te questionner ainsi ».

– Je ne sais pas ce qu'est un « thérapeute » dans ton langage à toi. J'ai rencontré des psychiatres et un psychologue en stage. Pour les autres personnes avec lesquelles j'ai travaillé, c'étaient des travailleurs sociaux ou intervenants qui donnaient un compte-rendu de nos rencontres aux

---

[1] Salon de thé dans les Laurentides

187

« psy » qui me soignaient. Aujourd'hui, je voudrais essayer la médecine douce.

Daniel m'expliqua alors les différents traitements qui existaient en énergie comme «l'hypnothérapie», le «toucher thérapeutique», le «massage thérapeutique», la «réflexologie» et le traitement par «magnétisme». Je n'avais jamais entendu parler de ces thérapies, à part l'hypnose que je reconnus dans le terme «hypnothérapie».

– Que veux-tu dire par traitement en magnétisme ?

– C'est un flux d'énergie que nous apportons à un endroit spécifique du corps par l'imposition des mains et qui peut soulager la douleur en libérant l'énergie qui n'y circule pas comme elle le devrait.

– Je crois que je sais de quoi tu parles. L'oncle de ma fille Claudelle qui est guérisseur a posé ses mains sur mon front et j'ai entendu un fort craquement dans ma nuque, à l'endroit même où j'avais mal. Je me suis sentie énergisée instantanément.

– C'est ça. Tous les guérisseurs utilisent le magnétisme sur leurs clients. Il est un de mes outils de travail ainsi que l'hypnose.

En apprenant qu'il travaillait dans ce domaine, je jubilai en silence. Je n'arrivais plus à écouter ce qu'il disait. Il me demanda ce qui se passait.

– Je rêve d'être traitée en médecine douce depuis 1987. Depuis mon retour au Québec, je cherche l'endroit idéal pour moi. Tremblante d'émotion j'ajoutai : «pourrais-tu me traiter ?»

– C'est d'une thérapie que tu as besoin, me dit-il, pas seulement de magnétisme. Je ne peux pas être ton thérapeute, du fait que je ressens des papillons en ta présence. À ton retour cet automne, je t'amènerai chez mon amie thérapeute; elle saura t'aider adéquatement.

– Une thérapie, dis-je sur un ton contrarié ? Ça fait douze ans que je suis en thérapie. Avec l'hypnose, tu pourrais trouver ce qui m'étouffe et le problème serait réglé, non ?

– Ce n'est pas tout à fait comme ça que ça se passe. De un, ce n'est pas moi qui trouve ce qui ne va pas, mais la personne sous hypnose.

– Ah bon !

– En plus, tout dépend des efforts et du temps qu'elle veut investir pour y arriver et surtout de son désir de guérir.

Puis il m'expliqua ce qu'était l'hypnose et l'hypnothérapie ainsi que la différence entre les deux. Ses connaissances m'impressionnèrent et je demeurai muette. Il termina ses explications en disant : « Mon amie thérapeute, travaille en médecine alternative depuis plus de quinze ans. J'ai étudié ainsi que suivi une thérapie avec elle. Je crois qu'elle t'amènera en régression, afin de retourner à la source de ton problème ». Surprise de ses propos je répondis : « Pourquoi as-tu suivi une thérapie, puisque tu n'as pas eu de maladie mentale » ? Dans le même état de stupéfaction où j'étais plongée, je l'entendis me répondre : « Nous n'avons pas besoin d'être malades pour suivre une thérapie. Dans mon cas, je vivais des émotions inconscientes, provenant de mon enfance et... »

Je n'arrivai pas à écouter la suite et ne pus m'empêcher d'interrompre ses explications en réagissant vivement.

– Nous vivons des émotions inconscientes ? Oh la la ! Moi qui éprouve encore des difficultés à capter mes émotions conscientes. J'ai du chemin à faire !

– Ne prends pas cela de cette façon. Dis-toi que tu as trouvé l'endroit que tu cherches depuis 1987 et garde le moral.

Il m'expliqua en détail comment il en était arrivé à travailler dans le domaine de l'énergie. Toutes les précisions qui étaient reliées à notre passé, étrangement, me donnaient des papillons dans le ventre. Je lui ai dit que j'éprouvais des difficultés à saisir.

– N'essaie pas de comprendre avec ta tête, car c'est notre corps qui nous révèle ce qui s'est passé durant notre vie.

– C'est quoi, des émotions inconscientes et pourquoi devrais-je aller fouiller là-dedans ?

– En nettoyant les émotions refoulées dans notre inconscient, nous faisons de la place pour nos émotions conscientes et nous parvenons à mieux les laisser circuler.

Il m'a raconté les grandes lignes de ses expériences. Il a terminé en disant : « Personne n'est à l'abri du trop plein de peurs, d'angoisses et de craintes. Pour moi, la perte de ma maison fut la goutte qui a fait déborder le vase ».

– Si je comprends bien, mes émotions inconscientes seraient mes refoulements. Depuis quelque temps, c'est-à-dire depuis que je suis revenue sur ma terre natale, ma mère me hante. Son attitude rigide du temps de ma jeunesse m'occupe constamment l'esprit et ça m'étouffe.

– Ces sentiments viennent de ton inconscient qui se libère.

Je me suis mise à pleurer.

– Dis-moi ce que tu vis pour le moment ?

– Si tu savais comme je me sens perdue sur ma terre natale. C'est comme vivre un exil. Je me demande pourquoi je pleure, c'est débile !

– Se pourrait-il que tu aies toujours caché tes peines ?

– J'ai déjà une tonne de questions sans réponses. N'en ajoute pas, je t'en prie.

– Je comprends maintenant pourquoi tu as mal partout !

– Je ne savais pas qu'il y avait des « médiums thérapeutes ».

– C'est une manière de décrire, en mots, ceux qui travaillent accompagnés de leurs « guides » ou « Êtres supérieurs de Lumière ».

– Encore là, c'est du vrai chinois pour moi.

189

– Justement, ta comparaison est bonne car les soins alternatifs sont un mélange de médecines orientales, occidentales et de l'art antique de la guérison provenant de toutes les régions du monde, incluant la médecine amérindienne. Nous en reparlerons en temps et lieu.

– Je veux comprendre !

– J'ai plus de dix ans de cheminement, par la lecture et les cours et toi tu voudrais tout comprendre en deux minutes !

J'ai ri de mon impatience ! Il a ajouté :

– Actuellement, il y a une exposition sur les soins alternatifs à St-Jérôme. Si tu veux, nous pourrons y aller. Pour clore notre conversation sur le sujet, je crois que suivre la thérapie dont je te parle peut devenir le plus beau cadeau qu'une personne puisse s'offrir à elle-même. J'ai une cassette intitulée le « Memorendum de Dieu ». Fais-moi penser à te la prêter.

J'ouvre la porte à la vie

Daniel aimait parler et partager. Alors, pendant nos « cafés-causeries » quotidiens, nos pensées profondes jaillissaient sans aucune retenue et notre spiritualité était au menu. C'était passionnant. Que pouvais-je souhaiter de plus ? Par contre, ma question à « mille dollars », c'est-à-dire sur ma sexualité, me tenaillait l'esprit à chacune de nos sorties.

Avais-je le droit de lui cacher, jusqu'à mon retour à l'automne, mes interrogations sur mon orientation sexuelle ? Je lui en ai finalement parlé et son ouverture d'esprit a surpassé mes attentes. « As-tu déjà été attirée par une femme, me demanda-t-il » ? « Jamais sexuellement, répondis-je, mais j'ai eu l'occasion de partager avec plusieurs de mes consœurs lesbiennes, lors de réunions provinciales, et je me suis toujours sentie bien auprès d'elles ». Il a répondu : « L'essayer ne veut pas dire l'adopter. J'apprécie beaucoup ta franchise et ça ne change pas ce que je ressens pour toi. Ta saison de pêche te donnera le temps de compléter le deuil de ta séparation et d'éclaircir ce que tu veux vivre. Moi, je prends le pari de t'attendre ».

J'ai alors senti, pour la première fois de ma vie, que j'avais le droit d'exister et de prendre le temps de me connaître moi-même. Ce soir-là, Daniel m'a invitée à coucher avec lui. Voyant ma surprise, il dit : « Pour dormir, rien d'autre. Je suis bien en ta compagnie ». Surprise, j'ai rétorqué : « Tu peux dormir à côté d'une femme sans essayer de… » Il répliqua : « Ce ne sera pas la première fois que je dors avec une amie sans essayer de… »

190

À partir de ce jour, j'ai couché, emmitouflée jusqu'au cou dans le lit de Daniel. Il souriait de me voir faire en disant qu'un homme, ça ne mord pas en dormant.

La date de mon départ avançait à grands pas. J'ai donc commencé à préparer mes bagages. J'ai pensé à m'apporter de la lecture, des livres sur la médiumnité, la réincarnation et le karma qui ont répondu à plusieurs de mes questions sur la vie. Puis mon départ fut reporté.

Entre-temps, l'explication que m'avait donnée Daniel sur mon orientation sexuelle en disant « L'essayer ne veut pas dire l'adopter » m'intriguait. Comme mes expériences sexuelles se résumaient aux deux pères de mes enfants, j'ai pensé qu'avant de vivre une expérimentation avec une femme, je devrais en faire une avec un homme pour voir où j'en étais. J'en ai parlé avec Daniel. Puis je lui ai demandé s'il pouvait être l'homme-test pour trouver mes réponses. Il me dit : « Je serai ton cobaye et heureux de l'être. Blague à part, je suis flatté que tu m'aies choisi ». Les yeux rieurs j'ai dit : « J'aimerais le tenter le jour précédant mon départ pour le Parc Lavérendrye ».

Ce fut une expérience extraordinaire ! J'ai flotté comme… Bref, à chacun sa façon d'exprimer, en mots, l'extase que nous vivons dans ces moments-là.

Le lendemain, qui était la journée de la Fête des mères, nous sommes allés visiter mes enfants. Ne pouvant cacher l'étincelle de lumière qui brillait dans nos yeux, ils m'ont tous dit être très heureux pour moi.

À notre retour à Val-David, j'appris que je devais rejoindre ma patronne immédiatement. J'ai ainsi su qu'il me fallait me rendre à Grand-Remous pour 10 heures le lundi matin. Arrivée sur place, point de contact pour prendre le camion qui devait m'amener à la pourvoirie, j'étouffai pour la deuxième fois en quarante-huit heures. En plus, cette fois-là, j'enflai à un point tel que j'ai dû couper d'urgence mon pantalon. Daniel est intervenu : « Depuis une semaine, tu es tombée à deux reprises, en plus de t'asphyxier sérieusement, sans raison, plusieurs fois. Hier, chez Claudelle, tu as été obligée de te coucher pendant une heure et tes mains ont enflé sans aucune explication logique. Et voilà que tu dois couper ton pantalon parce que tu gonfles comme un ballon. Que se passe-t-il ? » Hésitante, je précisai : « On dirait que ça se produit lorsque je vis des joies ». Il ajouta alors : « Si jamais tu n'es pas capable de travailler, je te demande de ne pas t'inquiéter outre mesure. Nous nous organiserons pour que tu ne manques de rien ».

À partir de ce moment-là, tout s'est déroulé en accéléré. Ma vie a pris alors un tournant imprévisible.

À ma troisième journée de travail, j'ai eu deux pertes d'équilibre et j'ai chuté sur le plancher de la cuisine, sous les yeux étonnés de ma pa-

tronne qui a demandé : « Que feras-tu avec un bol de soupe à la main ? »
Il était évident que je devais trouver la ou les causes de ces faiblesses.
Profitant de mon silence, j'imagine, elle a ajouté : « Prends la semaine et
reviens-moi en forme. J'apprécierais que tu m'informes le plus tôt possible si ta santé ne te permettait pas de faire la saison. Je n'en serais pas
surprise ».

À la salle d'urgence, lors de mon examen, je ne ressentais plus rien
dans le bas du dos et mes jambes ont refusé d'obéir à certains mouvements qu'on me demandait de faire. Le médecin de l'urgence m'avertit
qu'il se pouvait que je sois hospitalisée. Alors que j'attendais le résultat
des radiographies, une infirmière vint à mon chevet pour compléter
l'historique de ma santé. Lorsque je lui ai dit que j'avais arrêté le lithium,
sa mimique m'a fait regretter mon honnêteté.

Au retour du médecin, qui avait le résultat des examens en main,
j'ai appris que je devais être hospitalisée pour d'autres recherches plus
approfondies. Il a ajouté, non sans hésiter, qu'il exigeait parallèlement une
investigation en santé mentale. « Que vient faire la santé mentale dans ce
qui se passe avec mon dos, mes jambes et mes pertes d'équilibre, demandai-je, abasourdie par son exigence ? »

Pendant le long silence qui suivit, je me grattai la tête à deux mains,
puis lui demandai en le regardant droit dans les yeux : « Et ces ecchymoses, sans m'être cognée au préalable, proviennent-elles de mon imagination… d'après vous ? » « Il arrive parfois que nous nous heurtions sans
nous en rendre compte, me dit celui-ci ». S'apercevant de mon malaise,
j'imagine, il ajouta : « C'est parce que vous avez cessé le lithium sans
l'avis d'un professionnel que je vous recommande fortement d'en rencontrer un. Si vous n'acquiescez pas à ma demande, je le considérerai
comme un refus de traitement et je vous demanderai de le signer. Prenez
le temps d'y réfléchir. Je reviendrai d'ici une dizaine de minutes ». Puis il
s'est retiré.

Seule, face à moi-même, j'ai réagi en allant chercher Daniel dans la
salle d'attente pour lui demander s'il pouvait faire quelque chose avec le
magnétisme.

– Vu que les radiographies ne démontrent rien d'anormal, oui.
Mais, n'oublie pas que le magnétisme n'est pas reconnu en médecine
conventionnelle. Tu ne pourras pas avoir d'aide financière. Après un moment de silence, il a ajouté : « Prends le temps d'y penser. Selon moi, tu
devrais aller plus loin dans les examens avant d'utiliser le magnétisme. »

– J'ai déjà reçu des traitements de magnétisme. Je sais ce que ça
fait. J'ai stagné suffisamment longtemps en santé mentale pour savoir
qu'ils prennent une éternité à dissocier les problèmes physiques des problèmes mentaux. Si tu acceptes de me donner des traitements de magné-

tisme, je signe le refus de traitement. Je me trouverai un autre emploi dans les environs.

– Si tu devais aller voir une personne autre que moi pour ces traitements, signerais-tu ce refus de traitement ?

– Oui !

– Dans ce cas je vais faire ce que je peux. En longeant le corridor qui nous amenait à la porte de sortie, il ajouta : « Prévois que la route sera plus longue que tu ne t'y attends. »

Il a dû me donner un coup de main pour m'asseoir dans la voiture, car mes hanches refusaient d'obéir. « J'espère ne pas avoir influencé ta décision, dit-il, la mine inquiète. ».

La chaleur du soleil accumulée dans la voiture, dont les vitres étaient levées, me remplit d'énergie. J'ai alors demandé à Daniel d'attendre quelque peu avant de descendre les vitres afin de me donner le temps d'absorber cette énergie.

À mon arrivée à la maison, je n'ai pas eu besoin de son assistance pour descendre de l'auto ni pour monter les escaliers du perron. J'ai pris le téléphone et, les larmes aux yeux, j'ai démissionné de mon poste de cuisinière. Puis, d'un pas vif et déterminé, je suis sortie pour aller me réfugier sur le bord de la rivière du Nord.

Était-ce la colère qui m'habitait qui me permit de marcher sans problème ou l'énergie puisée dans le soleil qui faisait encore son œuvre ?

Assise sur le banc, appuyée au bras de Daniel, qui m'avait suivie en silence, j'ai résisté à mon envie de pleurer sur mon sort. « L'apitoiement ne mène nulle part », m'assura ma petite voix intérieure. Tout ce qui est arrivé par la suite se déroula si vite que je ne me souviens que des traitements de Daniel qui me firent un grand bien.

Bourrasques de vent ou tornades ?

Me voici donc arrivée au 15 mai, sans emploi et avec une santé plus que chancelante. Ce jour-là, Claude m'annonça qu'il déménageait dans son foyer pour personnes âgées pour le premier juillet et qu'il avait loué sa maison pour la même date. Il termina sur un ton compatissant : « Ne t'inquiète pas, tu as un an pour te remettre en forme. Lorsque ce sera fait, je t'offrirai un travail à l'année si ça t'intéresse toujours ». Ce qui ne m'empêcha pas de me payer une douce crise d'apitoiement en pleurant silencieusement sur mon sort.

Le lendemain, ayant retrouvé mon calme, j'ai feuilleté les journaux pour me trouver un emploi. Daniel fit la grimace. Il me suggérait de chercher un travail à temps partiel en soulignant qu'il ne serait pas surpris que ce soit encore trop pour moi. « Je n'ai pas le choix. Je dois me nourrir et me loger », lui dis-je. Ma façon de répondre était tellement sèche que plus personne n'osa dire un mot.

Ce soir-là, alors que nous étions assis à notre table chez « Tim », Daniel m'a proposé de partager un logis avec moi. Me voyant hésitante, il a ajouté : « Nous mettrons tout à ton nom. Comme ça, tu seras libre de me demander de partir, si tu le souhaites ». En bougonnant j'ai dit : « J'ai peur qu'une cohabitation prématurée nuise à notre relation et... ». Il trancha : « N'oublie pas que nous sommes des adultes ». Je ne dis plus mot.

Ce soir-là, j'ai couché dans mon lit. Le lendemain, seule à la maison, je laissai sortir mon découragement en augmentant le volume de la radio démesurément. Entêtée à subvenir à mes besoins pécuniaires, j'ai appelé à l'Auberge du Vieux Foyer et j'ai demandé une entrevue qui me fut accordée sur-le-champ. Ce même jour, j'ai accepté une journée à l'essai planifié pour le lendemain. Au bout de onze heures, j'étais complètement vidée, le dos en feu et toute crispée de douleur. J'ai compris que mon corps ne pouvait plus travailler si longtemps. Le matin, en allant reconduire Daniel à son travail, je lui annonçai : « Je vais aller donner ma démission sur-le-champ ». En silence, il mit son bras sur mon épaule et m'embrassa doucement.

Le chef, qui était aussi le propriétaire, me proposait un poste à temps partiel, mais il ne pouvait m'offrir des demi-journées de travail. Lors de mon départ, il ajouta : « Lorsque vous serez rétablie, venez me voir. J'ai souvent des ouvertures et les personnes de votre qualité sont rares ».

De retour à la maison, me sentant soulagée après les démarches que je venais d'effectuer, j'ai ouvert mon courrier. Regardant ma carte de chômage, j'ai calculé les semaines qui me restaient. L'odeur de l'Aide sociale commençait à sentir le roussi. J'ai prié le ciel de subvenir à mes besoins à partir de... Puis soudain, je me suis rappelée que Dieu n'était pas responsable de ma soupe après tout. Je fis donc un lâcher-prise sur tout.

Enfin l'accalmie !

Mes après-midi se sont transformés en balades en auto. Je me nourrissais de la nature en me promenant dans les petits chemins de campagne et en faisant le tour du Lac des Sables avec la radio à tue-tête sans pour autant me sentir déséquilibrée. J'attendais que Daniel revienne de son travail, comme une petite jeunette qui ne savait que faire d'autre sans lui. La seule chose qui me ramenait les pieds sur terre était la quête d'un appartement. J'en avais de la « broue dans le toupet[1] ». Mais Daniel me rassurait en m'assurant qu'il n'y avait pas de pénurie de loyers dans les Laurentides.

J'appris alors que « tomber en amour », peu importe l'âge, ça se voyait. J'étais rayonnante, au dire de mes nièces « Steffy » et « Jojo ». Cette dernière m'a baptisée « Tante sourire ». Je dirais même que ça nous soulève de terre. Je l'ai constaté le jour où Claude m'a emprunté ma voiture. Avant de la lui laisser, je suis allée faire un dépôt à la Caisse Populaire pour garantir mes engagements. Lorsqu'il est sorti de la maison pour prendre la voiture, il a dû revenir sur ses pas pour me demander où elle était garée. « Oups ! lui dis-je, je l'ai déposée en même temps que mon chèque. Attends, je vais aller la chercher ».

Le soir au souper, Daniel et Claude m'ont taquinée. Ils me faisaient revivre le temps où mes frères me faisaient grimper dans les rideaux avec leurs plaisanteries, mais cette fois-ci, je ne me laissais pas autant emporter. Puis la conversation est devenue sérieuse. « Si tu te cherches toujours un travail léger, me dit mon frère, je connais un petit Casse-croûte sur la 329 qui cherche une cuisinière pour l'été ».

À l'heure du coucher, j'ai vidé mon stress en pleurant sur l'épaule de Daniel. « Y arriverai-je cette fois-ci ? Je ne veux pas vivre au crochet de la société ». Il me consola en disant : « N'oublie pas que nous sommes deux maintenant ».

Après ma troisième journée de travail, j'étais encore en pleine forme. En plus, j'ai trouvé un logis à deux pas du Casse-croûte, en pleine nature, situé près d'une petite rivière sans nom et à un prix plus qu'abordable.

J'ai alors signé le premier bail de ma vie.

Aquilon me parle !

Attendre au premier juillet pour prendre possession de mon appartement était presque un supplice. En attendant le grand jour, chaque soir nous allions faire une randonnée en auto et la terminions en allant manger notre dessert chez « Tim ». Voilà qu'une chose bizarre se produisit. Nous faisions le tour du Lac des Sables, lorsque j'ai ressenti un urgent besoin de crier. Pour éviter de le faire, de peur de devenir folle ou que Daniel me prenne pour une cinglée, j'ai augmenté le volume de la radio.

---

[1] Expression québécoise signifiant sueur sur le front. Broue = mousse de la bière;
toupet = frange

Daniel s'est aperçu qu'il se passait quelque chose. À mon grand étonnement, il me dit : « Si tu veux crier, crie. (Il augmenta la vitesse de la voiture). Ce n'est pas moi qui t'en empêcherai. Laisse-toi aller dans ce qui se passe, même si tu n'y comprends rien ». Il haussa encore plus le volume de la radio. Je suis entrée dans la chanson « Aime-moi » de Claude Barzotti. C'était comme si une voix intérieure me criait : « Aime-moi », dans le sens de m'aimer moi-même. C'était comme si mon âme m'avait parlé. J'ai vécu une forte sensation de résurrection. Je me suis sentie troublée par cette expérience. La chanson terminée, j'ai fermé la radio et j'ai raconté ce que je venais de vivre. Daniel m'a encouragée à prendre du temps pour respirer plus calmement. J'ai réagi : « Tu ne trouves rien d'anormal à m'entendre te dire que je me suis sentie ressuscitée ? » J'ai fermé les yeux tellement j'avais peur de sa réponse. Il me dit sur un ton très calme : « Je me suis déjà senti renaître. Pour toi, c'est ressusciter, quelle différence y a-t-il, si ce n'est dans le mot qu'on utilise ? »

Il a profité de cette occasion pour me suggérer, une deuxième fois, d'aller voir son amie Ibis Cardinal, avec qui il avait fait sa thérapie. J'ai encore répondu que j'attendais d'avoir de l'argent.

Quelques jours plus tard, Daniel m'a parlé des « codages » qu'il faisait depuis sa renaissance, afin de reprogrammer sa vie. Ne comprenant pas ce qu'il voulait dire, je lui ai demandé de me l'expliquer. « Se reprogrammer est une phase qui se vit normalement après une thérapie profonde ». « Peu importe, lui dis-je sur un ton insistant, je veux comprendre ce qu'est un codage ». « Bon, d'accord, en voici un : « Je m'aime et me laisse aimer de plus en plus chaque jour », me dit-il avec un sourire presque narquois. Je suis restée muette. Puis après un certain silence il a ajouté : « Tu le fais chaque soir avant de te coucher, durant vingt et un jours consécutifs. Tu répètes cette phrase trois fois. Si tu oublies un soir, tu recommences au jour un ». Allez donc savoir pourquoi, j'ai décidé de commencer cette pratique le soir même. Je n'arrivais même pas à dire la phrase. Daniel devait me la lire et je la répétais après lui. En me glissant sous les draps, j'ai constaté combien j'étais loin de moi-même.

Le lendemain, à mon réveil, ma nièce Steffy était à la maison et elle m'a dit : « Je n'avais jamais remarqué que tu avais de si beaux yeux, ma tante. »

– Moi non plus, ma grande. Et toi, quel bon vent t'amène ce matin ?

– Je vais être maman et j'ai hâte.

– Un bon breuvage pour fêter cela ? lui offris-je.

Le téléphone sonna. J'appris que je pouvais prendre possession de mon loyer le jour de mon choix, sans frais supplémentaires.

– Un autre café, ma tante, pour fêter cela ?

– Et pour toi, un autre jus d'orange ?

– Chin, chin ! À nous deux. Heu ! À nous trois ! dit-elle les yeux pétillants elle aussi.

Ah oui ! Question d'avoir de la suite dans les idées : il m'a fallu sept semaines avant de réussir ce codage de vingt et un jours consécutifs. Il était plus qu'urgent de prendre soin de moi.

Choisir de vivre sans savoir qu'on est morte

Lors de ma deuxième semaine de travail au Casse-croûte, en lavant la vaisselle de l'après-midi, mon mal de dos est devenu insupportable. En me voyant me tordre dans mes va-et-vient, la patronne m'a interrogée.

Quand je lui eus dit que j'avais mal au dos depuis un certain temps, elle trancha en me remerciant de mon travail. J'ai figé sur place. Elle m'a dit simplement que la hauteur de son lavabo n'était pas conforme aux règles de la CSST. Elle a ajouté qu'elle n'avait pas les moyens de faire des rénovations. Puis, elle s'est retirée dans ses appartements.

Je suis retournée chez moi, la tête vide.

Après m'être consolée dans les bras de Daniel, j'ai accepté d'attendre la saison de ski pour me remettre à chercher du travail. Nous avons donc emménagé à Lantier malgré le doute qui planait sur ce choix d'appartement. « Il faut vivre avec ses décisions, dit Daniel. Nous serons dans le calme et ça nous fera du bien à tous les deux ».

J'ai investi mon temps à repeindre l'appartement et à aménager tout ce que nous avions. J'ai organisé le logis de façon à ce que Daniel puisse avoir une pièce pour recevoir ses clients. J'ai choisi la plus grande chambre afin d'avoir de l'espace pour écrire à ma guise. Mes journées étaient donc calmes et j'étais de plus en plus heureuse, découvrant chaque jour l'homme qui faisait maintenant partie de ma vie. Mes enfants ne me reconnaissaient plus, à cause de la douceur qui émanait de moi.

Voilà que je me suis retrouvée devant mon ordinateur, incapable, encore une fois, d'écrire un seul mot ou de formuler une seule phrase. J'ai senti une « ombre » au-dessus de moi. J'ai réalisé ainsi que chaque jeudi, j'étais dans un état lamentable, à un point tel que Daniel a réagi : « Il faut que tu trouves ce qui te fait perdre ton énergie de la sorte. Je ne peux pas continuer à te « booster » d'énergie si tu ne fais rien pour savoir comment tu la perds ».

Mon état de stress intérieur et l'insomnie sont remontés à la surface. Ça ressemblait au « spectre d'octobre », alors que nous n'étions qu'au début du mois d'août. Un sentiment de découragement m'a envahie. J'ai eu peur pour la première fois de ma vie.

J'en ai parlé avec Daniel :

– J'ai l'impression de vivre au centre d'une tornade depuis que j'ai quitté le Labrador. Les "£&#§ %" de courbes vont-elles finir ? La vie est injuste, je…

Après une heure de lamentations de ma part, il m'invita, pour la troisième fois, à aller consulter Ibis Cardinal.

J'ai refusé de comprendre encore une fois en répétant d'une voix impatiente : « Il faut que je me trouve du travail avant de pouvoir me permettre de suivre cette thérapie. Je serai sûrement en forme pour la saison de ski. Je ne peux pas croire que je ne sois plus capable de travailler ». Daniel est intervenu en disant : « Je serais très surpris que tu puisses travailler de sitôt. Je ne veux pas accroître ton inquiétude, mais je ne serais pas étonné que tu sois incapable de travailler pendant un an ».

– Dans ce cas, je n'aurai pas d'autre choix que d'avoir recours à l'Aide sociale.

– Je m'organiserai pour payer ta thérapie, me dit-il.

– Ce n'est pas à toi de payer ça, lui criai-je. J'irai chez Ibis lorsque j'aurai reçu mes retours d'impôts. Je ne…

– Nous ne pouvons pas prédire l'entrée de cet argent et tu as besoin de soins. Tu as fait de l'insomnie tous les soirs cette semaine. Essaye de planifier ton budget une semaine à la fois. Ne regarde pas la totalité du coût de la thérapie, sinon tu n'iras jamais.

Le lendemain, à mon réveil, j'ai lu son mémo de bonne journée comme d'habitude, sauf que ce matin-là, il avait ajouté le numéro de téléphone de Mme Ibis Cardinal.

En colère j'ai dit à voix haute : Si tu penses que je vais faire tout ce que tu me dis, tu te trompes. J'irai lorsque je serai capable de payer mes consultations.

À son retour, nous eûmes notre première dispute et une autre la semaine suivante. Pour celle-ci, j'ai vu que l'agent déclencheur appartenait à mon passé et non pas au présent. Je ne savais plus où donner de la tête. C'est en pleurant que j'ai prié cette fois-là !

Quelques jours plus tard, j'ai reçu un appel de Marie-Pia. Je l'ai invitée à dîner avec moi. Nous en avions long à nous raconter après plus de deux mois sans nous voir.

En lui confiant que je voulais vendre mon lave-vaisselle pour remettre l'argent à Niko pour ses études, elle m'a grondée : « Marion, tu n'as pas encore compris qu'il faut que tu prennes soin de toi ? » « Mais voyons ! Mon fils a besoin d'argent pour ses études » « Il peut demander des bourses d'études. »

Je me mis encore à pleurer. Après avoir apaisé mes gros sanglots, Marie-Pia est intervenue : « Que cachent ces larmes ? Le sais-tu ? Sinon, fouille ! Ça presse ».

– La fin de semaine dernière, il a servi de cobaye à une compagnie pharmaceutique pour la somme de 500 $. Mon fils teste leurs maudites pilules !

– Écoute, Marion. Ton fils a 24 ans. Tu ne peux pas lui donner ta chemise à manger. S'il veut prendre ce moyen-là, tu n'y peux rien. Tu te rends malade juste à y penser. Fais confiance à la vie. Elle pourvoira à ses besoins, sois-en sûre. Sais-tu qu'ils sont peu nombreux, ceux qui finissent leurs études sans dettes ? Conseille-lui de faire un emprunt au lieu de te vider les veines.

– Il m'a promis qu'il n'utiliserait plus ce moyen, lui dis-je en la regardant dans les yeux… Tiens, bizarre, je ne sens plus le poids que j'avais sur les épaules avant ton arrivée.

– Garde donc ton lave-vaisselle et laisse ton fils voler de ses propres ailes. Sinon tu finiras par lui nuire dans l'autonomie qu'il semble déjà avoir. Ceci étant dit, ajouta-t-elle, j'espère que ce n'est pas de l'ingérence de ma part. Pour être franche, je te crois capable d'en faire la différence.

Après son départ, en rangeant la table, j'ai ramassé quelques mouchoirs en papier qui étaient tombés en dehors de la poubelle. Impressionnée par le nombre jeté dans la corbeille, je me suis inquiétée de mes larmes qui devenaient un peu trop fréquentes. J'ai fait une rétrospective de mes agissements depuis que j'étais amoureuse de Daniel.

Je me suis aperçue que je « grimpais au mur » pour un rien et qu'il fallait que je fasse quelque chose, si je ne voulais pas être obligée de reprendre du lithium.

À l'arrivée de Daniel, je me suis excusée pour mes sautes d'humeur des deux dernières semaines. Il m'a rassurée en disant qu'il ne m'en tenait pas rigueur. D'une voix tremblante, il a ajouté : « Dans mon livre à moi, l'homme prend soin de la femme qu'il aime. Pourquoi refuses-tu mon aide monétaire et acceptes-tu mes soins en énergie ? Tu te nuis à toi-même en agissant ainsi et je n'ai pas l'intention d'être ton complice. Je t'aime, Marion, mais je n'ai pas le pouvoir de faire en sorte que tu t'aimes toi-même ».

À l'heure du coucher, je lui promis d'appeler Mme Cardinal.

Pensées, Désirs, Action !

Le lendemain, à mon réveil, j'ai composé le numéro de Mme Cardinal. La chaleur humaine dans la voix de sa fille lorsqu'elle m'a répondu, m'a enveloppée d'un calme tout à fait nouveau pour moi. Puis, le soir, à l'heure du souper, j'ai reçu son appel pour confirmer la date de notre rencontre pour le samedi 24 août.

En raccrochant le combiné, j'ai levé les yeux vers Daniel qui a compris ce que je venais de faire, sans dire un seul mot. J'ai vu deux larmes descendre le long de ses joues. Il s'est avancé vers moi pour me prendre dans ses bras. J'ai su que je venais de faire le bon choix et que j'avais frappé à la bonne porte. Mes larmes se sont mêlées aux siennes, m'apportant un souffle inconnu d'énergie. Bizarre me dis-je dans mon for intérieur.

Permettez-moi cette parenthèse : Lorsque l'on prie à longueur de journée et de nuit, comme je le faisais depuis des années, la Vie nous répond en plaçant les bonnes personnes sur notre chemin. En plus à travers des sensations nouvelles, elle nous permet de comprendre ce qui se passe, bien que ces sensations nous apparaissent bizarres au prime abord. Je ne le comprendrai qu'après quelques rencontres avec Ibis, « thérapeute de l'âme » ou encore « médium thérapeute ». L'approche de ces personnes qui travaillent pour l'Univers, (si vous me permettez cette expression) est entourée d'un calme qui ne passe pas inaperçu et leurs visions remplies de vérité concernant qui nous sommes ainsi que leurs réponses à nos questions (de celles que nous nous posions sans jamais les avoir avouées à quiconque), font que nous n'avons pas d'autre choix que de nous regarder dans notre miroir. Et, ce qui est le plus merveilleux, c'est que ce miroir ne reflète pas seulement nos erreurs, il est rempli de nos qualités que nous ne nous connaissions pas.

Ceci étant dit, je poursuis ma rencontre avec Ibis étape par étape.

Les jours d'attente, avant ma rencontre avec elle, étaient remplis de ces énergies de calme que je n'arrivais pas à définir ni à expliquer en mots autrement qu'en répétant « c'est bizarre ». Cet état d'être m'a donné le goût de retourner dans mon livre et d'essayer de poursuivre le travail commencé. En ouvrant le dossier, j'ai pris connaissance de la structure déjà établie. J'ai observé que certains fichiers étaient encore au stade embryonnaire et ce, après six ans de travail. Une vague de découragement m'a envahie. J'ai interrompu la bousculade de mes pensées, comme si la bobine de mon film de vie s'était décrochée, et je suis redevenue calme. J'ai lu le titre de chacun d'eux et je me suis aperçue qu'ils correspondaient à douze ans de démarches. J'ai alors vu l'ampleur du travail accompli. Soudain, j'ai compris que ce livre demandait un deuxième tome ! Je me suis mise à rire en écrivant à répétition sur la dernière page : à suivre… jusqu'au bas de celle-ci.

Ensuite, je me suis retirée pour aller faire une promenade sous la bruine chaude. J'ai compris dans le silence de mes pas qu'il fallait que je me détache de « Marion Leloup-Durivage » pour arriver à comprendre ce que je vivais. Pour arriver à le faire, j'ai pensé que je devrais lire mon livre comme si c'était l'histoire d'une autre fille. Oui, mais quand en aurai-je le temps, me suis-je interrogée en entrant dans mon appartement ? « Un jour à la fois », me dit ma petite voix intérieure. D'accord, répondis-je à haute voix. Je vais mettre ce projet sur ma liste de choses à faire, en temps et lieu.

Sixième chapitre

Le pot aux roses

Thérapie de l'âme

Le matin du 24 août 1994, sur la route qui m'amenait chez Ibis, je me suis agrippée à la poignée de la portière, car j'avais la sensation d'être assise sur un coussin d'air et de le voir s'envoler et m'emporter en même temps. « Relaxe, Marion, tout ira bien », me dit Daniel. « Facile à dire, ça, quand on est déjà allé où je me rends ce matin. Je n'ai jamais rencontré de médium thérapeute avant, moi ! C'est l'inconnu qui me fait peur. À moins que ce ne soit de me rencontrer moi-même, car je sais que c'est ce que je vais faire avec cette femme. Que dois-je lui raconter, selon toi ? Mes crises d'hystérie » ? Sur un ton rempli de douceur il me répondit : « Elle sait déjà ce que tu as vécu par sa clairvoyance ». J'ai répliqué : « Justement, je sais qu'en demandant son aide je lui donne carte blanche pour me dire mes erreurs comme mes réussites ». Il a insisté en disant : « Laisse venir les événements au lieu de t'imaginer ce qui va se passer ».

En arrivant à destination, mes pensées se sont arrêtées en apercevant Ibis sur son patio, debout près de sa fille qui était assise dans une chaise roulante. Elle m'a accueillie avec un sourire qui m'a réchauffé le cœur. Dès lors, je me suis sentie calme, comme une barque flottant sur un lac et valsant au rythme d'une brise légère, sans rames pour la diriger.

Après les présentations d'usage, je l'ai suivie au sous-sol de sa maison, où elle avait aménagé une salle de soins.

L'atmosphère de la pièce, enveloppée des reflets de l'âtre du foyer ainsi que de la lumière du soleil, pénétrant par la fenêtre à travers ses stores vénitiens, m'inondait d'une paix toute nouvelle. Elle m'a demandé ce que je venais chercher auprès d'elle. Je lui ai répondu que je voulais trouver ce qui n'allait pas chez moi.

Après une courte rétrospective des soins que j'avais reçus en santé mentale, elle a inscrit mes coordonnées dans un dossier et demandé les prénoms des membres de ma famille par ordre de naissance. Elle a eu un long soupir au prénom de Gisèle, la benjamine, en disant : « Il était temps qu'elle arrive celle-là ».

S'apercevant de mon angoisse, elle a déposé son crayon et m'a interrogée sur ce que je vivais. Surprise d'une telle attention, je n'ai su que répondre.

– Nous poursuivrons lorsque tu auras trouvé ce qui se passe en toi. Tu peux prendre l'heure de la session pour me répondre, si tu veux.

Après un certain silence qui m'a paru une éternité, je suis parvenue à dire :

– Se pourrait-il que je sois au bon endroit ? Depuis douze ans, je cherche la place où je serai comprise et c'est ce que je sens autour de moi.

– Douze ans que tu cherches, dit-elle étonnée ? Incroyable ! Si tu me fais confiance et que tu te laisses guider, je t'assure que tu trouveras les réponses à toutes tes questions.

– Je ne sais pas pourquoi, mais j'ai envie de dire oui. Pourquoi as-tu besoin de savoir le prénom de mes frères et de ma sœur ?

– Pour les connaître, le jour où je t'amènerai en régression.

– C'est quoi, une régression ?

Elle a déposé son crayon à nouveau.

– C'est un état de sommeil qui te ramène à l'âge que tu avais le jour où un événement important de ta vie s'est produit. Chaque cellule de ton corps a une mémoire et elles ont enregistré tout ce que tu as vécu depuis ta naissance, même lorsque tu dormais. Cela dépend de toi, il faut que tu acceptes de revoir ce que tu as vécu dans ta vie, car sans ton accord rien ne se dévoilera, tu ressentiras dans différentes parties de ton corps ce qui s'est passé.

– Quelle est ta profession au juste ?

– Je suis thérapeute de l'âme. Ce qui signifie que je fais mon travail avec l'aide de mes guides spirituels et les tiens. Le plan est unique pour chacun. Tu devras répondre par écrit à des questions qui me seront données par tes propres guides.

Me voyant perplexe elle a poursuivi en disant : « Mon rôle consiste à tenir ton propre miroir en face de toi et toi, tu fais le reste. J'ajouterai aussi que je prends soin de ton âme avant de m'occuper de ton physique. Vois-tu un inconvénient à ça ? »

– Non, pas du tout. Depuis ma tendre enfance, je parle avec le « Gars d'en Haut » tous les jours, comme un courrier quotidien, mais là, j'en suis venue à lui lancer le tout à bout de bras, à la moindre petite contrariété.

– Nous irons le chercher, ton courrier, dit-elle, et nous allons prendre le temps de relire son contenu pour décortiquer ce que tu n'as pas bien compris. As-tu d'autres questions ?

L'heure passée, j'avais fait le tour de mon jardin et celui de ma famille, incluant l'historique de la santé de mes parents. Ibis se dit très satisfaite de ce que nous avions fait. Puis, elle m'a donné un rendez-vous pour le samedi suivant.

Voilà qu'en me levant du divan, à ma grande surprise, j'ai éclaté en sanglots. Ibis est revenue s'asseoir près de moi et m'a dit d'un timbre de voix qui me parut différent.

– Je t'écoute.

– Je suis prête à tout faire pour ne pas reprendre du lithium. J'en suis à mon cent onzième jour d'arrêt. Il ne faut pas que j'y retourne.

– Rassure-toi. Tu n'y retourneras pas. Nous utiliserons d'autres outils de relaxation pour t'aider à te détendre. La première chose à faire, c'est de t'enlever de la tête que tu es une maniaco-dépressive. Tu n'en as pas le profil.

– Tu n'es pas la première personne à me dire cela.

– J'aimerais que tu te présentes chez ton médecin pour lui demander de te faire passer un test d'hypoglycémie.

J'ai eu un gros soupir. Ibis est intervenue :

– Quelque chose t'inquiète énormément. Peux-tu le cibler ?

Avec une réaction d'impatience je rétorquai : « Oui ! Voilà douze ans que je me retrouve devant des thérapeutes ou des « psy » et tous ont cherché chez moi des abus sexuels. On dirait que c'est la seule chose qu'ils ont en tête de découvrir parce que c'est devenu à la mode ». J'ai pris mon sac à main en finissant ma phrase et me suis dirigée vers la porte d'un pas décidé.

Ibis ne dit mot, elle me suivit pas à pas jusque dans le vestibule au pied de l'escalier. Là, elle m'a dit : « Il se peut que tu en découvres ! »

– Bien voyons, je le saurais, dis-je les dents serrées. Puis, j'ajoutai en bégayant : J'en ai tellement entendu parler par d'autres qui ont croisé ma route, que…

– Occulter, ça te dit quelque chose ?

– Non, pas du tout. Qu'est-ce que c'est ?

– C'est un genre d'amnésie qu'on utilise inconsciemment lorsqu'on a trop mal. Bien que nous nous voyions pour la première fois, je ne serais pas surprise que tu aies eu à faire face à des abus sexuels. Il y a des signes dans tes gestes et ta façon de marcher que nous retrouvons chez des personnes qui ont été abusées. Je…

– Je le sais que je suis une hommasse et…

– Non, tu n'es ni hommasse ni féminine. Tu es figée entre les deux. Tu sais, je travaille comme thérapeute depuis quinze ans et j'en rencontre toutes les semaines. Lorsque je partage avec des confrères de travail, c'est tous les jours que nous en découvrons. Mais là, tu vas trop vite en affaires. Laisse venir au lieu de te poser des questions.

Sa clairvoyance tout au long de la rencontre m'a captivée, particulièrement lorsqu'elle m'a expliqué certains de mes agissements dont je lui avais fait part, ainsi que par ses éclaircissements sur ma façon de comprendre les événements de ma vie, sans que je lui dise un mot. « J'en tremble de peur », avouai-je timidement.

– Ta réaction dévoile que je suis sur la bonne voie. Avec tout ce que nous avons échangé jusqu'à maintenant, je serais portée à croire que tu étais ta propre thérapeute et ce depuis bien des années. Te laisser guider, pour la première fois de ta vie, te demandera une force herculéenne. Avec cette perspicacité que tu as développée, tu m'obliges à te dire ceci : Il se peut que tu aies touché tes propres enfants et que tu l'aies aussi occulté. Si tu t'attends à cette possibilité, ce sera moins lourd. Je ne suis pas en train de te dire que tu as abusé de tes enfants, mais les « abuseurs » occultent eux aussi, surtout eux. Et ce, parce qu'ils souffrent de ce qu'ils ont fait.

Elle venait de me donner mon leitmotiv pour accepter d'aller fouiller dans mon passé : mes enfants !

En silence, tête baissée, je me suis engagée sur la première marche de l'escalier. Elle a pris mon bras doucement, ce qui m'a fait reculer et elle s'est placée devant moi en me regardant droit dans les yeux. Puis, elle a mis sa main sur ma poitrine en disant : « Sens la boule qui est là. La sens-tu ? Moi, je la vois et elle est plus grosse qu'un pamplemousse. Laisse-moi prendre soin de toi et nous la ferons fondre ensemble. Sinon, tu t'étoufferas avec ».

Cette boule invisible, je la sentais depuis plusieurs années et je n'avais jamais osé en parler, de peur qu'on ne me traite de folle, comme nous l'avions tous fait dans ma famille avec maman qui parlait elle aussi d'une boule invisible.

– D'accord, dis-je, les larmes aux yeux. Je veux savoir le nom du nœud que j'ai dans le cœur qui semble être attaché à cette boule.

Elle m'a prise dans ses bras. J'ai alors ressenti un regain très puissant d'énergie. Puis, elle m'a demandé d'écrire sur mes 27 ans de mariage. Elle a ajouté, la main appuyée sur la poignée de la porte, avant que nous n'arrivions dans la cuisine : « Surtout, évite tout sentiment de culpabilité. Le fait de se sentir coupable n'a jamais rien réglé. Bonne semaine ». (Ce sera l'unique phrase qui me restera en mémoire pour les jours à venir)

Sur le chemin du retour, je sentais la différence avec toutes les autres rencontres que j'avais eues jusque-là. Je cherchais la distinction. Daniel respectait le silence qui nous entourait. Puis avant de sortir de la voiture j'ai dit : « Jamais je ne me suis sentie aussi calme que maintenant. Je me sens sereine pour la première fois de ma vie. »

Le rationnel et l'émotif

Vivre la sensation d'être à la bonne place, lorsque ça fait plus de douze ans qu'on la cherche, ça ne se passe pas dans le calme. J'observai donc pour une troisième fois que le fait de vivre des joies me mettait dans un état d'excitation plus difficile à gérer que lorsque je faisais face aux tuiles qui me tombaient sur la tête.

Installée devant le clavier de mon ordinateur, j'ai fait un pied de nez à la peur de trouver des erreurs irréparables et, avec la témérité d'une jeune louve, j'ai écrit ma vie de femme, incluant mon rôle de maman. Après quelques pages, curieusement je me suis rendu compte que tout ce qui avait été fait avec M. Loiseau et avant lui n'était pas à recommencer, incluant ce que j'avais brûlé à Val-David, lors de ma nuit de tourments. Le contenu n'avait rien à voir avec mes anciens problèmes. Je me suis enfin vue prendre un nouveau départ, c'est-à-dire, m'avancer sur un chemin progressant vers l'aboutissement tant souhaité : la paix intérieure. Après trois heures de ce travail intense, je suis allée me recueillir devant le ruisseau qui longeait le terrain. Dans le « foyer » de mes pensées, j'ai remercié les membres de ma famille de tout le soutien qu'ils m'avaient apporté chacun à sa manière. À chaque souvenir qui remontait, je devais me battre et me débattre avec la culpabilité de ce que je leur avais fait subir. Cette nouvelle méthode n'était pas simple à appliquer, mais à mon grand étonnement, elle m'apportait un bien-être instantané jusque dans mon dos qui s'allégeait comme par magie.

Je suis allée marcher en profitant du calme de mon environnement. Quelques mètres plus loin, je me suis aperçue que je n'avais plus cette douleur au mollet, qui m'avait empêchée depuis plusieurs années de faire de longues randonnées. En revenant sur mes pas, d'un pied léger qui s'harmonisait avec les battements de mon cœur, un goût subit de hurler m'a prise aux tripes. Le désir de vaincre cette lourdeur qui m'habitait depuis si longtemps a fait battre mon cœur à coups redoublés.

Tant qu'à raconter ce que j'ai vécu, aussi bien tout dire. J'ai aboyé là où il n'y avait pas de maison, sans pour autant me croire débile. Je n'ose avouer le nombre de fois que je l'ai fait, sans savoir pourquoi je le faisais. Juste le fait de me sentir plus légère suffisait pour que je retourne au bout de ce petit cul-de-sac, jusqu'au jour où j'ai vu un chien sortir de sa cour à mon passage.

De petites réactions « étranges » du genre, il y en aura d'autres, chacune me servira à sortir tout ce que j'avais accumulé dans mon système émotif. Aujourd'hui j'en ris, mais… ça ne fait pas tellement longtemps que j'y arrive. Depuis, je sais que c'est à partir de ces aboiements (ou cris qui sortaient de ma gorge) que j'ai compris comment prendre soin de moi. Il fallait que je pousse ces cris-là pour le comprendre. Et c'est à partir de ce moment, que j'ai cessé de penser à mes semblables, car jusqu'alors, j'avais accompli chacune de mes démarches dans ce domaine en espérant apporter ce que j'apprenais à ceux et celles qui souffraient comme moi. J'ai cessé de consacrer mes efforts pour trouver les clés pour tous, pour « la meute », moi qui n'avais jamais été promue chef de bande.

Aussi, c'est d'un pas plus souple que je me suis rendue à ma deuxième rencontre avec Ibis, Je l'informai que je ne pouvais avoir une entrevue avec mon médecin avant trois mois, elle m'a demandé de supprimer le sucre immédiatement. La session fut utilisée à me faire comprendre la différence entre la raison et l'émotivité. J'ai entendu pour la première fois qu'il fallait me brancher sur mes tripes au lieu de ma tête. « Imagine que ton cerveau est dans ton ventre, m'avait-elle expliqué, et qu'il passe par ta tête pour s'exprimer ».

À la fin de la rencontre, bien qu'elle n'ait pas pris connaissance des écrits que j'avais placés au centre de la table, elle me les a remis en me demandant de les refaire avec le cerveau de mon ventre.

Ce terme finit par avoir du sens après quelques jours de pratique. Croyez-le ou non, j'ai découvert que je m'imposais « inconsciemment » d'aimer toutes les tâches que j'effectuais, incluant les couches sales que nous devions laver à mon époque. J'ai ri de moi. Puis en refusant le sentiment de culpabilité, je suis parvenue à rejoindre les émotions que je vivais et à les différencier les unes des autres. J'ai ainsi cessé de serrer les dents et de grogner à la moindre contrariété. En plus, lors d'une promenade avec Daniel, que j'avais acceptée sans en avoir envie, ce qu'il remarqua rapidement, il m'avoua être très surpris du fait que je ne lui avais pas exprimé ce que je ressentais. J'ai compris que cette manière d'agir revenait à cacher mes émotions ainsi qu'à mentir sur mon ressenti. Étonnée, j'ai réalisé que j'avais agi de cette manière pendant toute ma vie. Me voyant les yeux remplis de larmes, Daniel m'a demandé ce qui se passait.

– Je constate à l'instant même que j'ai toujours caché mes émotions et ce, à tout le monde, incluant moi-même. Moi qui croyais être une fille franche et sans détours, je me suis royalement trompée.

– Je ne comprends pas ce que tu essaies de dire, me répondit-il.

– Si cacher ses émotions, c'est mentir, ceci veut donc dire que je fus la pire menteuse que la terre ait portée.

Ce fut comme un coup de massue. Bien que j'aie essayé de suivre la consigne d'Ibis concernant la culpabilité, il m'était impossible de l'arrêter ; elle m'envahissait.

Ce soir-là, en plein milieu de la nuit, je me suis levée pour écrire une vingtaine de pages sur tout ce que j'avais ravalé dans ma vie. J'ai compris enfin ce que voulait dire « manger » ses émotions. J'ai du même coup vu pourquoi j'avais engraissé à certaines périodes de ma vie, et pourquoi, à d'autres, j'avais maigri sans suivre de régime. Reconnaissant certaines informations, que j'avais refusées de croire, de différents spécialistes en santé mentale, et ne parvenant pas à ne pas me sentir coupable, j'ai fermé l'ordinateur et je suis allée me coucher près de Daniel.

Le lendemain, au réveil, il m'avoua qu'il n'appréciait pas que je sois un oiseau de nuit. Je tus la pensée de rébellion qui me vint : « Si tu n'es pas content de ma façon de vivre, disparais ». Ce jour-là, je m'abstins de lui dire ce que je pensais, comprenant qu'il m'exprimait tout simplement ce qu'il avait vécu face à ma nuit blanche, mais je ne l'admettrai pas toujours. De toute façon je ne changerais pas ma façon d'agir et de réagir d'un seul coup. Des « Si tu n'es pas content, va-t-en… » il y en aura bien d'autres, pas seulement dans mes pensées et ce sera le cas pendant des lunes et des lunes.

Chacun sa recette, chacun son plan

Décrire tout ce que j'ai vécu, étape par étape, durant mon traitement avec cette thérapeute médium n'apporterait rien à personne. Car pour chacun de nous, une thérapie se déroule selon un procédé personnel. Pour moi, la première consigne fut de m'avertir qu'elle emploierait la douceur tout au long de mon cheminement avec elle. Cette méthode finira par me mettre dans des états insupportables.

L'outil qu'elle utilisait, la clairvoyance, me laissait souvent perplexe, mais à cause de la justesse de ses messages j'ai continué à lui faire confiance en accomplissant le travail qu'elle demandait. C'est grâce à la douceur avec laquelle elle me parlait, que je suis arrivée à parler du tréfonds de moi et ainsi rejoindre la colère que j'avais accumulée inconsciemment.

Entre-temps, j'ai entendu parler d'aura, de chakras et de corps subtils. Je dois aussi mentionner que les explications de Daniel m'ont beaucoup aidée. En plus, la faculté qu'Ibis avait de lire mon aura qui lui divulguait mes états d'âme et mes émotions, était tellement juste, que je ne pouvais hésiter à lui faire confiance. Par contre je me sentais un peu mal à l'aise devant tant de facteurs inconnus de la médecine alternative. Je n'avais jamais eu l'occasion d'en entendre parler dans le fin fond des terres éloignées du Labrador.

Ibis a donc pris le temps de me parler de la métaphysique, science dans laquelle elle puisait pour prendre soin de moi. Le mot *métaphysique* veut dire au-delà du physique.

– Pour atteindre le mental, me dit-elle, nous devons travailler avec ta conscience qui est au-delà. Je t'aiderai à découvrir ton mode de réflexion, c'est-à-dire ton schéma de pensées incrusté, pour te permettre de découvrir le pouvoir de celles-ci. Tu as le potentiel de te guérir aussi facilement que de te rendre malade comme tu le fais, faute de savoir mieux faire avec les pensées qui te viennent.

– Si je comprends bien ce que tu dis, c'est moi qui me rendrais malade et tout ce qui m'arrive serait de ma faute, de ma très grande faute ! J'éprouve un peu de difficulté à gober ça.

– Ne t'en fais pas. Moi, j'ai totalement rejeté cette façon de voir lorsque je suis passée parce que tu traverses en ce moment. Mais attention à ton sentiment de culpabilité : « par ma faute, par ma très grande faute » ne devrait plus jamais sortir de ta bouche. Nos pensées nous reviennent comme un boomerang et tu as trois secondes pour les effacer.

– Je croyais que Dieu seul pouvait apporter la guérison.

– C'est dans le foyer de tes pensées qu'Il agit.

Elle m'a informée qu'elle donnait des cours de croissance personnelle qui me seraient offerts en temps et lieu.

– Suivre des cours ne fait pas partie de mes plans.

– La vie est une école, Marion. Présentement, tu dois vider tout ce que tu as accumulé. Ensuite tu pourras identifier les connaissances que tu as acquises et les intégrer.

– On dirait que tu parles de la différence entre lire un livre et vivre un livre.

– Exactement, on ne peut mieux dire.

– Que j'aimerais donc pouvoir recommencer ma vie !

– Pourquoi ?

– Eh bien, il me semble que je m'y prendrais autrement.

– Rien ne t'empêche de t'y prendre autrement à partir de maintenant. Mais avant de changer quoi que ce soit, il faut d'abord faire le grand ménage.

– C'est vrai. Le gros bon sens, dis-je en riant.

– Entre-temps, crois qu'il est possible de reprogrammer ta vie. Continue de faire confiance à l'existence comme tu as su le faire jusqu'à maintenant.

– « Croire sans voir », ce n'est pas évident. Il y a eu un long silence. Puis, je lui ai demandé si c'était la clé maîtresse de notre vie.

– Je ne sais pas ce que représente « croire » pour toi. Moi, ce que j'ai appris jusqu'à maintenant, c'est que « pensée, désir et action » sont les clés de la réussite en toutes choses et ce, en autant qu'elles soient toutes les trois présentes lorsque nous avançons vers ce que nous voulons. Pour toi, c'est la guérison ; pour un autre, ça peut être une carrière de chanteur ou de devenir propriétaire d'une épicerie. Dis-toi bien que peu importe notre but, ces trois clés sont indispensables.

– Bon, d'accord. Je me tais et je t'écoute.

– J'ai pris connaissance de tous tes écrits jusqu'à maintenant. Te rends-tu compte de la richesse de la vie que tu as eue jusqu'ici ?

Nos malheurs, une richesse ? ai-je pensé. « Pourquoi pas ? » m'a murmuré ma petite voix intérieure. Puis j'ai écouté Ibis qui poursuivait : « Tu as fini de souffrir. Maintenant, tu vas te prendre en main pour apprendre à prendre soin de toi. Tes 27 ans comme épouse et maman, tu mets tout ça de côté. La « Super-Woman » est au chômage. À partir d'aujourd'hui, tu me parles de ton enfance, du plus loin que tu te souviennes. Devant les émotions refoulées qui surgiront, n'oublie pas de refuser de te sentir coupable aussitôt que la « bête » surgira. J'espère que tu y arriveras avec tes tripes, car jusqu'à maintenant ton rationnel domine tout ».

La séance terminée, j'ai quitté songeuse. Au milieu de l'escalier, j'ai grimacé en pensant à sa dernière phrase. En fait, comprendre la différence entre le rationnel et l'émotif me prendra un certain temps et une dose de patience insoupçonnée. Ce qui m'a aidé à y parvenir, c'est qu'au fil des rencontres, bien que des douleurs physiques survenaient, un nouveau bien-être intérieur m'habitait.

Un jour, devant des douleurs particulièrement aiguës aux genoux, j'ai appelé Ibis. « Daniel devrait être capable de te l'expliquer ». J'ai répliqué : « Tu lui as demandé de ne pas se mêler de mes affaires. Alors, moi, je ne lui pose pas de questions ». En riant, elle m'a expliqué que tout le travail intérieur que je faisais, libérait des tensions accumulées depuis des années. « C'est aussi le signe que tu travailles de la bonne façon, dit-elle d'une voix encourageante ». Puis, elle m'a suggéré de prendre des bains chauds avec du sel de mer. J'ai raccroché le combiné en faisant la moue.

Quelque temps plus tard, en lui parlant de ma transpiration abondante durant ces bains, j'ai appris que c'étaient les toxines qui sortaient. Du chinois pour moi, mais, j'ai lâché prise et cessé d'essayer de tout comprendre. Elle m'a félicitée.

– Se laisser guider n'est facile pour personne, dit-elle, et encore moins lorsque nous nous sommes débattues seules comme tu l'as fait jusqu'à maintenant. Tu sais, Marion, en prenant connaissance de tes écrits, j'ai été surprise de ton intelligence et de ton savoir-faire. Tu as été ta propre thérapeute depuis douze ans. Aujourd'hui, je te demande de changer cette habitude. Rappelle-toi que je suis là maintenant et que pour un certain temps, tu ne dois t'occuper que de faire que ce que je te demande. Comment vois-tu cela ?

Bien qu'un peu hésitante je lui ai répondu : « Un peu étrange, mais je sais aussi que j'ai besoin d'aide, jusqu'à maintenant la tienne, me permet de me sentir de mieux en mieux et j'ai confiance ». Rassurée par ma réponse, elle m'a dit : « Ta question pour les prochains quinze jours sera :

Qu'est-ce qu'une fille et qu'est-ce qu'un garçon ? Ah oui ! Place-toi dans ta peau de petite fille pour y répondre ».

Au moment de mon départ, elle m'a dit : « Je t'amènerai en régression à notre prochaine rencontre ». Encore une fois, je tremblai en entendant cette proposition.

– Rassure-toi, me dit-elle. Aller à la source de nos souffrances et comprendre d'où elles viennent, nous libère au-delà de nos espérances. Entre-temps, ne te décourage pas devant tes douleurs, me répéta-t-elle, elles sont le signe que tu travailles de la bonne façon. Ce sont les douleurs de l'épuration, c'est-à-dire de la libération. Écoute-les et elles te révéleront à toi-même d'où elles viennent en se détachant de toi. Prends aussi le temps de te reposer.

Contrariée, j'ai réagi : « Je consacre mes journées entières à mon travail personnel. Je ne fais rien d'autre, je ne peux pas être fatiguée » !

– Le travail intérieur que tu fais pour le moment demande plus de repos que tout autre travail physique. N'oublie pas qu'il faut que tu prennes le temps de t'amuser. C'est un besoin vital dans la vie. Ralentis. C'est très important que tu le fasses, afin de ne pas perdre le contrôle sur tout ce que tu vis et remues. Bonne chance ! ajouta-t-elle avec douceur.

Ce jour-là, sur le chemin du retour, j'étais intriguée par sa question : « Qu'est-ce qu'une fille et qu'est-ce qu'un garçon ? », même si je saisissais très bien que c'était la voie à suivre pour effectuer le chemin du compte à rebours. J'avais beau comprendre, ceci ne m'empêchait pas de regimber. J'ai hurlé à pleine voix : « Jouer avec ses bibittes[1] ce n'est attirant pour personne, moi y compris ». Puis j'ai ouvert la radio et entendu « Le blues de la rue » de Richard Séguin. « Balafré jusqu'au cœur » prit un sens encore plus profond que je ne l'avais compris jusque-là. Je souris au hasard.

À chacune de mes sessions, Ibis répondait à des questions que je m'étais posé durant la semaine et ce, sans que je lui en aie soufflé un seul mot ! Chaque fois que ça arrivait, je ne pouvais m'empêcher de trouver cela bizarre. Et non sans sourire, j'ai ajouté à haute voix : « Les petites sorcières de l'an 2000 ont perdu leur chapeau pointu et leur nez allongé ». Qu'elle était belle, cette Ibis, avec ses yeux verts, ses cheveux foncés aux boucles naturelles qu'elle attachait en souplesse et relevait parfois, comme pour mieux réfléchir ou entendre. Son charisme projetait un calme qui m'apaisait à chacune de nos rencontres et à chacun de nos appels téléphoniques. Sa voix rauque, calme et pleine de chaleur était un baume sur mes

---

[1] Bébêtes, mais aussi problèmes, ennuis, dans ce cas-ci l'auteure veut parler de ses vieux problèmes

plaies lorsque je l'avais au bout du fil. Sa démarche reflétait la plénitude et la sérénité, comme si elle se déplaçait sur un nuage sans être dans les nuages. C'est ainsi que je la voyais.

Qu'est-ce qu'une fille, qu'est ce qu'un garçon ?

Ce que j'ai pu en écrire des pages et des pages de ressentiments sur mon statut de fille comparé à celui de garçon. Le clavier de mon ordinateur n'était plus silencieux et les touches rebondissaient, ce qui m'obligeait souvent à reculer pour effacer les lettres qui s'imprimaient à répétition. Ralentir la vitesse de frappe ne réglait pas le problème. De son côté, Daniel en arrivait par moments à croire que je faisais fausse route. J'avoue sincèrement qu'à plusieurs reprises j'ai eu le goût de tout laisser tomber. Mais le bien-être qui s'infiltrait peu à peu en moi, après une période intense d'écriture, me disait qu'il fallait terminer ce que j'avais commencé. Sont alors survenus des moments où les heureux souvenirs ont surgi. J'ai pris le parti d'en rire comme je m'étais permis de pleurer lors des pages de douleur. C'était formidable, presque grisant, d'arriver ainsi à vivre mes émotions. Les connaissances de Daniel, sur ces périodes que nous traversons en thérapie, étaient utiles car parfois mes rires jaillissaient sans contrôle. J'en maigrissais et, en plus, mes douleurs étaient de moins en moins présentes, bien qu'encore intenses lorsqu'elles se manifestaient.

Durant ce travail intérieur, le quotidien n'était pas toujours facile, ce qui me ramenait au moment présent. Je me plaignis à Ibis de Daniel qui m'empêchait parfois de faire mon travail intérieur. Elle m'a fait comprendre qu'il fallait que ce soit ainsi, sinon je risquais de rester accrochée au passé et ne plus être capable d'en sortir. Elle m'a ordonné de ralentir et a remis encore une fois ma session de régression à plus tard.

Bien que contrariée, j'ai accepté sa décision.

Mes réactions devant ce remue-ménage que j'appelais grossièrement « vidage » pour vidange étaient parfois bizarres. En fait, je manipulais Daniel qui me servait souvent de bouc émissaire. En ces circonstances, au milieu de ma phrase, je reconnaissais ma manœuvre et corrigeais mon tir en lui disant que tout cela ne lui appartenait pas. Dans ces moments-là, il me prenait dans ses bras avec compassion.

Quelque temps plus tard, Ibis prit connaissance de ma prose sur le thème « Qu'est-ce qu'un garçon et qu'est-ce qu'une fille ? » Mes écrits la firent grimacer en raison du rationnel qui dominait tout au lieu de sortir les émotions qui y étaient rattachées. Elle me demanda alors de répondre à la question « Qu'est-ce que ma féminité ? ». J'essayai pendant trois semaines sans y parvenir. Elle me questionna pour savoir comment je me sentais devant la probabilité d'agressions sexuelles en bas âge ?

– J'espère qu'il ne s'agit pas de mon père. Je prie qu'on me donne la force de lui pardonner si jamais c'était le cas.

– En agissant ainsi, tu avances d'un pas et recules de trois en t'imaginant progresser. Tu finiras par t'épuiser en t'y prenant de cette façon. Si je te demandais de te placer devant ta féminité et ta mère que me répondrais-tu ?

– Elle, je l'ai enterrée en 1981 lors de ma fin de semaine de « Cursio ». J'ai pardonné nos mésententes en comprenant que ça ne valait pas la peine de me faire du mal avec ça. Je me suis dit : « Autres temps, autres mœurs ».

– Rien n'est encore réglé avec elle, Marion. Tu sais, le fait qu'elle soit morte n'efface pas les erreurs qu'elle a commises. Sors tout ce qu'elle t'a fait vivre. C'est la seule façon de te libérer. Tu es pleine de colère, de rage et de rancune…

– Moi, je vis de la rage et de la rancune ?

– Je n'ai jamais vu une femme qui en soit aussi pleine que toi de toute ma vie. Il y a aussi de la haine en toi.

– De la haine, dis-je, étonnée ? Eh bien, j'ai bien hâte de voir ça !

– Ne sois pas si dure avec toi-même. Que vis-tu présentement ?

– Il y a quelques semaines, tu m'as dit que tu m'amènerais en régression et depuis je n'en ai plus entendu parler.

– Je dois attendre que tu sois prête.

De retour à la maison ce jour-là, j'ai cherché dans le dictionnaire la signification des mots colère, rage, amertume, rancune et haine. Concernant ce dernier mot, j'avais peur de le lire. Je me suis aperçue que tous étaient plus ou moins synonymes et qu'ils se distinguaient non pas par leur taux de gravité, mais plutôt par l'accumulation d'émotions ainsi que par le facteur temps. C'est ce que j'ai compris. J'ai ri de moi lorsque je me suis vue comme une petite fille qui ne voulait pas faire de peine au Petit Jésus. Je me suis rappelé d'une religieuse qui nous préparait à notre première communion, en nous exerçant à la confession envers elle comme si elle était le prêtre. Il fallait absolument que je trouve un péché. Elle me questionnait sur mes agissements pour m'aider à en découvrir. Concernant la gourmandise, même si je lui disais que c'était ma mère qui m'obligeait à manger toute mon assiette alors que je n'avais plus faim, elle m'apprit à le considérer comme un péché. Ce souvenir m'a fait comprendre ce que voulaient dire Ibis et Daniel lorsqu'ils parlaient de fausses croyances. J'en ai découvert une quantité incroyable. Au fait j'en découvre encore depuis. Mais pour le moment, revenons à nos moutons.

Dictionnaire en main, j'ai cherché la signification du mot « féminité » afin de comprendre le sens de mes recherches. Le tout demeurait ambigu.

Voilà qu'au beau milieu de l'après-midi, ce jour-là, pendant que je piochais sur mon clavier pour retrouver ce que j'avais vécu avec ma mère face à ma féminité, j'ai reçu l'appel d'une amie de Labrador City, qui m'avait déjà confié les abus sexuels qu'elle avait subis de la part de son père. Je lui ai parlé alors de la période que j'étais en train de traverser.

Au moment où je lui ai parlé de ma mère, elle m'a dit : « Eh bien voilà ! Tu as trouvé. C'est ta mère qui a abusé de toi ».

– Bien voyons ! Ça ne se peut pas, elle était tellement puritaine et renfermée sur…

– Les abus, Marion, ne se font pas uniquement par le sexe ou les coups physiques. Il y a plusieurs manières d'abuser d'un enfant comme, par exemple, de lui confier de trop grandes responsabilités, de l'obliger à aller à l'église, de ne pas lui permettre de penser par lui-même, de lui imposer une performance de travail d'adulte ou une prestation excessive dans les sports au-delà des besoins de jouer d'un enfant… Es-tu toujours là, Marion ?

– Tu m'éclaires beaucoup. Je crois que je n'aurai pas de difficultés à remplir quelques pages. Je me sens déjà dégagée juste en comprenant ce que tu viens de me dire. Bon ! Et si nous parlions de toi maintenant ? Mon clavier reprendra son souffle, je pianote dessus depuis une bonne heure.

Lorsque j'ai raccroché, j'ai pris le temps de faire une pause et, au retour, je suis parvenue à écrire des épisodes de ma jeunesse où ma féminité avait été « égratignée ». Au fur et à mesure qu'ils apparaissaient sur l'écran de mon ordinateur, mes tensions au niveau du cou et des épaules se dénouaient. Je savais que c'était le signe que j'évacuais les émotions stagnantes qui étaient rattachées à ces événements de ma vie. Je n'ai pas ressenti le besoin de calculer le nombre de pages écrites cette journée-là.

L'apitoiement

Un jour, j'ai interrogé Ibis pour savoir s'il était normal que j'écrive autant de pages. « Ta mémoire t'a servie fidèlement et probablement sauvé la vie. Mais elle a aussi contribué à te faire accumuler des éléments négatifs ». Les larmes aux yeux, je lui ai demandé si, selon elle, ma mère s'était rendue compte de l'étouffement qu'elle m'avait fait subir. « Peu importe ce qu'a fait ta mère. Ce qui compte, c'est que tu parviennes à sortir tout le ressentiment que tu as accumulé envers elle ».

– C'est une litanie de complaintes successives interminables. Qu'est-ce que ça donne d'écrire tout ça ? D'après moi, ce n'est que de l'apitoiement.

– Tu n'as jamais eu le droit de dire ce que tu vivais avant aujourd'hui et c'est pourquoi tu en as autant à exprimer. Tu as raison, c'est de l'apitoiement. Mais pour réussir à le vaincre, il faut d'abord l'exprimer. Ensuite, viendra le temps d'apprendre à le dépister pour l'empêcher d'empoisonner ton existence, et ce, pour le reste de ta vie, car il fait partie de nous, c'est l'ego à l'état pur !

Absorber tout cet enseignement ne fut pas de tout repos. Mais une force intérieure me poussait à persévérer durant mes moments de doute. J'y arrivais, même si parfois je vivais des envies fulgurantes de tout laisser tomber. Cette période fut longue et pénible, tout dépendait de mon habilité à refuser la culpabilité qui se retrouvait partout, dans tout ce que j'avais vécu. Mais les bienfaits de la libération, tels le calme et la paix qui en sont ressortis valaient bien le prix de tous mes efforts. Ce n'est que nourrie par cette nouvelle énergie que j'ai compris qu'auparavant, ma façon de courir après la paix, n'avait été qu'une fuite.

Depuis que j'ai franchi cette étape, je ne me permets plus de juger les gestes de ma mère, car tout au long de ma période d'évacuation, j'ai reconnu chez moi, des agissements similaires aux siens envers mes enfants. Avec Mira, par exemple, je suis allée jusqu'à lui ordonner de se faire couper les cheveux, comme ma mère m'avait obligée à le faire, à la différence près, que moi, je lui ai imposé la coiffeuse au lieu de le faire moi-même. J'ai découvert d'autres erreurs comme, par exemple, laisser trop de choix, moi qui n'en avais eu aucun et expliquer tout en long et en large, car je n'avais jamais eu droit à aucune explication, etc. Je pourrais en énumérer encore et encore pendant des pages et des pages. Le seul souvenir qui me nourrissait d'énergie positive était de voir que j'avais tout fait de mon mieux pour que la vie de mes enfants soit plus douce que celle que j'avais vécue à leur âge.

À cette époque, il y avait peu de ressources pour apprendre à devenir de bons parents. C'est par une conférencière, âgée de 20 ans seulement, que j'ai appris qu'il fallait prendre le temps d'écouter ses enfants. Au moment de son départ, je lui avais dit, en lui serrant la main : « Dommage que je n'aie pas entendu votre conférence dix ans plus tôt ». Elle m'avait répondu : « N'allez surtout pas vous blâmer, car nous, les jeunes, avons aussi notre part de responsabilité »

J'ai fermé ma boîte à souvenirs et je suis allée prendre une marche de repos.

Que puis-je dire de plus sur l'apitoiement ? Je ne vois pas pour le moment.

L'enfant intérieur

Quand j'ai parlé à Ibis de la conversation que j'avais eue avec mon amie de Labrador City sur les abus envers les enfants, elle m'a dit qu'elle donnait un cours sur « l'enfant en soi », ce qui m'a rappelé une expérience que j'avais vécue lors d'un atelier intitulé « L'enfant intérieur ». « Certaines réactions m'avaient dépassée à ce moment-là », lui ai-je dit avec des trémolos dans la voix. « Raconte-moi ce qui s'est passé », m'a-t-elle demandé.

— Nous étions toutes assises par terre sur des coussins. Les intervenantes nous demandaient de nous imaginer avoir quatre, cinq ou six ans. Il y avait aussi quelques poupées et des boîtes de kleenex entre les coussins. Certaines se sont mises à jouer ensemble, d'autres à pleurer, d'autres à s'arracher les poupées ou à danser sur place comme des enfants. Elles parlaient avec des voix d'enfants. Mais moi je n'y arrivais pas. Je me repliais sur moi-même dans mon coin, je boudais et je refusais toutes les invitations à jouer avec les autres. Au bout d'un certain temps, je me suis mise à pleurer. Jamais je n'avais pleuré ainsi de toute ma vie. J'ai même été obligée de rester après l'atelier parce que je n'arrivais plus à m'arrêter. Je me souviens aussi qu'une des filles, assise près de moi durant l'exercice, m'avait dit : « Il y a quelque chose que tu ne connais pas en toi ». J'ai refusé de la croire et je me suis retournée vers les intervenantes, fâchée et furieuse de ne pas comprendre ce qui se passait. Elles ont eu beau m'expliquer, (tout était en anglais), je n'ai rien compris. Puis j'ai cessé de pleurer comme si rien ne s'était passé.

— Tu vois, il y a quelque chose de bloqué à partir de cet âge.

— Tu crois que ça pourrait être des abus sexuels ?

— Ceci prouve seulement qu'il s'est passé quelque chose que tu as effacé de ta mémoire. En ce qui concerne les abus sexuels, il faut aller voir pour en être certaine. Tu sais, tout dépend comment toi tu as compris tes expériences de vie.

— Que veux-tu dire par là ?

— J'ai soigné un client qui démontrait tous les signes d'abus sexuels. Lorsque nous sommes arrivés au moment où le tout se serait déroulé, il a découvert que son père n'en avait jamais abusé sexuellement.

— Comment peut-on se leurrer ainsi ?

— C'était tout simplement une tape sur les fesses qu'il avait vécue comme étant un abus sexuel dans sa tête d'enfant.

— Eh bien ! J'aurai donc eu peur avant le temps !

– Laisse-moi terminer. Il a rencontré les mêmes difficultés qu'on retrouve chez les enfants violés. La mémoire de nos cellules enregistre ce que nous vivons avec notre perception personnelle, et ce, à tout âge.

Embrouillée, je lui ai dit : « Ce n'est pas facile de comprendre tout ce que tu m'expliques. Je trouve que ça prend pas mal de temps pour trouver ce qui s'est passé. Est-ce aussi long pour tous ? »

– Nous ne pouvons pas comparer une personne à une autre. Prends deux enfants du même âge. L'un boit avec un verre, ce que l'autre n'arrive pas à faire, mais ce deuxième arrive à manger avec une cuillère, ce que le premier n'arrive pas à réaliser. Pouvons-nous dire que l'un est meilleur que l'autre ? Nous devons respecter le rythme de chacun.

Maintenant, si tu le veux bien, dit-elle sur un ton rempli de douceur, j'ai une question pour toi. Prends le temps d'y réfléchir avant de me répondre. As-tu eu le droit de pleurer dans ta vie ?

– Le droit, oui, mais j'ai refusé de le faire. Ma mère était une femme qui cherchait beaucoup à comprendre la vie à travers les lectures qu'elle faisait. Elle avait lu qu'une fille devait pleurer et elle s'inquiétait du fait que je ne le faisais jamais. Après plusieurs tentatives infructueuses elle a essayé en me giflant. Mais plus elle insistait, plus je m'entêtais à ne pas pleurer. J'ai donc passé une période de rébellion très forte à l'adolescence. C'est vers l'âge de vingt-cinq ans, je crois, qu'elle m'a confié qu'elle m'avait trouvée plus dure que ses six autres enfants ensemble.

– Comment as-tu vécu cela ? m'a demandé Ibis avec encore plus de douceur.

– Bof ! Comment dire ? Pas trop bien, jusqu'à ce qu'elle ajoute que j'étais maintenant la seule qui la comprenait dans la famille. Pour être franche avec toi, j'étais heureuse qu'elle me considère comme une amie, car j'avais toujours souhaité qu'elle le soit. C'était comme l'accomplissement d'un de mes rêves.

– Tu sembles avoir toujours été compréhensive et avoir eu le pardon facile. Mais on ne peut pas tout ravaler pour autant. Garde bien cette consigne en mémoire.

J'ai eu une pensée émue envers Catherine en reconnaissant des paroles qu'elle m'avait si souvent répétées. Ibis me rappela à l'ordre, s'étant aperçue de ma pensée lointaine.

– Aujourd'hui, je veux te parler de la conscience. Lorsque nous ouvrons notre conscience, nous ne pouvons plus reculer ni refuser de voir ce qui se passe en nous. Exemple : Tu décides aujourd'hui que tu ne sais plus lire. Dis-toi bien que, même en te forçant pour appliquer cette décision, devant tous les écriteaux qui seront devant toi, tu reconnaîtras « Attention ! Danger ! »

– Si je comprends bien ce que tu essayes de me dire, c'est que je n'arrêterai jamais ce que j'ai commencé avec toi ?

– Pas tout à fait, car tu as toujours la faculté de choisir et tu disposes de ton libre arbitre. Refuser d'avancer devant ce que la vie nous présente, c'est se retrouver devant les mêmes difficultés jusqu'à ce que nous les ayons réglées.

– Ceci veut donc dire qu'en venant chez toi, j'ai ouvert ma conscience et que je ne pourrai plus désormais fermer les yeux sur qui je suis. Il y a tellement longtemps que je me cherche que je n'ai pas l'intention de refuser, surtout que j'ai maintenant l'aide et les outils pour y arriver.

Elle se dit ravie de ma détermination et mit fin à notre rencontre en me demandant d'acheter une petite poupée et de la bercer chaque fois que j'en aurais envie. Devant mes yeux remplis de surprise elle m'a dit : « Il faut que tu apprennes à te materner. » Puis elle a ajouté dans le cadre de la porte du vestibule : « Ah oui ! J'ai quelque chose à te dire. J'ai appris que tu avais un livre à écrire. Ton expérience doit servir à d'autres et… »

Étonnée, je l'ai interrompue : « Tu confirmes ce que j'ai ressenti depuis fort longtemps. J'ai 300 pages d'écrites ».

– Ton intuition a toujours été très forte. Ne te mets pas à écrire tout de suite. Tu auras un guide qui t'accompagnera. Où en es-tu depuis que tu ne prends plus de sucre ?

– Je me sens beaucoup mieux et j'ai l'impression de vivre beaucoup moins de sautes d'humeur. Est-ce le fait d'être en amour ou celui d'avoir supprimé le sucre ?

– Il y a sûrement des deux. Tu vois, même si le test d'hypoglycémie n'a rien dépisté, toi, tu te sens mieux. Continue, mais n'oublie pas qu'il ne faut pas être trop radicale dans les changements de son alimentation. Ceci étant dit, j'ai reçu un livre intitulé « Le mal du sucre » par Danièle Starensky. Si tu veux, je te le laisse. Je le lirai moi-même lorsque tu me le rapporteras.

Avide de comprendre comment fonctionne le métabolisme, j'ai accepté sans hésiter. Puis elle m'a dit qu'elle me conduirait en régression à notre prochaine rencontre. « D'ici là, repose-toi », dit-elle au bas de l'escalier.

Première session de régression

La thérapie n'occupait pas toute ma vie. Je prenais aussi le temps de m'amuser avec Daniel, même s'il estimait que je ne lui consacrais pas suffisamment de temps. Nous faisions toujours nos balades en auto, ce qui nous permettait de mieux nous connaître et de nous découvrir à travers la musique et les chansons que nous écoutions. Dans chacune des étapes que je traversais, il y avait toujours un air qui me touchait tout particulièrement. Durant les quinze jours précédant ma première régression, ce sont deux chansons de Gerry Boulet qui m'habitaient : « Les Yeux du cœur » et la strophe d'une autre qui disait « Qui te soignera, qui te guérira ».

Le jour J, je me suis rendue chez Ibis en silence et sans musique, contrairement aux autres fois où je me rendais chez elle. Je me sentais flotter comme si j'avais pris des médicaments, ce qui n'était pas le cas. L'expérience du sommeil hypnotique m'a apporté une sensation de détente jamais ressentie auparavant. Aller dans mon intérieur, dans cette profondeur inconnue de moi-même, a été une révélation de bien-être indescriptible.

Avant de m'amener dans cet état de sommeil, Ibis avait pris soin de me demander ce qui me faisait relaxer, un paysage, un cours d'eau ou une autre scène. L'informant qu'une rivière ruisselante était ce que je préférais, elle m'a amenée avec mes deux guides à l'intérieur de cette rivière imaginaire. À mon réveil, j'appris que l'heure était passée, j'avais l'impression que quelques minutes seulement s'étaient écoulées depuis que je m'étais couchée sur sa table de traitement.

– Tu peux te lever, maintenant, vas-y doucement !

– Mais que s'est-il passé, je ne me souviens de rien ?

Après s'être assurée que j'étais en pleine possession de mes mouvements, elle m'a dit : « Cherche une personne de ton enfance qui t'a fait vivre des malaises dont tu te souviens clairement. C'est une personne que tu n'as jamais aimée. Il n'est pas un membre de ta famille ».

– Pourquoi est-ce que je ne me rappelle de rien ?

– Ton inconscient résiste beaucoup à aller voir ce qui s'est passé. Tu as peur de t'y rendre.

– Tu as raison, bien que je souhaite fortement savoir, j'ai peur.

– Il se peut que tu vives une ou des mises en situation, qui te dévoileront ce que tu as vécu. Je ne peux prédire le moment exact où ça se produira. Il est possible que ce soit avant notre prochaine rencontre.

– Que veux-tu dire par des mises en situation ?

– Ce peut être un mot ou une phrase que tu entendras, ou encore un geste que tu poseras et qui t'amènera en régression, au moment même où tu as subi un blocage. Il faudra que tu laisses monter ce qui arrivera, la meilleure façon est de t'appuyer sur tes guides qui sont toujours avec toi. Normalement tout se passe dans mon bureau mais avec toi c'est différent. Préviens Daniel il saura t'aider, j'en suis certaine.

Son explication me laissait un peu perplexe, mais j'ai lâché prise.

Le « pot aux roses ».

La semaine qui a suivi fut loin d'être calme. Je n'arrivais même plus à rester couchée près de Daniel sans me sentir étouffer. J'ai dû m'étendre sur le divan pour arriver à dormir. Cela contrariait Daniel et nous a amenés à nous disputer, ce dont je me serais bien passée.

Heureusement, Ibis m'avait prévenue de ne pas me préoccuper de ce que les autres vivaient : « Tu sais comment donner, mais tu ne sais pas comment prendre », m'avait-elle dit. « Rassure-toi. Tu ne deviendras pas égoïste pour autant. Il faut aller chercher l'équilibre entre les deux ».

Le samedi précédant mon rendez-vous, je me rendis à Montréal pour un dîner de famille. Je profitai de l'occasion pour demander à mes tantes ce dont elles pouvaient se souvenir de mon enfance. J'y retrouvai mon cousin Claude qui m'avait toujours taquinée en se vantant de m'avoir changée de couche. Quand j'eus la chance d'être seule avec lui, il me dit : « Je me rappelle de toi comme si c'était hier. J'étais le seul à réussir à te langer sans que tu fasses une crise. Lorsque tu fus en âge de marcher et de courir, tu étais tellement sauvage que personne ne pouvait t'approcher. À cette époque-là, j'étais à nouveau le seul à pouvoir le faire, car c'était toi qui venais te réfugier dans mes bras. Je ne suis pas surpris que tu sois face à ce problème aujourd'hui, parce qu'il y avait une lueur de peur dans le fond de tes yeux qui disparaissait lorsque je jouais avec toi. Ta mère cherchait à savoir ce qui » … On nous a interrompus et il m'invita à continuer cette conversation chez lui. (Il est décédé avant que je puisse avoir l'occasion d'y aller).

De retour à table, j'étais ébranlée, car je me rappelais que maman m'avait déjà raconté presque mot pour mot ce qu'il venait de me dire.

Durant la deuxième semaine, à la recherche de « l'abuseur », que j'appellerai à partir de maintenant : Monsieur B, les seules personnes qui remontaient à ma mémoire étaient celles que j'avais aimées. Curieusement, le goût de tout laisser tomber m'a assaillie à plusieurs reprises au cours de la semaine. Je confiai à Daniel ce qui se passait, il m'expliqua que notre inconscient avait la faculté de nous protéger des souvenirs insupportables, en provoquant cette envie.

Durant la nuit de vendredi à samedi, jour de ma rencontre avec Ibis, je n'arrivais pas à dormir, même en me réfugiant sur le divan. Je me suis bercée toute la nuit en m'imaginant être dans les bras de mes guides, tel qu'il m'avait été suggéré de le faire, depuis le début de ma thérapie et ce chaque fois que je vivais un malaise ou un désir d'être soutenue. Puis, je me levai tôt pour me rendre à ma session de thérapie. Mais la vie en avait décidé autrement. En sortant de la douche, Daniel me dit qu'il venait de recevoir un appel d'Ibis et qu'elle ne pouvait me recevoir à cause d'un imprévu, elle avait dû accompagner une personne mourante, jusqu'à trois heures du matin.

Même si je comprenais cette situation extrême, je n'ai pu retenir la colère qui m'envahissait face à ce changement.

– Si elle n'est pas capable d'être à son poste lorsque nous en avons besoin, eh bien, qu'elle change de métier. Moi, je me suis bercée toute la nuit pour être prête ce matin.

Il tenta d'intervenir mais, je ne le lui ai pas permis. Je suis retournée sur ma chaise berçante et croyez-moi qu'elle a balancé au maximum. Je finis par me calmer, puis je lui demandai de me rappeler le motif d'Ibis. Je regrettais ma réaction envers elle et m'excusai vis-à-vis de Daniel, avec qui j'avais été très brusque. Il ajouta : « Elle te demande de l'appeler cette semaine, si jamais tu en ressens le besoin. Elle a choisi de reporter ton rendez-vous, parce que tu es la cliente qui demeure le plus près de chez elle ».

Cet après-midi-là, (j'ai vécu ma première mise en situation, dans laquelle je me suis laissée aller tel qu'il m'avait été conseillé de le faire), je me suis couchée près de Daniel pour faire une sieste réparatrice.

À notre réveil, j'ai ressenti un besoin de me réfugier dans ses bras et de me laisser emporter. Mais… quelques jours auparavant, j'avais parlé à Ibis d'un haut-le-cœur que j'avais eu en faisant l'amour avec lui, sans qu'aucun geste puisse y être rattaché, et que depuis c'était comme si je ne voulais plus faire l'amour. Elle m'avait alors expliqué que ce phénomène se produisait souvent chez les personnes qui avaient subi un viol ainsi que chez les personnes en processus de thérapie qui sont à la recherche d'abus occultés ou pas. Je me suis rappelé qu'elle avait terminé ses explications en disant : « N'oublie pas que c'est en donnant que l'on reçoit ».

Je me levai pour aller fumer, en faisant bien attention de ne pas réveiller Daniel et réfléchis sur ce que j'étais en train de vivre. Considérant que toutes les suggestions d'Ibis m'avaient été bénéfiques, je décidai de suivre son conseil. J'éteignis ma cigarette et rejoignis Daniel. C'est en faisant l'amour avec lui que ma « mémoire émotionnelle » se déverrouilla et me plongea en état de régression. Ce qui ne surprit pas Daniel du fait qu'il travaillait dans ce domaine lui aussi. Mettant immédiatement nos ébats de côté, il m'a prise par la main en me disant de laisser s'exprimer ce qui montait en moi.

Ainsi rassurée, bien étendue sur le dos, je me suis recroquevillée en position fœtale. Ma bouche s'est contractée, comme celle d'un bébé, puis je l'ai ouverte en ressentant une sensation de va-et-vient à l'intérieur avec quelque chose de rond et long qui entrait et sortait de ma bouche. Comme nous gardons conscience de ce qui se passe en état de régression, j'ai reconnu l'objet invisible comme étant un gros, gros pénis. Au même moment, j'ai suffoqué et j'ai vécu la peur de mourir étouffée, ne pouvant plus respirer ni par la bouche ni par le nez. Mon cœur s'est mis à battre si vite que j'ai craint de faire un arrêt cardiaque. Je me répétais mentalement, tout comme Daniel l'avait fait à quelques reprises durant cet état de régression : « Laisse-toi guider, laisse-toi guider, laisse-toi guider… », ce qui m'a empêchée de paniquer complètement. En même temps que tout cela se produisait, je m'interrogeais sur la provenance de ce pénis. Puis, j'ai ressenti une envie de vomir. Rapidement j'ai projeté ma tête hors du lit, en agrippant un bout de la couverture pour ne pas salir le tapis. Mais la nausée s'est arrêtée.

Revenue sur terre après cette expérience insolite, je fus prise d'un fou rire, tandis que Daniel me demandait d'une voix inquiète ce qui venait de se passer. Refrénant péniblement mon envie de rire, que je n'arrivais plus à contrôler, je lui expliquai dans les détails ce qui venait de se produire. C'est donc avec une inquiétude plus grande encore qu'il voulut savoir pourquoi j'en riais. « Eh bien, je me demande à qui appartenait ce pénis. C'est « capotant » de vivre ça, ne crois-tu pas » ? Il a grimacé et s'est gratté la tête en disant : « Tu devrais t'étendre et relaxer maintenant. Ne cherche pas et tu le trouveras au moment où tu t'y attends le moins. D'ici-là, moi, j'ai besoin de fumer une cigarette ».

Puis, bien nichés contre nos oreillers, il me demanda comment je me sentais.

– Très bien. On dirait que je respire mieux qu'avant. J'ai failli vomir. Dommage, car je sens encore une boule dans la gorge. Après un certain moment, j'ajoutai : le bébé, lui, ne se rend pas compte qu'il s'agit d'un pénis. La seule chose qu'il a vécue, c'est la peur de mourir lorsqu'il n'arrivait plus à respirer ni par la bouche ni par le nez, à cause de la grosseur du pénis qui bloquait sa respiration. Où es-tu, Daniel ? On dirait que tu es à des milliers de kilomètres de moi. Tu sembles plus bouleversé que moi.

– Non, non, ça va ! Puis non, ça ne va pas. Je suis en colère contre le gars à qui appartient le pénis.

Nous avons éclaté de rire tous les deux, profitant de l'énergie positive que nous vivions en en riant. Nos cigarettes terminées, je suis allée préparer le souper, la tête en paix. Pour me taquiner, Daniel m'a sifflée pour que je regarde dans sa direction. Il avait placé ma casquette de velours sur sa tête. En l'apercevant, j'ai poussé un cri de frayeur si fort que je suis tombée par terre. Daniel s'est précipité à mon secours en demandant : « Qu'as-tu vu, Marion, pour avoir eu une telle peur ? »

– L'agresseur ! Je sais qui il est maintenant. C'est le pensionnaire de ma grand-mère. Il portait toujours une casquette, été comme hiver. J'espère que je ne le reverrai plus à travers tes traits, car ta carrure ressemble beaucoup à la sienne. Je ne veux pas qu'il m'apparaisse encore sous tes traits. C'est insupportable.

Je me mis à pleurer. Daniel m'a prise dans ses bras et il m'a bercée. Il m'a rassurée en me disant que ça ne se reproduirait plus. Puis il m'a expliqué l'apparition que je venais d'avoir. « L'Énergie doit prendre de la matière pour nous faire voir « l'invisible ». Tu l'apprendras bientôt dans les cours d'Ibis. »

Ce soir-là, je me suis couchée près de lui. Réfugiée dans le creux de ses bras, j'ai revécu calmement tout ce qui s'était passé durant l'après-midi. Daniel se reposait à côté de moi. Tout à coup, je me suis sentie transportée ailleurs. J'avais un petit bébé dans les bras et je l'ai bercé en nettoyant ses corps subtils de la peur qu'il avait vécue. C'était comme si j'apprenais comment prendre soin d'un bébé qui avait été abusé. Je lui ai même chanté une berceuse. Puis tout s'est arrêté. Un peu mal à l'aise à cause de ce qui venait de se produire, j'ai réveillé Daniel.

Je lui ai confié tout ce qui me passait par la tête : « En mémorisant tout ce qui est arrivé cet après-midi et en observant la position de mon corps, incluant la façon dont je bougeais, je devais avoir à peine trois mois. Tout ceci me remet en mémoire ce que ma mère m'a déjà raconté. J'ai été malade à cet âge-là et j'ai pleuré durant des mois sans raison. Au dire de maman, notre médecin de famille, le docteur Joannette, n'a jamais pu trouver aucune explication à mes cris qui ont persisté jour après jour. Elle m'a raconté que mes frères trouvaient que ça pleurait beaucoup, un bébé fille. Voilà probablement d'où venait leur idée qu'une fille pleure plus qu'un garçon. Elle m'a aussi raconté que je pleurais moins lorsque c'était mon père qui se levait la nuit pour me bercer et que ma crise de larmes était plus courte. Il paraît même que je ne voulais pas aller dans les bras de ma grand-mère ni dans ceux de mes tantes. Seuls les hommes pouvaient m'approcher au berceau sans que je me mette à pleurer ».

Je versai quelques larmes en me rappelant ces souvenirs qui se déroulaient si vite qu'ils s'entremêlaient d'une époque à l'autre comme si j'établissais des liens avec les conséquences de ces abus. « Tu as une boule dans la gorge, me dit Daniel. Essaie de voir ce qu'elle contient, sans te préoccuper de quelle façon ça sort ! »

Après un certain silence, je lui racontai : « Maman n'a jamais eu confiance en moi. Elle a toujours tissé un voile de méfiance craignant que je sois une fille aux mœurs légères. J'en ai tellement souffert. En sachant ce que je sais maintenant, ça change tout le contexte. Je comprends mieux ses paniques au moindre petit geste féminin de ma part durant mon adolescence, d'ailleurs c'est à cette époque qu'elle m'a raconté l'attirance que j'avais pour les hommes à mon berceau, sans oublier de parler de mes refus de tendresse de la part des autres femmes de ma famille. Je vivais ces moments comme si elle créait une prémonition à mon égard, c'est ce qui me faisait souffrir. Ma féminité, la fichue question que je n'arrive pas à comprendre. Serait-ce la raison pour laquelle maman a toujours essayé de me garder à la maison, allant même jusqu'à me retirer de l'école ? Je suis désolée de te sortir tout ça de cette manière, mais ces souvenirs sont clairs comme de l'eau de roche. C'est comme si le film de ma vie concernant mon statut de fille se déroulait sur mon écran mental sans que je puisse l'arrêter. Ce sont des flashes successifs, ayant tous trait à ma sexualité et à ma féminité ».

Daniel est intervenu : « C'est ainsi lorsque l'on accède à des mémoires occultées. C'est comme si on comprenait tout en une fraction de seconde. (Cela m'éclaira et me calma). Continue de me raconter tout ce que tu vois et ne te préoccupe pas de l'ordre chronologique des époques ».

– Pourquoi peux-tu comprendre tout cela alors que…

– Concentre-toi sur ce qui se passe pour l'instant.

– Je revois ma mère qui m'obligeait à souhaiter Joyeux Noël à ce Monsieur B qui sentait toujours l'alcool. Ceci me rappelle que je ne l'aimais pas et que je ne savais pas pourquoi. En fait, je me sentais coupable de ne pas l'aimer, car maman disait que nous n'avions pas le droit de détester une personne sans raison. Il faisait toujours le Père Noël. Je comprends maintenant pourquoi je n'ai jamais aimé le temps des Fêtes.

– Ton manque de joie que tu avais au jour de l'An pourrait provenir de là.

– Moi qui ai toujours cru que ça venait de la boisson de Jean, je me suis royalement trompée. Je comprends maintenant d'où vient ma décision de ne jamais obliger mes enfants à faire la bise à qui que ce soit. J'ai empêché qu'on insiste auprès d'eux pour les embrasser ; même ma mère ne devait rien forcer lorsque Mira était petite. Je me souviens aussi d'avoir toujours laissé les enfants choisir leurs gardiennes lorsque je sortais. Ah oui ! Je me rappelle aussi…

J'ai passé ainsi du coq à l'âne, lui racontant tout sans interruption trois heures durant. Ce qui me rassurait sur ce qui se passait depuis l'après-midi, et m'aidait à ne pas m'imaginer que j'étais en train de perdre la boule. Daniel est tombé endormi d'épuisement et moi, je me suis couchée dans un calme indescriptible.

Puis, à mon réveil, j'étais dans une forme resplendissante au dire de Daniel. « J'ai hâte d'être à mardi soir », dis-je en prenant mon premier café. « Pourquoi », demanda-t-il, encore somnolent après sa nuit blanche. « Eh bien, nous avons notre cours chez Ibis. Je pourrai lui annoncer la bonne nouvelle ».

Ce mardi soir-là, au moment de la pause-café, Ibis s'est approchée de moi pour s'excuser d'avoir été obligée de remettre notre session. J'ai eu beaucoup de difficultés à l'accepter, lui avouai-je, mais depuis, « le pot aux roses est sorti du sac ».

– Que veux-tu dire par « le pot aux roses » ?

– La régression est survenue samedi après-midi. « Le pot aux roses » c'est la confirmation d'une agression sexuelle que j'ai occultée. Je sais aussi comment ça s'est passé, où et par qui. Je suis impatiente de te raconter le tout samedi, ajoutai-je dans un état d'excitation que je n'arrivais pas à contrôler.

Elle s'exclama, avec une grande joie dans les yeux : « Ils t'ont libérée ! Wow ! Je suis heureuse pour toi. Écris-le moi. Ça va te permettre d'en évacuer une bonne partie. »

Au réveil du « pot aux roses » !

Jusqu'à cette étape de la thérapie, écrire appartenait à ce que j'avais vécu dans le passé. Mais là, là… le présent était difficile à avaler. Mon clavier est demeuré silencieux pendant quelques jours. Écrire ce que j'avais vécu en régression fut plus pénible que de le vivre. Lorsqu'Ibis a lu le contenu en ma présence, elle m'a demandé tout en gardant les yeux sur mon cahier : « Se pourrait-il que ce soit trois ans au lieu de trois mois » ? Sans hésiter je répondis : « Oh ! Mon Dieu, non, crois-moi, car à cet âge, je l'aurais mordu, si je me fie aux efforts que je faisais pour retrouver mon souffle. Et la position aurait été très différente ».

– Ce qui me frappe, me dit-elle, c'est l'humour avec lequel tu me le racontes.

– Je te l'ai décrit tel que je l'ai vécu. J'ai toujours utilisé l'humour lorsque je rencontre des difficultés. Plus ça fait mal, plus mon humour est noir, caustique, mordant et enrobé d'un nombre incalculable de jurons !

– Je vois. C'est ta façon à toi de fuir la réalité. Retrouver en toi cet humour caustique dont tu parles, ça va. Mais ce qui m'intrigue, c'est qu'on dirait que tu es heureuse de ce qui t'est arrivé ! Même en ce moment, je te sens heureuse et ça m'inquiète.

– Il est bien certain que j'en suis heureuse. Depuis plus de dix ans, je me doutais qu'il y avait quelque chose d'occulté en moi. C'est la confirmation que je n'ai jamais été folle, la preuve que j'ai eu raison de me débattre. C'est la victoire finale du tournoi que je mène depuis 1984. Le premier psy m'a dit que je ne pouvais rien faire d'autre pour m'aider que de prendre des médicaments. Je me suis juré de prouver qu'il avait tort.

– Ah bon ! Je comprends mieux l'ampleur de ta joie. Sois fière de toi.

– Mes problèmes sont enfin réglés, dis-je avec enthousiasme.

– Ne t'emballe pas trop vite. Nous n'avons trouvé que le noyau pour le moment. Il faut maintenant corriger ce que nous pouvons, travail qui demande beaucoup d'efforts, de patience et d'amour. Pour le moment il faut sortir toutes les émotions que tu as vécues. En termes de thérapie, moi, j'appelle ça : arracher la « carotte », c'est-à-dire la racine. Me voyant perplexe elle a ajouté : Nous devons déraciner les pissenlits si nous ne voulons pas qu'ils repoussent. C'est ainsi que les mémoires de nos cellules fonctionnent.

– Mon travail vient donc à peine de commencer !

– Tu comprends plus vite que je ne le souhaiterais. Après un moment de silence, elle a ajouté : Tu sais, le bébé dont on abuse, il jouit et il aime ça.

– Oh la ! C'est à mon tour de te dire que tu vas trop vite.

Elle m'a offert une pause-café en se retirant pour aller en chercher.

Durant son absence, je me suis mise à douter. Elle avait beau travailler dans le domaine depuis quinze ans, sa phrase « Le bébé jouit et il aime ça » ne passait pas. Je me sentais tellement mal à l'aise que j'ai eu l'envie de déguerpir en courant. Puis, je me suis rappelé de notre première rencontre où elle m'avait parlé de la probabilité d'avoir touché à mes propres enfants. À son retour, je lui ai caché mes pensées de méfiance et je lui ai parlé de mes peurs : « J'ai souvent entendu dire que les enfants dont on avait abusé abusaient des autres à leur tour ».

– N'alimente pas cette peur. C'est la pire chose à faire.

Voyant que je baissais les épaules, elle m'a dit : « Marion. Il faut suivre le plan étape par étape. Il faut d'abord que tu vives les émotions que cette expérience passée te fait ressentir aujourd'hui. Tu feras ainsi de la place pour mieux gérer celles qui remonteront de ta « mémoire émotionnelle » afin de la libérer jusqu'à aseptiser les peurs qui se sont figées en toi depuis le premier abus. C'est l'unique méthode qui existe pour que les abus ne laissent pas de séquelles. La meilleure chose est de te laisser guider comme tu le fais si bien depuis le début. Je te redemande de me faire confiance ». Je suis parvenue à pleurer doucement. Lorsque mes larmes se sont taries, elle se dit rassurée, spécifiant qu'elle aurait souhaité que celles-ci soient plus abondantes.

Elle m'accorda encore un bon moment de silence, durant lequel j'ai senti un calme et une paix s'infiltrer en moi. Puis, elle ajouta : « Maintenant j'ai un avertissement à te donner. Ce que tu as vécu pendant que Daniel dormait, le petit bébé dont tu prenais soin, c'était une régression, c'est de ton bébé intérieur qu'il s'agissait. Il ne faut pas vivre cela sans être accompagnée d'une personne capable de nous aider. C'est « dangereux », il y a un risque que tu restes accrochée dans le passé. Pour un certain temps, il ne faut pas que tu plonges en toi de cette manière sans la présence de Daniel. Réveille-le s'il le faut, il t'aidera à ne pas y aller, ou t'accompagnera pour le faire. »

Au moment du départ, elle me dit en me serrant dans ses bras : « D'ici à notre prochaine rencontre, laisse monter ce que tu sens venir avant d'essayer de l'écrire, parce que jusqu'à maintenant, tu es demeurée encore très cérébrale. Il faut arriver à sortir les peines et les douleurs que tu as vécues pendant ces abus. Appelle-moi en tout temps, même au milieu de la nuit si tu en ressens le besoin ».

Je l'ai quittée en me sentant un peu confuse et amère tout au fond de moi. Pour la première fois, j'ai demandé à mes guides de m'aider.

De retour à la maison, bien assise par terre dans le fond de la cour face au ruisseau, je me suis mise à pleurer une avalanche de peines, des peines inconnues. Ce qui était étrange, c'est que je me sentais libérée. Pour la première fois, je crois, je laissais couler mes larmes sans me poser de questions. Et le tout s'est arrêté aussi naturellement que cela avait commencé. J'ai alors compris une des béatitudes « Heureux celui qui pleure, car il sera consolé », celle-là m'avait toujours intriguée, depuis la première fois que je l'avais lue dans mes cours de religion, ainsi qu'à chaque fois que je l'avais entendue dans les cérémonies religieuses où elle était récitée.

Transie par la fraîcheur du terrain, je suis allée m'asseoir sur une chaise près de la porte patio. J'ai plongé mon regard dans la forêt en face de moi. Cette phrase : « Le bébé jouit et il aime ça », envahissait mes pensées tout en me faisant vibrer de résistance de la tête aux pieds. Je me demandais alors si cela pouvait être possible ?

Après une pause que je ne saurais définir, mes yeux se sont posés sur la plante qui était près de moi. J'ai vu sa merveilleuse floraison comme un miracle de la nature. Surprise devant cet émerveillement, moi qui n'aimais pas les fleurs à l'époque, j'ai compris que nous venions au monde avec la programmation dont nous avions besoin pour devenir des adultes. J'ai comparé celle de la plante à notre faculté de jouir. J'en ai déduit que jouir en bas âge était logique puisque nous naissons munis d'un fil érotique, tout comme la plante avait la faculté de fleurir.

Un peu plus loin dans le fond de la cour, il y avait une autre plante identique mais sans ornementation florale. Je me suis demandé quelle était la différence entre les deux. Celle-là se faisait raser le pied par la tondeuse chaque semaine, tandis que l'autre était sarclée à la main. Je me suis interrogée sur ce qu'on pouvait démolir en touchant au fil érotique avant maturité ? Je n'ai étudié que deux probabilités : Ouvrir un appétit féroce et abondant ou bloquer complètement le goût et le désir. Ce qui m'a éclairée sur mon manque d'appétit sexuel les sept dernières années que j'avais vécues avec Jean.

Après mes larmes, pénétrées de culpabilité vis-à-vis de Jean, le souvenir que certains pétales de fleurs mouraient si on les touchait prématurément m'a mis à nouveau les larmes aux yeux. Puis, je me suis consolée en me rappelant que certains arbres devenaient uniques et majestueux à cause de l'anomalie de leur croissance.

Fuir tout ça : une grande tentation

Le lendemain, ma première réaction fut de tout nier. Toute la semaine, j'ai fait des pieds et des mains pour me prouver que ce n'était que le fruit de mon imagination. Mais comme rien ne provenait de ma tête mais bel et bien de la mémoire de mes cellules, c'est-à-dire de ce que j'avais ressenti dans ma chair, (au moment de la régression), les endroits où j'avais été touchée, j'ai réalisé que nier les faits serait me mentir à moi-même. C'était une chose que je ne pouvais pas faire consciemment. J'ai effectué un lâcher-prise pour éviter de me trahir.

Les jours suivants, j'ai cherché des moyens de me dégager du « pot aux roses ». Je me retirais souvent au bord du petit ruisseau avec une tablette et un crayon, sans parvenir à écrire ce que je ressentais. Seuls, des souvenirs d'échange avec d'autres personnes (concernant les abus) remontaient à ma mémoire.

Exemple : Une jeune fille de dix-sept ans m'avait confié que sa mère avait quitté son père lorsqu'elle avait deux ans, parce qu'il avait abusé d'elle sexuellement. Sa façon de s'appesantir sur son sort à longueur de journée m'avait énervée et je me suis rappelée lui avoir crié sans retenue ni compassion : « Compte-toi donc chanceuse que ta mère ait eu la force de te sortir de là au lieu de t'apitoyer sur le fait d'avoir été violée. »

Ce souvenir m'a fait tressaillir en me rappelant vaguement une maxime ou une parole de Jésus dans la bible : « Regarde la poutre qui est dans tes yeux, avant de rire de la paille que tu vois dans les yeux des autres » Je regrettais amèrement l'attitude que j'avais eue envers cette personne. Assise en petit bonhomme, comme pour mieux me protéger des pensées qui m'assaillaient, je me suis mise à me bercer. Le simple fait d'imaginer qu'un adulte puisse mettre son pénis dans la bouche d'un bébé, me rendait presque dingue. Puis, une panoplie de questions ont surgi. Je me demandais pourquoi il avait fait ça ? Aurait-il agi de même s'il avait su que je pourrais m'en souvenir un jour ? Aurait-il accompli son méfait s'il avait connu toutes les conséquences reliées à son acte ?

Bien qu'aucune réponse ne pouvait se manifester, j'ai poussé un long soupir qui m'a allégée.

Je me suis souvenue d'une expérience qui remontait à 1966, lorsque je travaillais comme préposée pour les bénéficiaires dans ma ville natale. Je prenais soin d'une petite fille de six ou sept mois à l'heure de sa sieste de l'après-midi. Je la berçais en fredonnant une berceuse lorsqu'une infirmière est venue me chercher pour d'autres travaux. En couchant l'enfant, qui se mit à pleurer, elle dit : « Laisse, je vais m'en occuper ». Voilà qu'elle s'est mise à caresser le ventre de la petite fille par-dessus la couverture, ce qui ne l'a pas calmée. Elle a donc glissé sa main sous la couverture pour ensuite la mettre dans la couche du bébé. Stupéfaite, je lui ai dit : « Je viens tout juste de la changer. Elle ne doit pas être mouillée ». Elle m'a alors répondu : « Je ne vérifie pas sa couche. Je lui caresse la vulve lentement pour qu'elle s'endorme. Les petites filles adorent cela ».

Devant son aisance et son naturel, je suis restée coite. Bien qu'intimidée par son diplôme, j'ai réussi à lui dire : « Ma mère m'a enseigné que nous ne devrions pas toucher aux parties génitales d'un bébé en le caressant, que nous pourrions ainsi déséquilibrer son système hormonal ». Je tremblais de la tête aux pieds en l'affrontant ainsi. « Ce sont des histoires de bonne femme, m'a-t-elle répondu sur un ton hautain. Il faut évoluer. Regarde comme ça la détend et elle dort maintenant. Allez, viens. Nous avons d'autres chats à fouetter »

Le lendemain, encore tracassée par cette expérience, j'étais allée en parler avec la responsable du département de pédiatrie. À la fin de mon récit, sans broncher d'un poil, elle m'a dit : « Il y a des parents qui ne se montrent pas à demi vêtus devant leurs enfants, d'autres qui les amènent dans un camp de nudistes et certains autres qui font l'amour devant eux. Mais ce que tu viens de me dire ne doit pas se passer dans mon département et je vais y remédier. Merci pour ta discrétion ».

Toujours dans le tiroir de mes souvenirs, je me suis demandé si c'était tout ce que nous savions, à l'époque, sur les abus sexuels ? J'ai pensé qu'aujourd'hui, dans les mêmes circonstances, cette professionnelle perdrait son emploi et elle ferait probablement un séjour en prison, en cas de poursuite judiciaire. Mais qu'est-ce que ça changerait aux sévices perpétrés sur la victime, pensai-je, accablée ? C'est comme si nous ne savions pas encore comment prendre soin de ceux et celles qui ont été abusés, me dis-je désespérée. Je tremblais et mes yeux se remplissaient de larmes que je laissai couler doucement.

Un souvenir en amenant un autre, il revient à ma mémoire qu'avant ce jour, chaque fois qu'on parlait d'abus sexuels chez les enfants, je sursautais d'étonnement avec un soupçon de colère. Je me remémorai aussi une nouvelle concernant un bébé de trois mois dans l'estomac duquel on avait trouvé le sperme de son grand-père. Cette fois-là, cet événement m'avait transpercé le cœur au point d'en ressentir des nausées.

Ce voyage dans mes souvenirs m'a conduite au jour où je me suis sentie attirée sexuellement vers mon fils. Cette mémoire s'est déverrouillée comme un rideau qui se lève. Il avait trois mois lui aussi. Je me souvenais clairement que seule ma peur qu'il puisse s'en rappeler m'avait empêchée de passer à l'acte oral et ce, grâce à maman qui n'avait cessé de me répéter qu'il ne fallait pas toucher aux parties génitales d'un petit bébé, sauf pour des raisons d'hygiène. Cet enseignement qu'elle m'avait donné à l'âge de dix ans en prenant soin de mon petit frère qui venait d'arriver dans notre famille avait fini par m'exaspérer à l'époque. Elle m'avait récité des litanies sur le sujet en m'intimant de les répéter après elle, et ce à multiples reprises. Quelques-unes d'entre elles me revinrent en mémoire :

Il ne faut pas stimuler les parties génitales d'un bébé !

Je ne dois pas prendre un petit bébé dans mes bras, lorsque je suis fâchée, quand je vis de la peur ou un malaise quel qu'il soit, je dois toujours être calme avant de le prendre dans mes bras. Etc. Etc. Etc.

En répétant à haute voix l'une après l'autre, ces phrases qui sortaient de ma mémoire, je me détachais de la peur d'avoir abusé de mon fils. Ce faisant, un calme indescriptible m'a envahie. J'avais donc écouté ma mère au moins une fois dans ma vie. J'en pleurais des larmes de joie. Je goûtai alors à une délivrance sublime ! Moi qui étais encore remplie de colère face à elle, justement à cause de ses recommandations multiples si souvent serinées, je l'ai remerciée du plus profond de mon cœur et j'ai vécu mon premier sentiment d'admiration pour elle.

Ce jour-là, à l'heure du souper, je n'ai pu m'empêcher de rejoindre Niko, mon fils, par téléphone, pour lui avouer ce qui s'était passé et j'ai juré que je ne l'avais pas touché. Je me rappelle du très long silence qui a suivi. Depuis, je me demande comment il a vécu cet appel téléphonique. Je le saurai lorsqu'il aura lu mon livre ! Pour le moment, poursuivons où j'en étais.

Les jours suivants, dégagée de la peur d'avoir abusé de mes enfants, j'étais remplie de rage et de haine contre Monsieur B. Mais cet homme était mort depuis, et il valait mieux qu'il le soit, car chaque jour qui passait, je comprenais que tous mes problèmes de santé physique et mentale avaient des liens avec cet abus. « Tu manges tes bas, tu bougonnes et tu trouves ce Monsieur B, triplement chanceux d'être mort. Tu renverses ensuite la situation en ta faveur en t'estimant heureuse de ne pas avoir à te préoccuper de ce goût de tuer qui court dans tes veines ». Ensuite, en ce qui me concerne, je me suis sentie sale devant ce désir et je l'ai étouffé sur-le-champ.

En réagissant de cette façon, sans le savoir, j'ai fermé à double tour mes chances de laisser sortir ma haine. Je comprendrai, beaucoup plus tard, que c'était ma façon, encore une fois, de fuir mes émotions, au lieu de les vivre ; donc, impossible d'arriver à l'étape du détachement.

Dans la semaine qui suivit, je bouillais de colère comme si je m'étais octroyé le droit de tabasser tout ce qui se trouvait sur mon chemin, y compris les personnes qui partageaient mon quotidien ainsi que les meubles et la vaisselle. Pire encore, mes paroles devenaient acerbes, pour ne pas dire méchantes.

Plusieurs jours se sont écoulés dans cet état incontrôlable de colère, avant de prendre conscience de mon comportement désagréable. Je suis allée jusqu'à demander à Daniel de s'en aller pour une semaine, peut-être deux, en croyant, ou en voulant croire, que ma solitude me permettrait de reprendre mes esprits. Puis, épuisée, je me suis présentée chez Ibis les épaules lourdes et basses de découragement.

Ce matin-là, en descendant les marches qui m'amenaient dans sa salle de soins, je tenais la rampe de l'escalier à deux mains, tellement les douleurs aux hanches et aux jambes étaient fortes. En arrivant en face d'elle, j'avais les yeux presque sortis de la tête, et je lui ai hurlé : « Le jour où, comme tous les autres avant toi, tu vas me dire que tu ne peux plus rien faire pour moi est-il arrivé » ? Elle me coupa aussitôt : « Bon ! Eh bien là, ça suffit. Ta colère ne m'appartient pas. C'est ce matin que tu ponds ton œuf ma fille ». Son calme et son ton autoritaire m'ont permis de désamorcer mon attitude guerrière.

Elle est allée chercher un coussin qu'elle a déposé sur sa table de massage. Moi j'étais assise recroquevillée sur ma chaise, sans même oser lui jeter un coup d'œil. Se plaçant devant moi, elle a dit sur un ton fort et déterminé : « Tu vas te lever et sortir la colère qui t'empoisonne en frappant sur le coussin que j'ai placé sur la table de massage. Je te défends de te faire mal, ça n'en vaut pas la peine ». Je me suis sentie fondre, incapable de bouger. Comme pour me donner l'exemple de ce que je devais faire, elle s'est mise à donner des coups de poing sur le coussin. Le bruit de ses coups qui retentissaient dans la pièce m'a fait sursauter. J'ai enroulé mes jambes autour de la chaise. « C'est comme ça qu'on agit, a-t-elle ajouté. Ce coussin est Monsieur B et tu dois te débarrasser du mal qu'il t'a fait ». Je n'avais pas la force de me lever et de me défendre. Elle a essayé de me soulever sans succès. En courant presque, elle est retournée vers la table de massage et elle a frappé encore sur le coussin en disant : « Tu ne sortiras pas d'ici avant que tu n'y arrives et nous y passerons la journée et la nuit s'il le faut ».

Le silence qui suivit le bruit de ses coups de poing fut tellement intense que j'en avais les oreilles bouchées. J'ai entendu ma petite voix intérieure qui me soufflait : « Essaie. Tu verras bien ce que ça donnera ». Je me suis dirigée vers le coussin d'un pas hésitant. Ibis m'a encouragée : « Vas-y ma grande, tu es capable ». Je me suis mise à frapper sans trop de conviction, mais les tensions qui résonnaient dans mes bras me remettaient en colère. J'ai pris le coussin en y enfonçant mes ongles et c'est en grognant que je le frappai sur le plancher jusqu'à en avoir des sueurs au front. J'entendais la voix d'Ibis au loin : « Attention de ne pas te faire de mal. Je te défends de te faire du mal » À chaque coup que je donnais, je voyais passer les conséquences des abus tout au long de ma vie. Je terminai l'exercice en me réfugiant dans les bras d'Ibis. « Ce n'est pas juste, criai-je, tout provient de là ». Je répétais sans relâche « c'est injuste » pendant ce qui me parut des heures. Ibis m'expliqua : « Maintenant que tu as fait sauter le bouchon, n'anticipe pas ce qui doit sortir, laisse couler. Et surtout, n'essaie pas de comprendre tout ce qui jaillira ». J'étais apeurée et elle est intervenue : « Marion, ne laisse pas la peur t'envahir. Elle appartient à ton passé. Tu es la seule qui a le pouvoir de libérer ton enfant intérieur et tu en as la force ». J'ai réagi : « Je ne vois pas où tu peux voir de la force en moi. Je me sens lâche de ne pas avoir su me défendre »… « Désolée de t'interrompre, mais te débattre comme tu l'as toujours fait, c'est une force de ta nature », dit-elle en me regardant droit dans les yeux. « Bon, me voici maintenant une Hercule ». Les yeux remplis de douceur elle ajouta : « Oui, et prends-en conscience. Tu vas en avoir encore besoin de cette force-là ».

À mon grand étonnement, je suis retournée à la maison sereine, avec la sensation d'avoir perdu vingt-cinq kg. Puis, le lendemain, à mon réveil, ma boule à l'estomac avait disparu. Ainsi dégagée, j'ai cru que ma thérapie était terminée, même si Ibis m'avait dit qu'il restait encore beaucoup de colère en moi. Je l'oubliai en humant ce bien-être comme on respire un bouquet de roses. Je ne comprendrai que quelques années plus tard qu'en agissant ainsi je refusais inconsciemment d'entendre ses avertissements sur la colère et que ce déni constituait en fait un refus de vivre mes émotions.

Après cette expérience, j'ai commencé à voir la vie d'une autre façon. Les matins étaient plus doux, plus chauds, le ciel était plus bleu et l'herbe, plus verte. Ces sensations presque euphoriques me nourrissaient comme si des ailes m'emportaient vers la guérison. Avec ce nouveau bien-être intérieur, je me mis à ressentir des sentiments de regret vis-à-vis de mes enfants, du fait que je ne leur avais jamais appris à sortir leurs émotions. Même si je ne savais pas encore comment m'occuper des miennes, je m'attelai à leur faire comprendre l'importance de laisser sortir les leurs.

J'entends encore leurs soupirs et je vois encore leurs petits coups d'œil entre eux, comme pour s'entraider et s'armer de patience à mon égard. À bout de souffle, j'imagine qu'ils ont cherché à me ramener sur terre, c'est-à-dire à m'occuper du moment présent au lieu de demeurer dans le passé, ce qu'ils m'avaient reproché à quelques reprises depuis que je faisais du travail avec Ibis. Claudelle, ne cessait de me répéter : « Prends soin de toi et ne te préoccupe pas de nous. Tu n'as jamais eu à me tenir la main ; ce n'est pas maintenant que ça va commencer ». Pour Niko, c'était toujours la même « phrase clé » entre nous : « Maman, répète après moi : de quoi je me mêle ? » Quant à Mira, sa formule était simple : « J'ai maintenant Philippe pour m'aider. Vis ta vie. » Les yeux replacés en face des trous, je constatai que je n'avais que la moitié de mon existence de vécue, moi, la fille qui, quatorze mois auparavant, avais pour seul but de me loger, me nourrir et trouver les moyens de m'acheter un cercueil !

La délivrance ne dura qu'un instant !

Après quelques mois de répit, la boule est remontée au creux de mon estomac, plus grosse qu'auparavant. Ibis m'expliqua qu'elle provenait des émotions refoulées dans la mémoire de mes cellules et qu'il fallait trouver le moyen de m'en détacher. Elle a commencé divers traitements pour m'aider à y parvenir : massages thérapeutiques, cataplasmes d'argile verte, réflexologie, cataplasmes de glace concassée, toucher thérapeutique et quelques séances de Reiki.

Malgré tous ces soins, mes réactions de colère furent encore nombreuses. Mon premier bouc émissaire demeurait encore et toujours ce cher Daniel. (Je n'ai jamais eu à lui demander les preuves de son amour, à celui-là.). Je me suis recroquevillée sur moi-même et j'ai mis un X sur ma sexualité. Je lui ai demandé de se louer un appartement. Mais les circonstances de la vie l'ont remis sur ma route à plusieurs reprises. Par exemple, lorsque j'ai dû avoir recours à des cataplasmes, Daniel m'offrit de revenir à la maison pour prendre soin de moi. Disons que chaque fois que j'étais mal prise, comme par exemple lors d'un mal de dos trop aigu pour que je puisse sortir mes pâtés de viande du fourneau, même s'il demeurait à dix kilomètres de chez moi, il accourait pour m'aider. Et ce ne sont là que deux anecdotes parmi tant d'autres.

Nous voici donc en mars, trois mois après la découverte du « pot aux roses. », période où les pourvoiries embauchent du personnel. Je demandai à Ibis si j'étais prête à reprendre un travail à temps plein pour le mois de mai. Elle me répondit : « Ça se peut fort bien. Tout dépend de toi ». Hésitante, j'ajoutai : « Je ne comprends pas » avec le regard fuyant. Elle me dit : « Exprimer tes émotions te permettrait de retrouver ta santé. La force n'appartient pas à ceux qui les retiennent, comme nous sommes portés à le croire, mais à ceux qui arrivent à les extérioriser ». En bégayant j'avouai : « Je ne sais pas comment faire ». Avec un sourire de soulagement, elle me répondit : « Je sais. Persévère quand même et tu y arriveras, tu en as la force ».

Avant de me quitter, elle me rappela de faire mon exercice pour me « centrer » : une méthode de relaxation qu'elle m'avait enseignée, en insistant pour que je l'utilise en tout temps, surtout lorsque je me sentais perturbée. Elle m'avait alors expliqué que nous vivions nos émotions sur quatre plans, le plan émotionnel, physique, mental et spirituel.

C'est donc entourée d'amour de patience et de compréhension que je suis arrivée à lâcher prise sur tout ce que je vivais et ruminais sans cesse. À l'époque, un massage était un vrai supplice mais le bien-être qui en découlait en était d'autant plus libérateur. L'un d'entre eux, m'a rappelé le calme euphorique que j'avais vécu le soir où je m'étais donné des coups de couteau en comprenant avec certitude que ceux-ci n'avaient rien à voir avec la folie. Réaliser ce que j'avais vécu du temps où j'étais traitée en santé mentale me permettait d'espérer m'en sortir.

D'un autre côté, cette étape de la libération me faisait vivre des émotions en « yo-yo » pas toujours faciles à dépister et à reconnaître. Lâcher prise et laisser couler les émotions emprisonnées est loin d'être aisé. Il m'arrivait, lorsque les miennes déboulaient au point de m'étourdir, qu'en tentant de freiner ce qui se passait en moi, je ne faisais qu'accélérer les choses. J'atteignais alors une violence verbale inégalée dans mon répertoire d'injures. Ce que j'ai pu en dire des conneries et elles me faisaient souffrir en plus. Et je vivais tout ça malgré que Daniel me soutenait sans broncher. Jusque-là, il avait déménagé en chambre, attendant de savoir si mon exigence qu'il me quitte était définitive. Depuis, il faisait la navette entre nos deux toits respectifs et m'offrait même ses mains, parfois son dos, pour que je puisse le bourrer de coups ; ce qui m'aidait à éliminer la bourrasque qui m'envahissait. En plus, ressentir son amour au bout de mes poings, qui lâchaient prise à son contact, était pour moi un double cadeau. J'arrivais ainsi à pleurer et à palper au fin fond de moi une douceur qui ne désirait que s'exprimer au grand jour. Cette sensation alimentait ma détermination et mon espoir d'arriver au bout du tunnel. Malgré ça, lorsque Daniel me posa la question afin de savoir s'il devait se trouver un appartement pour le mois de juillet, je répondis oui. Il me promit alors qu'il m'attendrait durant une période de deux ans.

Devant ma réaction d'étonnement, il ajouta simplement que je n'avais pas le pouvoir de décider pour lui.

Le printemps se pointa sur nos balcons, Ibis me suggéra de prendre du repos concernant mon travail intérieur. Comme pour m'encourager, je crois, elle me confia que c'était la première fois, dans sa carrière de thérapeute, qu'elle devait demander à un patient de ralentir. « C'est très important Marion, j'ai peur de te perdre, si tu ne mets pas la pédale douce. » Elle m'expliqua pour une seconde fois, le danger que je courais en n'arrivant plus à me détacher du passé. « Ton emploi te permettra de mettre tout ça de côté et de vivre tes journées en ne te préoccupant que du moment présent. Comment te sens-tu devant ce travail que tu as accepté ? » Emballée, j'affirmai : « Très bien, je suis confiante quant à mon expérience en ce domaine et j'ai choisi un poste sans responsabilités ». « Formidable », me dit-elle. Elle me quitta en me souhaitant bonne chance pour la saison de pêche.

Aquilon soufflera encore, mais je serai plus sage

Retourner sur le marché du travail ne sera pas de tout repos. Je dus d'abord m'adapter à être traitée comme tous les autres employés et à me taire devant un patron trop exigeant. Je souriais en pensant à Jean mis devant ce fait. Par chance, mes copines de travail étaient très stimulantes. Mon temps libre n'était consacré qu'à écouter de la musique, entre autres, les deux chansons de Céline Dion : « Je ne sais pas », dont j'avais changé la phrase : « La vie sans toi, je ne sais pas », par « La vie sans **moi**, je ne sais pas »; et la chanson « Cherche encore ». Cette dernière me stimulait dans ma détermination de me retrouver moi-même.

Lorsque la période faste fut terminée, avant de rentrer dans la phase du mois d'août qui était moins encombrée, je fus mise à la porte sous de fausses accusations. Je rentrai chez moi en pestant contre l'injustice et non à cause de l'arrêt de travail et me cherchai immédiatement un autre emploi, mais à temps partiel.

Je trouvai rapidement un travail comme serveuse et non comme cuisinière. Mais quelques semaines plus tard, lorsque mon patron m'a demandé d'accepter un temps plein, j'ai dû refuser en pensant à mon corps qui criait sa souffrance de partout. Malgré son insistance et son offre de me remplacer pour deux déjeuners par semaine, je quittai la larme à l'oeil Je me retrouvai donc au chômage avec un revenu de cent et quelques dollars par semaine au lieu d'un travail rapportant plus de cent dollars par jour.

Seule dans mon appartement, j'eus le temps de réfléchir. Je me remis à jeter sur papier mes états d'âme et à reconsidérer ma décision de ne plus faire l'amour. J'en voulais aux hommes, à tous les hommes et je n'arrivais à me détacher de cette émotion qui était figée en moi depuis la découverte du pot aux roses et, même si j'étais consciente que je me nuisais en m'accrochant ainsi à ce sentiment.

Daniel, qui s'était installé dans son propre appartement, venait me visiter régulièrement. S'apercevant de mes soucis financiers, il m'offrit une chambre chez lui. Je le remerciai en lui disant que j'allais y penser.

Voilà qu'en me présentant chez Ibis, pour payer une partie de ma thérapie, celle-ci m'offre gratuitement des rencontres, à raison d'une par quinze jours. « Pourquoi me proposes-tu ça », lui demandai-je surprise ? Elle répondit : « Trouves-tu que tu vas bien » ? Hésitante, j'avouai : « Pas vraiment, merci, j'y serai ». Avant de la quitter, Ibis me conseilla encore : « Écris un résumé de tout ce que tu as appris depuis notre première rencontre, jusqu'à aujourd'hui ».

La semaine suivante, je me suis présentée chez elle avec un rapport d'une dizaine de pages. Elle en prit connaissance en ma présence. Je la vis sourire à quelques reprises, ce qui me rassura.

Puis, elle lut à haute voix ma conclusion : « Face à tout ce cheminement que j'ai fait en ta compagnie ou seule, je comprends aujourd'hui que personne ni aucune circonstance de ma vie ne m'ont amenée en santé mentale. C'est moi qui ai choisi cette voie pour fuir ma vie au lieu de faire face aux embûches que je devais surmonter. »

Elle déposa mon cahier et me dit, les yeux brillants d'émotion : « Tu as tout compris. Aujourd'hui, c'est le jour de ta renaissance. Retiens bien cette date, reprit-elle en tournant les yeux vers son calendrier. Nous sommes le 25 août 1995. ». Elle me prit dans ses bras, pour me souhaiter la bienvenue dans ma nouvelle vie. Puis, elle ajouta avec enthousiasme : « Il te reste maintenant à réapprendre à vivre avec ces nouvelles données qui te serviront à réinventer ton existence. Pour cela, il faut que tu continues à laisser s'exprimer tes peines. Tu rencontreras des situations qui te permettront de le faire. Ta santé s'en portera de mieux en mieux »

– En parlant de ma santé, dis-je, je viens de chez l'optométriste et ma vue s'est tellement améliorée qu'elle a cru à une erreur lors de ma dernière prescription.

– Tu vois, et ce n'est qu'un début.

– Mais je ne peux pas travailler à temps plein et gagner un salaire convenable.

Je lui racontai mes deux dernières semaines de travail et ma décision de quitter.

– Donne-toi le temps de rebâtir ta santé et fais confiance à l'avenir. Où en es-tu avec Daniel ?

– Il m'a offert une chambre chez lui.

– Qu'as-tu l'intention de faire ?

– J'hésite. J'aime Daniel, mais je ne veux pas faire l'amour. Je n'ai pas le droit de lui imposer ma présence.

– Se laisser aimer, qu'est-ce que ça représente pour toi ?

– C'est s'engager vis-à-vis d'une personne.

– C'est s'engager vis-à-vis de soi-même, selon mon livre à moi. Le plus difficile pour une personne qui fut trahie, c'est de refaire confiance à la vie, y compris de se faire confiance à elle-même. Maintenant, il faut que tu acceptes de faire l'amour. Lorsque tu y arriveras, nous parlerons alors de guérison complète.

– Faire l'amour fait partie de la guérison ?

– Plus que ça. Faire l'amour, c'est vivre.

– Je ne sais pas pourquoi, mais je sais que tu as raison.

– Marion, tu as plusieurs abus sexuels à régler.

Je me suis alors souvenue des deux autres fois où elle l'avait mentionné. J'ai réagi impatiemment. « Pourquoi aurais-je tout occulté ? Est-ce une capacité de protection ou de la lâcheté ? »

– Tu peux le voir comme tu le veux. Ce qui compte aujourd'hui, c'est la force que tu as pour t'en libérer.

– Je ne sais plus si je veux continuer.

– Nous passons tous par cette phase et dis-toi que c'est normal. Persévère et tu seras la seule gagnante.

– C'est justement le fait d'être la seule gagnante au bout de la course qui me fait hésiter.

– Des Super-Women, ça n'existe pas. Tout le temps que nous consacrons à prendre soin des autres nous éloigne de nous-mêmes et nous n'avançons pas. En d'autres termes, nous nous fuyons nous-mêmes en nous imaginant être des êtres exceptionnels.

Elle m'a laissée rouspéter sans intervenir. Au moment du départ, elle m'a lancé : « Dis-toi bien que tu ne sauras aimer que lorsque tu apprendras comment t'aimer toi-même, pas avant. C'est ce que nous sommes venus apprendre en nous réincarnant ».

– Il me reste donc beaucoup de chemin à parcourir.

– Ta réponse démontre que tu vis dans le futur, au lieu du moment présent.

– Ah oui ! Le fichu « moment présent » ! Il n'est pas toujours évident de le vivre, celui-là !

– Je te suggère de continuer à travailler avec ta conscience et le pardon.

– Monsieur B ne fait plus partie de mes pensées. Je lui ai pardonné à ce vieux salaud-là !

Nous avons éclaté de rire. Puis, redevenue calme j'ai ajouté : « Pas besoin d'autres dessins, je crois ».

– Tu as un bon bout de chemin d'accompli. La preuve, c'est que tu ne serais pas devant moi aujourd'hui si le pardon n'était pas en train de cheminer sur ta route. Ha ! Oui, j'aime mieux t'avertir, il faudra retourner en régression pour compléter le travail, mais pas maintenant.

Le mois suivant, ma boule à la gorge remonta encore. Je priai Ibis de me dire carrément ce qui se passait :

– Au début de nos rencontres, rien ne t'arrêtait. J'ai remarqué que ta motivation était basée sur la probabilité d'avoir touché à tes enfants. Depuis cette délivrance, on dirait que tu n'avances plus. Ne crois-tu pas que tu en vaux la peine autant qu'eux, sinon plus ? Après un certain silence durant lequel je réfléchissais à ce qu'elle venait de dire, elle continua : lorsque nous faisons le grand ménage intérieur, nous reculons dans le passé pour arriver au premier abus. Qu'il soit d'ordre sexuel ou pas, c'est le même procédé. En ce qui te concerne, nous parlons d'abus sexuels. À partir du premier abus, il faut remonter le fil de tes souvenirs, tels que tu les as vécus. Ce n'est qu'ainsi, qu'ils sortent en ordre du premier au dernier. Présentement, tu es encore dans le premier et tu ne cherches pas à continuer ton chemin, comme si tu étais figée par la peur. Il faut trouver à quoi se rattache cette crainte.

Je revins chez moi désemparée et inquiète de ne pas y parvenir. Durant la soirée, Daniel est venu faire un tour. J'ai alors compris que je souffrais aussi de ma solitude et j'ai accepté son offre d'aller vivre en chambre chez lui.

La flexibilité

J'ignore si c'était le fait de vivre avec Daniel, mais je suis devenue plus flexible et ce, sur tous les angles. Moins autoritaire et intransigeante aux suggestions faites et en plus j'acceptais de parler de ce que je vivais. Il faut dire aussi que le cours sur « La puissance de nos pensées », que j'avais commencé à suivre, m'a beaucoup aidée à changer d'attitude. J'ai demandé à Ibis si c'était le cas, elle l'a confirmé et a ajouté : « Tu arrives maintenant à la fin de ta période d'apitoiement. Chapeau tu fais du beau travail ».

Ce cours sur la puissance de la pensée m'a fait découvrir un nombre inattendu de fausses croyances et particulièrement concernant la sexualité. Considérer celle-ci comme un don de Dieu, qui nous était donné à partir de notre naissance, et comprendre que nous avions le devoir de la développer, était un grand pas vers l'évolution, auquel je ne m'attendais pas. Mais en l'acceptant j'ai été capable de continuer mon travail sur les blocages que j'étais en train de traverser. J'ai donc pu poursuivre mon grand ménage intérieur, en réalisant que c'étaient mes barrières mentales sur le sujet qui me causaient tant de difficultés pour me dégager de mon passé.

Je retournai donc en régression et je parvins à trouver des peurs et des frustrations qui y étaient encore emprisonnées. La première phobie avait été celle de mourir étouffée, comme je l'avais découvert au moment du pot aux roses, et la seconde tout aussi surprenante, était ma crainte de la jouissance. En poursuivant le travail, je découvris que la majorité des abus perpétués, dont Ibis parlait, provenaient en fait de « faux abus », c'est-à-dire que je vivais comme un abus, les soins normaux d'hygiène. Ma plus grande surprise fut de constater des frustrations au besoin de vibrer, conséquence des agressions sexuelles en bas âge. Je cherchais ces vibrations lorsque ma mère prenait soin de moi. Comme elle ne répondait pas à ce désir, une montagne de déceptions successives s'était accumulée en moi. J'ai aussi décelé des envies de mourir, des tentatives de suicide et des colères étouffées, des colères et encore des colères. En ces moments-là, Daniel, comme toujours, m'aidait à frapper sur des coussins ainsi que sur ses mains ou ses épaules comme point d'appui. Que de débuts de nuits ont été occupés à me bercer au lit ! À ma grande surprise et à mon grand soulagement, les faux abus sexuels se sont avérés plus nombreux que les vrais. (à l'étape de la délivrance, la distinction comptait pour moi, même si cette différence n'était qu'illusoire).

Puis vint le moment où j'ai découvert des agressions sexuelles par différentes personnes et à différents âges de ma vie. C'est en retournant aux endroits où elles avaient eu lieu qu'elles se sont dévoilées. Assommée devant cette panoplie, j'ai demandé une rencontre avec Ibis : « Qu'ai-je donc fait pour que tout ceci m'arrive ? »

– Rien, me dit-elle.

– Mais je ne suis pas une sainte, lui dis-je sur un ton de découragement, j'ai dû faire quelque chose dans ma vie ou dans une autre vie pour...

– Les enfants abusés ont une énergie dans leur « aura » qui attire les agresseurs.

– J'ai repéré aujourd'hui deux autres personnes qui m'ont agressée sexuellement ! L'un vers l'âge de six ou sept ans et l'autre à quatorze ans. Et hier je me suis souvenue d'un viol que j'avais oublié. Je n'en peux plus !

– Tu as une volonté de fer hors du commun ! Vois-tu, Marion, tout le travail que tu fais va permettre de nettoyer ces énergies néfastes qui sont autour de toi.

239

– Quelle différence cela fera-t-il ?

– Tu pourras vivre au lieu d'attendre la mort comme tu le fais depuis...

Je ne saurais me rappeler toutes ses explications. Mais je retournai chez moi plus déterminée que jamais à poursuivre mon grand nettoyage intérieur.

Quelques jours plus tard, par un heureux hasard, j'ai trouvé un emploi à temps partiel comme cuisinière dans une maison pour personnes âgées. La libération se faisait graduellement et j'arrivais à me détacher du passé sans vivre les émotions provenant de mes mémoires émotionnelles et en ne cherchant plus à savoir à qui ou à quoi elles appartenaient. Les régressions se sont donc effectuées sans douleur par la suite. J'utilisais des clés que j'avais puisées dans le cours sur la puissance de nos pensées et en faisant des codages (méthode pour reprogrammer notre vie) propices aux détachements sur lesquels je devais travailler. La santé que je retrouvais dans mon corps physique m'indiquait que la guérison s'installait. Ma joie de vivre, ma douceur et ma créativité sont revenues graduellement au fil des étapes que je traversais.

Sept ans plus tard...

Octobre 2002. Depuis un an, j'habite un sous-sol hors terre d'un chalet suisse, situé sur le sommet d'une montagne de ma terre natale. Le panorama est splendide, la vue s'étend jusqu'au fin fond de la vallée, là où un lac sommeille et elle est à couper le souffle. Bien que ce lac soit trop éloigné pour que je puisse voir le reflet du soleil sur son glacis je reçois ses énergies transportées par le vent. C'est donc la paix et la tranquillité qui règnent sur ce versant n'abritant que douze chalets. C'est un calme vivant rempli de chants d'oiseaux de toutes sortes. C'est mon paradis sur terre.

Bref, tout m'inspire et m'appelle à finir l'écriture de... Ring... ring... ring...

Je viens à l'instant de raccrocher le téléphone, je suis dans tous mes états, je tourne en rond, je jubile, je saute de joie et je tremble de la tête aux pieds. Puis, je me calme et me rappelle à l'ordre en me disant à haute voix : « *Voyons ! Cesse de t'exciter et prends le temps de vivre tes émotions. Tu sais que personne ne peut le faire à ta* place ».

Catherine venait de m'annoncer sa visite, d'ici une demi-heure, pour passer quelques heures avec moi.

Assise sur le patio de la piscine, située sur le promontoire, là où la cime des arbres n'obstrue plus l'horizon, Catherine s'émerveille devant la beauté des couleurs de l'automne. De l'endroit où nous nous trouvons, d'un seul regard, nous percevons les jeux des lumières provenant des reflets du soleil sur les quatre points cardinaux. Nous nous extasions devant les tons de bronze provenant de l'ouest et s'étendant graduellement sur la toile devant nous. Puis, bien emmitouflées dans nos cardigans de laine, une boisson chaude entre les mains, nos yeux se croisent et se scrutent tout à la fois. Nous cherchons les mots, tout en refusant de rompre le silence qui nous unit.

Catherine brise la glace. « Tu es aussi resplendissante que la nature qui t'entoure. Tu m'as décrit cet environnement lors de notre dernière rencontre à Ottawa, n'est-ce pas ? »

– Pas du tout. Je n'ai constaté, qu'après m'être installée ici, que tous les éléments, que j'avais décrits dans mes rêves, y étaient.

L'heure qui a suivi fut consacrée à répondre aux questions de Catherine qui mourait d'envie de savoir comment je m'y étais prise pour me guérir de mon mal de vivre. Je lui en ai parlé sans émotions en m'attardant sur les moyens que j'avais utilisés. J'ai mis l'accent, non pas sur les étapes à traverser, mais sur les outils à utiliser. Je lui ai parlé d'apitoiement, de pardon, de dédramatisation, de fausses croyances, d'idées préconçues, de traits de caractères empruntés à nos idoles ainsi que de l'enseignement sur le pouvoir de nos pensées. J'ai terminé en parlant de l'éveil de ma conscience, de la nourriture de l'esprit par des lectures de spiritualité choisies, de musique de l'âme et d'écoute de mon corps jusqu'à ce que je perçoive son message. Pour mes crises existentielles, mes phases d'égocentrisme, ainsi que pour mes deux années complètes de rugissements coléreux, à cause desquels l'un de mes amis m'avait baptisée, la lionne, je me suis tue, afin de ne pas réveiller des souvenirs bien rangés et qui étaient en paix. J'ai terminé mon récit « historique » avec mes douze déménagements en huit ans !

Après une pause, durant laquelle nous nous étions replongées dans la contemplation du panorama, j'ai vu Catherine frétiller sur sa chaise et renverser quelques gouttes de son breuvage sur son pantalon. Je lui ai dit : « Voyons Catherine, pose-les tes questions avant que la vapeur ne te sorte par le nez ; tu en crèves d'envie ». Hésitante, elle m'a demandé : « Comment peut-on se rappeler de ce que nous avons vécu à l'âge de trois mois et être certain que ce n'est pas le fruit de notre imagination ? » Comprenant parfaitement le sens de sa question je lui ai expliqué : « Parce que tout se dévoile dans les cellules de chacune des parties du corps qui furent touchées et non pas dans la tête. Surgissent alors des souvenirs qui éclaircissent certaines de nos expériences inexpliquées ». Elle est restée muette quelques instants avant de dire : « Ce n'est pas évident à comprendre sans être passée par là. As-tu des exemples concrets qui pourraient éclairer ma lanterne ? »

– J'ai toujours trouvé curieux d'avoir peur d'une flamme vive sans pour autant craindre qu'elle ne se propage. L'explication a surgi lors de certaines séances de régression durant lesquelles j'entendais des bûches qui s'enflammaient dans le poêle à bois. J'ai aussi découvert que dès ma tendre enfance, j'avais eu à plusieurs reprises le goût de mourir par des gestes concrets comme, par exemple, essayer de m'étouffer avec mon breuvage ainsi que trouver le moyen de tomber en détachant les lacets de mes chaussures. J'attache encore aujourd'hui celles-ci avec un nœud, tel que mon père me l'a enseigné à l'âge de quatre ans. Elle est intervenue en disant : « Je me souviens, tu m'en as déjà fait mention. Ceci expliquerait donc ta peur de te tuer que tu évoquais lorsque tu étais suivie par M. Loiseau ». « Exactement », dis-je avec enthousiasme. Puis, je lui confiai : « Ce goût de mourir spontané m'a envahie jusqu'en 1999 » Elle m'a interrompue : « Que s'est-il passé pour que ça cesse » ? J'ai alors pris le temps de lui expliquer ce que j'en avais compris.

– Étant fatiguée et écœurée de toujours avoir à combattre ces pulsions, je me suis rendue sur le bord d'une route achalandée, afin de me prouver à moi-même que je n'étais pas capable de m'enlever la vie. Ébranlée par cette expérience, j'ai rejoint Ibis afin qu'elle m'aide à y voir clair. Elle m'a dit que parfois, le désir de mourir représentait un désir intense de vivre pleinement et non pas de s'enlever la vie. J'entends encore certaines de ses paroles : « Il démontre simplement ta fatigue dans ton combat pour vivre heureuse. Si tu arrives à comprendre cela, il ne viendra plus jamais t'assaillir. » Et c'est ce qui s'est produit.

J'ai observé une pause de quelques secondes pour calmer les émotions que ce souvenir suscitait en moi. « Pour en revenir aux exemples concrets que tu m'as demandés afin d'éclairer ta lanterne, je t'ai déjà raconté que je détestais repasser et expliqué que c'était rattaché à mon adolescence, du temps où mes frères travaillaient dans l'hôtellerie, ce qui m'obligeait à repasser leurs chemises et presser leurs pantalons trois après-midi par semaine au lieu d'aller jouer avec mes petites voisines. En retournant dans ma mémoire émotionnelle, j'ai réussi à enlever tous les ressentiments accumulés à ce propos. Depuis, je n'ai plus mal dans le dos, en repassant. Ceci ne veut pas dire que j'aime le faire », repris-je en riant.

– J'ai remarqué, dit-elle avec empressement, que tes épaules sont moins affaissées qu'elles ne l'étaient en 1993.

– Il n'y a pas que mes épaules qui se soient redressées. J'avais une bosse près de la nuque et elle a fondu, mon cou pivote sur un axe plus élargi et mes genoux ainsi que mes mollets ne me font plus mal quand je pars marcher. De plus, à mon grand étonnement, mes nerfs sciatiques, droit et gauche, ne sont plus en distorsion et mes hanches sont moins tordues. Crois-le ou non, j'ai dû refaire le bord de mes jupes qui ne tombaient plus droit, car la couturière les avait ajustées à mes hanches. Mes ongles de doigts et d'orteils sont en meilleure santé, je transpire sous les deux aisselles, non plus seulement sur le côté gauche et je dois me raser les jambes une fois par mois, moi qui ne le faisais que deux fois par année auparavant.

– Il n'y a donc pas que des avantages, dit-elle en riant.

– J'aimerais tellement partager cette expérience de façon à ce qu'on comprenne mieux ce qui se passe en se libérant.

– Tu y arriveras, dit-elle en grelottant de froid mais elle refusa mon offre d'entrer dans la maison. Puis elle me demanda si j'avais repéré les conséquences des abus sexuels au long de ma vie ?

Je répondis à sa question : « J'ai enfin compris pourquoi j'étais une femme qui donnait tout et qui ne savait pas prendre, qui se retrouvait en déséquilibre, complètement vidée, désabusée et comme tu le sais déjà, en dépressions répétitives. Je ne saurais t'expliquer le tout en quelques mots ».

– Pourquoi les victimes d'abus sexuels se sentent-elles coupables ?

– Ce que moi, j'ai ressenti lors de mes régressions, c'est que l'agresseur transmet ses malaises, sa honte et sa culpabilité comme un virus. La victime le capte et se l'approprie. J'ai même traversé quelques périodes où je me sentais sale et dans ces moments-là, le besoin de prendre une douche était plus fort que tout.

– Que se passe-t-il lorsqu'on apprend ce qui s'est passé ?

– Je ne crois pas que nous puissions l'analyser de manière globale. Selon moi, cela dépend si l'agresseur a été doux et délicat ou s'il a été brutal et violent. Je crois aussi que notre perception personnelle de la sexualité joue un très grand rôle. Qu'elle provienne de notre éducation, de notre religion ou d'influences glanées à gauche et à droite, il faut défaire et ouvrir nos barrières mentales pour nous libérer des conséquences.

– Nous voici donc placées devant ta libido dont tu n'arrivais pas à parler, dit Catherine en souriant. Y avait-il un lien avec les abus ?

– D'une certaine façon oui. Durant mon travail intérieur, j'ai compris que j'avais fermé le robinet de ma libido en jouant à la servante toute ma vie. Ne va surtout pas croire que j'en étais consciente. J'ai donc souvent simulé la jouissance au nom de mon désir de plaire à mon partenaire. Pour ce qui est de l'orgasme, il n'était qu'au plan imaginaire et je n'admettais pas que pour moi ça ne fonctionnait pas ou à peu près pas. Alors, lorsque j'entendais les autres décrire leurs plaisirs, je me taisais.

– Mais comment as-tu pu vivre sans jouir ?

– En m'évertuant à faire plaisir aux autres.

– Tout ça à cause d'abus sexuels !

– Il ne faudrait pas mettre tout sur le dos des abus sexuels. Mon idéal féminin à l'époque se résumait à ceci : « Une femme donne tout et une meilleure femme ne prend rien ! » Résultat, j'étouffais les autres en donnant outre mesure. Souviens-toi de mon côté « sauveur », sur lequel tu m'as interrogée plus d'une fois.

– Eh oui ! Ce qui expliquerait ta fougue dans tout ce que tu entreprenais. Peut-on pardonner une chose pareille, me demanda-t-elle ?

– C'est l'unique chemin à suivre pour s'en sortir.

– Toi et ton indulgence, dit-elle, révoltée.

– Le pardon dont je parle n'a rien à voir avec l'indulgence. Lorsque que ma thérapeute, m'a parlé du pardon, j'ai vu rouge. Ne va surtout pas croire que j'y suis arrivée en criant bingo, ni sans m'enliser inutilement dans l'apitoiement. J'en ai voulu aux hommes, à tous les hommes, à m'en confesser.

Il y eut un grand coup de vent qui souleva les feuilles des arbres, certaines se sont recroquevillées sur leurs branches, quelques-unes sont tombées à nos pieds. Nous sommes donc rentrées dans la maison et j'ai pris le temps de servir une collation chaude. Assise l'une en face de l'autre, Catherine m'exprimait ses réticences sur le pardon.

J'ai alors pris le temps de réfléchir avant de poursuivre : « Tu sais, ce n'est qu'après avoir évacué la rage que j'avais dans le cœur que la phase du pardon a pris tout son sens. Il a surgi des profondeurs de mon être, comme une délivrance inattendue. Au fur et à mesure que j'avançais dans cette voie, j'ai compris, à ma grande surprise, que le fruit du pardon était ma libération et qu'en le refusant, j'installais mes propres chaînes. J'étais tellement assoiffée de paix que mon ego a lâché prise ». Les traits de Catherine se sont décrispés. J'ai poursuivi : « Avant d'en arriver là, il a d'abord fallu que je reconnaisse ma vulnérabilité et que j'admette qu'on m'avait blessée, y compris moi. Ma difficulté première provenait du fait que la majorité de ceux qui m'avaient fait mal ou trahie étaient morts. Comment pouvais-je oublier ce qu'ils m'avaient infligé ? Ce qui me fit comprendre que je n'avais de pouvoir sur personne, mort ou vivant. Leur imposer de s'excuser ou les dénoncer à la justice pour les punir ne changeait rien à ce que je vivais. J'ai alors compris sur la route du pardon, que c'était à moi de me détacher d'eux pour arrêter l'emprise des séquelles sur moi. C'est ainsi que j'ai pu m'en détacher ».

– Mais qu'avais-tu donc à te pardonner ?

– Tous les mauvais traitements que je m'étais imposés, soit par mes nombreux préjugés envers les autres et envers moi-même, soit par la culpabilité, sans omettre les punitions conscientes et inconscientes que je m'étais administrées, en refusant de faire des choses que j'aimais. Me pardonner de ne pas m'être aimée suffisamment pour rester en santé incluant mes refus de me laisser aimer a été très difficile à faire.

– T'imagines-tu tout ce que tu as dû souffrir pour t'en sortir.

– C'est en affrontant les souffrances qu'on peut les régler. Et en relevant ce défi, j'ai pu rebâtir ma capacité d'aimer et de me laisser aimer. Tous mes os craquaient de partout, ce qui m'inondait d'un bien-être physique inouï. Bref, le pardon dont je te parle, ne se vit pas dans le rationnel, mais dans la profondeur de notre être. Il transcende notre vécu.

– Si tu avais un agresseur sexuel devant toi, que lui dirais-tu ?

– Rien. Mon expérience se limite au rôle de victime. Je pourrais échanger avec l'une d'elles, pas avec un agresseur. Par contre, je vis de la compassion envers eux. Si j'avais le choix entre vivre le rôle de la victime et celui de l'agresseur je choisirais le rôle de la victime sans hésitation, car, personne n'a de compassion pour ceux-ci et sans amour et compassion, les difficultés que nous avons à surmonter peuvent être infranchissables.

– Comment devrait-on agir devant un agresseur selon toi ?

– Comment te dire ? Avant de savoir que j'avais été abusée, lorsque j'entendais parler d'un viol, la jouissance de l'agresseur me dérangeait ; devant un viol d'enfant, c'était pire : ça me révoltait. Depuis mon expérience de victime, ma perception a changé, car je sais que leurs jouissances ne sont que souffrances. Il a donc fallu que je m'interroge sur le vécu des agresseurs au lieu de maintenir mes préjugés à leur égard. Depuis, je ne me permets plus de juger qui que ce soit. J'aimerais que l'on prenne soin d'eux comme on prend soin des victimes (bien qu'il y ait beaucoup de chemin à faire pour leur venir en aide) et que l'on cesse de les condamner sur la place publique sans savoir…

Les mâchoires de Catherine se contractaient. J'ai poursuivi : « Cessons de les mettre tous dans le même panier ; même ceux qui sont accusés à tort sont jugés, rejetés et condamnés de la même manière que les récidivistes. Et ils ne deviennent pas tous des récidivistes non plus ».

– Tu dépasses l'entendement !

– Selon moi, les agresseurs ne sont pas tous des monstres de méchanceté comme nous en entendons parler par les médias d'information. Moi, j'aimerais entendre parler de ceux qui se font soigner et qui parviennent à s'en sortir, si peu que ce soit pour le moment. Permettons-leur de partager leurs expériences afin que leurs témoignages puissent servir à ceux qui en ont besoin. Les préjugés de la société sont des chaînes bien lourdes à porter pour qui que ce soit. Je sais de quoi je parle en disant cela. Ces préjugés de la société peuvent faire plus de ravages que certains actes posés par des agresseurs sexuels. Ces gens sont malades, il faut les soigner.

La voyant plisser les yeux j'ai ajouté en vitesse : « Imagine que je sois passée à l'acte avec mon fils de trois mois. Imagine qu'après coup, j'ai couru chez le médecin pour lui raconter ce que je venais de faire. Crois-tu qu'aujourd'hui, plus de trente ans plus tard, on serait mieux en mesure de m'aider ? Quelle est la différence entre l'asile et la prison, si les soins appropriés n'y sont pas donnés ? Selon moi, les victimes comme les agresseurs s'enfoncent dans leurs difficultés à cause du manque de soins adéquats dont ils ont besoin pour s'en sortir ».

Hésitante, elle me demanda pourquoi moi je n'avais pas touché à Niko. Après lui avoir expliqué l'enseignement que j'avais reçu de ma mère j'ai ajouté : « Aujourd'hui je crois que j'ai eu la chance que cette pulsion ne se rende pas jusqu'au désir, ainsi l'action a pu être évitée. Mon sentiment de honte d'y avoir pensé était si fort que j'ai occulté cet instant de ma vie. Aujourd'hui je crois que ce sentiment enfoui dans ma mémoire émotionnelle a ébranlé, jusqu'à ternir, ma confiance en moi et ce graduellement tout au long de ma vie. Pour en finir avec le sujet, c'est peut-être une opinion gratuite mais, tout au long de mon cheminement devant mes difficultés à accepter de faire l'amour, je me suis dit que le manque de contrôle chez un agresseur valait mon refus de faire l'amour qui est aussi un manque de contrôle. La seule différence est que je ne faisais du mal qu'à moi-même en agissant ainsi ».

– Tu ne trouves pas cela un peu trop fort ?

– Je ne pourrais pas affirmer cela sans être passée par le chemin du pardon. Bref, aujourd'hui je crois que la société a un rôle à jouer pour aider les victimes et les abuseurs. Et c'est en ouvrant nos œillères que nous y parviendrons. Plus nous collaborons plus le nombre de récidivistes diminueront. Sauver un seul d'entre eux pourrait protéger des centaines d'enfants, au dire de certains spécialistes ; et même là, un seul enfant vaut la peine qu'on prenne le temps d'y réfléchir. C'est cela qui est important, selon moi.

– Mais je n'arrive pas à m'imaginer qu'un homme puisse mettre sa bouche sur les parties génitales d'un bébé ou son pénis dans sa bouche de façon innocente.

– Et si c'était les mémoires de leurs cellules qui font surface en révélant ce qu'eux-mêmes ont vécu dans leur enfance ?

– Déduction rationnelle, dit-elle avec suspicion.

– Les spécialistes disent tous que la majorité des agresseurs ont été des victimes avant de le devenir eux-mêmes. Lorsque moi je me suis sentie poussée à faire une fellation à mon fils, d'où cette pulsion pouvait-elle provenir si ce n'était de là ? En plus je l'ai ressenti exactement au même âge où je fus touchée la première fois. Je remercie le ciel encore aujourd'hui de ne pas l'avoir fait.

Catherine grimaçait et moi je n'arrêtais plus mes explications. « Les conséquences de tels actes, nous n'en découvrons que très récemment les dégâts. Que savons-nous du vécu de nos parents et de leurs ancêtres ? Une chose est certaine c'est qu'ils n'ont pas reçu d'enseignement sur la sexualité et le peu qu'ils ont appris était plus souvent erroné que juste. Rien ne prouve que ceux et celles qui ont touché à un enfant ou à leurs enfants, voulaient leur faire du mal. Depuis quand savons-nous que nous pouvons nous rappeler de tout ce que nous avons vécu ? L'hypnose bien qu'elle soit une science antique, n'est utilisée que depuis peu ».

– C'est trop simple pour excuser ceux qui bousillent des vies, dit-elle toujours réticente.

– Je n'essaye pas de te convaincre, Catherine ; je partage simplement avec toi, tout ce que j'ai compris en passant par-là.

– Je n'arrive même pas à croire que le fait d'exprimer des émotions refoulées puisse corriger des conséquences d'abus sexuels ou autres.

– Ce ne sont pas les abus qui détruisent notre vie, ce sont les émotions refoulées qu'elles ont occasionnées. J'aurais pu bloquer mon système émotif par d'autres genres de traumatismes tels que vivre un incendie, perdre mes parents, assister à une guerre ou à une fusillade. Que ce soit des abus religieux, spirituels, de pouvoir parental, de sévérité, de responsabilité, de liberté, de perfectionnisme, de règlement, etc., tous produisent en nous des émotions refoulées. Et ce qui est un abus, pour moi, ne l'est pas nécessairement pour un autre.

_ Mais réalises-tu tout le temps que tu as dû mettre dans ta thérapie ?

– Ho ! Un instant, en plus de tout ce que j'ai pu apprendre durant ma thérapie, je te donne un compte rendu de sept ans de cheminement avec des cours de croissance personnelle. Il ne faut pas regarder cela comme si j'avais été en thérapie continuelle.

– Je ne sais pas ce que j'aurais fait à ta place !

– Il est inutile d'essayer de se mettre à la place d'une autre personne, car nous ne vivons pas les mêmes expériences de la même manière. Par exemple : l'an passé, j'ai eu la chance de parler avec une fille qui avait subi des abus sexuels à l'âge de quatre ans, agression qu'elle n'avait jamais oubliée. Elle m'a dit qu'à ma place elle serait devenue folle de ne pas savoir. En ce qui la concerne, pardonner à sa mère qui avait dénoncé son père à la justice, fut plus difficile, car dans sa tête d'enfant, sa mère était devenue le bourreau qui l'avait séparée de son père, dont elle était amoureuse. Elle s'en est libérée à l'âge de quarante-cinq ans en thérapie.

Un long silence a suivi. « Crois-tu que les enfants abusés peuvent tous s'en sortir », me demanda Catherine ?

– Il faudrait d'abord que les adultes y croient. Certains parents, dans le but de prendre soin de leurs enfants victimes d'abus sexuels provoquent plus de dégâts que l'agresseur.

– Comment peuvent-ils faire pire ?

– En gérant le drame à partir de leur propre choc émotif, amplifié par leurs propres croyances. Certains d'entre eux iront jusqu'à dicter à leur enfant de ne pas pardonner. L'enfant devient donc victime des réactions de ses parents, en plus de ce qu'il a pu vivre comme enfant abusé. Si on arrivait à comprendre que c'est la façon dont la victime a vécu l'agression qui fait la différence, je crois qu'on simplifierait beaucoup le chemin de la guérison. Enseignons donc à nos enfants à être déterminés devant toutes les difficultés de la vie, abus sexuels inclus. Selon moi, seule la victime a le pouvoir de s'en sortir. Alors, faisons en sorte qu'elle y croie sans lui mettre des bâtons dans les roues. Cessons de leur transmettre nos fausses croyances de génération en génération pour qu'ils puissent mieux évoluer.

– Tu as beau dire tout ce que tu voudras. Selon moi, la guérison tient du miracle.

– Le vrai miracle, c'est le pouvoir que nous avons de nous guérir nous-mêmes.

– Dis-moi, tu t'en tires comment avec ta libido aujourd'hui ?

– Je fais l'amour sans douleur, je me donne le droit de jouir et j'arrive à l'orgasme de plus en plus souvent. Pour y arriver j'ai dû faire le grand ménage de A à Z. C'est ainsi depuis que j'ai compris qu'en laissant circuler l'énergie d'amour en moi, je nourris mon corps, mon esprit, mon âme et celle de mon partenaire. Avec un sourire narquois devant les souvenirs qui remontaient à la surface j'ai ajouté : Crois-le ou non, j'ai découvert à mon grand étonnement, que dans mon système de croyances inconscient, jouir signifiait pécher et que l'acte sexuel ne servait qu'à procréer. Jamais je n'aurais cru que j'avais adopté cette idée. J'ai ainsi compris comment l'inconscient joue un très grand rôle dans notre vie.

_ Comment fait-on un ménage de A à Z ?

_ Moi je l'ai fait avec l'hypnose légère, en utilisant la régression. Je suis retournée dans le ventre de ma mère et je suis remontée en corrigeant tout ce que je voulais corriger. Ce qui m'a fait comprendre pourquoi nous accumulons tant d'agressivité et de rage, car le petit bébé ou l'enfant chez qui le système érotique fut stimulé avant maturité, souffre de besoins sexuels si ceux-ci ne sont pas prodigués sur une base régulière. Pire encore, il s'attend à en recevoir de la part de tous ceux qui lui donnent des soins intimes. Ce qui m'a fait comprendre d'où venait cette montagne de rage vis-à-vis de ma mère qui n'a jamais stimulé de plaisirs sexuels chez moi et pour cause ! J'écrirai peut-être un livre un jour sur cette expérience, pour l'instant je me concentre sur le système émotif et sur le dernier chapitre de mon livre.

– Qu'as-tu appris de plus sur les émotions, toi qui as tant travaillé sur le sujet ?

– J'ai appris que toutes mes douleurs physiques provenaient des émotions que je refoulais. Je suis ainsi arrivée à l'étape où j'ai réussi à gérer mes émotions correctement, c'est-à-dire : en prenant le temps de les vivre au lieu de les ravaler, ainsi que de m'en détacher pour éviter de les nourrir. J'ai mis longtemps avant de m'apercevoir du bienfait de cette nouvelle façon de vivre. Durant le processus, j'ai compris ce que voulait dire « manger ses émotions », les fumer, les geler avec des drogues légales ou pas et les boire. Alors mes fatigues extrêmes se sont éclipsées au même rythme que j'intégrais mes nouvelles connaissances sur le rôle des émotions dans notre vie.

– Ce qui expliquerait pourquoi tu vivais des périodes de fatigue extrême du temps où nous travaillions ensemble au comité des femmes.

– Et voilà, tu as tout compris.

Nous sommes passées au salon, question de nous dégourdir un peu les jambes.

– Tu as beau dire que je ne devrais pas, insista Catherine, mais je me demande encore comment tu as fait pour passer au travers.

– Il ne faudrait pas oublier toute l'aide que j'ai reçue. Tu sais, au fond, tout ce qui compte c'est de s'en sortir, peu importe comment on s'y est pris pour y arriver. Ne crois-tu pas ?

– Réalises-tu que tu parles d'un travail de plus de quinze ans et de souffrances pendant trente ans si ce n'est plus.

– Je ne crois pas que nous devrions regarder cela de cette façon. Il y a des personnes qui ont vécu des choses bien pires que moi. Les holocaustes… Même pas besoin d'aller jusque-là ! Que ce soit Martin Gray ou toutes les autres personnes qui ont su passer à travers des drames, semblables ou différents, ils n'ont pas tergiversé sur les moyens ni sur le temps à consacrer pour s'en sortir, et ils sont nombreux. Les conséquences d'abus sexuels ne devraient pas être vues différemment d'un autre traumatisme.

– Que veux-tu dire par là ?

– Réapprendre à manger et marcher d'une autre façon ou accepter d'aimer et d'être aimé n'est pas moins héroïque. Il faut arrêter d'en faire un drame ou encore de s'imaginer que c'en est un que de passer par là. Les meilleures aventures sont parsemées de difficultés et la victoire en est d'autant plus grande. Ce que je suis devenue est le résultat des expériences que j'ai vécues. Escalader le Mont Everest est un choix. Mon escalade personnelle est mon Everest personnel, sauf que je ne l'ai pas choisi ; j'ai juste décidé de le vaincre.

– Nous avons tous des squelettes dans le fond de nos garde-robes. Tu me donnes le goût de régler mon passé

– Bienvenue dans le club !

Au bout d'un certain silence, regardant Catherine dans les yeux, j'articulai spontanément à voix haute : « Le vrai drame des abus sexuels ne serait-il pas de croire qu'ils sont irréparables ? »

Nous avons terminé la soirée en riant et en badinant sur des sujets plus légers. Puis au moment de son départ, elle m'a demandé comment allait ma vie maintenant.

– J'ai recommencé à écouter le ruissellement de l'eau et le chant des oiseaux, à chanter sous ma douche et dans le vent qui annonce la pluie. Ajoute à cela que je prends le temps de vivre chaque instant au lieu de courir sans arrêt à trouver du travail ou m'en inventer. Bref, maintenant j'existe vraiment par beau temps comme dans les intempéries.

_ La renaissance ?

– Voilà, tout a été dit.

Le lendemain de sa visite, j'ai choisi d'écrire en guise de dernier chapitre, ma rencontre avec elle.

Épilogue

Qui suis-je maintenant ?

Oui j'ai gagné le tournoi et je le gagnerai pour la dixième année consécutive car, j'ai fêté mon onzième anniversaire d'arrêt du lithium le 5 mai 2005. Le lithium n'était donc pas la solution comme je l'avais pressenti intuitivement, mais bel et bien un outil parmi d'autres. Mais sans cet outil, je ne crois pas que je serais arrivée à m'en sortir et surtout pas à me guérir du mal de l'âme qui m'envahissait. Je vois son rôle ainsi : en neutralisant mes émotions, il a servi à me donner le courage de trouver d'autres solutions. Je sais, maintenant, contre quoi les spécialistes me protégeaient et ce qu'ils essayaient de me faire comprendre sans succès. Je les remercie car depuis, je me suis reconnue dans certains types de personnalités décrites dans leur langage spécialisé. Cependant, je tiens à souligner que j'y suis arrivée en acceptant d'adopter de nouveaux paramètres de vie. Et ça, je l'ai trouvé en médecine alternative.

Je tiens toutefois à signaler ceci : avoir su le rôle que joue notre ego, du temps où je visitais les bureaux des spécialistes, mes réticences auraient laissé plus de place à la flexibilité. Maintenant je sais que mon pire ennemi était moi-même et je l'ai compris graduellement. J'ai saisi qu'il faisait partie de moi et que j'avais la possibilité de le gérer de façon à ce que ce soit moi qui en soit le patron. Permettez-moi cette parenthèse : nous devrions l'apprendre beaucoup plus tôt dans notre vie.

Ma détermination à gagner la bataille entre l'ego malsain qui dégénère jusqu'à nous rendre malade et l'ego sain qui nourrit jusqu'au point de guérison, m'a permis de grandir en harmonie avec moi-même. Ainsi les mots paix, calme, bonheur et sérénité ont pris tout leur sens, au lieu d'être une fuite, une illusion à atteindre ou à espérer. J'assimile de plus en plus les vraies valeurs de ces états d'être et j'y arrive de mieux en mieux.

Lorsque je regarde le chemin parcouru depuis les vingt dernières années, je me dis simplement que j'ai traversé les étapes de la Vie une à une comme nous devons tous le faire. Je ne me vois plus comme une victime des événements de mon trajet. Ils ont servi à me faire grandir, un point c'est tout.

Ainsi, je vis ma vie au moment présent. En fait, la vraie performance consiste à me rendre compte quand je suis dans le passé ou le futur. Je n'ai pas seulement appris à gérer mes émotions en les laissant circuler au lieu de les ravaler ou encore de les lancer contre ceux et celles qui étaient auprès de moi ; j'ai surtout appris à ne pas les nourrir… entre autres, en me créant des attentes inutiles.

Je ne suis pas devenue une sainte pour autant. Je m'accorde le droit d'être en colère, mais je ne me permets plus d'y rester accrochée et de la nourrir. Ainsi je retombe sur mes pieds sans avoir grugé mon énergie en vain. Je ne jure plus où presque plus ; cela appartient à une habitude non plus au désespoir qui m'a jadis habitée. Je ne crie plus ; je m'arrête à la troisième note et je me reprends. Je ris sans éclats et de façon normale ; j'attends les moments pertinents pour le faire. Je sais comment me reposer et prendre soin de moi, avant d'être malade. Bref, je m'aime ! Je sais de mieux en mieux dire non au bon moment et sans regret. Je fais encore des erreurs de temps en temps, mais…. j'en ris. Je prie toujours, mais pas de la même manière. Je suis douce. Je donne de la tendresse. Je m'émerveille devant la vie. Je m'instruis chaque jour. En fait, Daniel est toujours dans ma vie car je poursuis mon cheminement pour arriver à devenir la femme que je devrais être dans ma sexualité. Son rôle d'ami précieux et de colocataire qui m'a permis d'apprendre à m'aimer et de me laisser aimer, a permis que j'ouvre mon cœur et que j'accepte de partager ma vie en m'engageant pleinement. C'est à travers l'exemple de mon père, qui a divorcé à 70 ans pour se remarier à 72 ans que j'ai compris que Vivre était possible à tout âge et que nous étions les seuls responsables de notre mort vivante.

Que puis-je dire de plus ?

Le plus difficile à franchir ne fut pas les douleurs à évacuer, mais mon refus de me laisser aimer qui m'enlisait dans le rôle de la victime et qui m'emprisonnait dans l'apitoiement. Chaque pas ou chaque effort vers la guérison me permettait de m'aimer moi-même et ce n'est qu'ainsi que j'ai pu accepter d'être aimée. Depuis, l'émotivité n'est plus mon unique véhicule d'échange avec les autres ni avec les joies ou les contretemps de la vie.

La rédaction de ce manuscrit m'a libérée et m'a permis de me connaître un peu mieux. Je commence à savoir qui je suis. Ce qui m'a surpris le plus en me relisant, c'est de voir mon entêtement contre la médication, qui m'a fait longer le corridor de l'obsession. Aujourd'hui, je me considère comme très chanceuse de ne pas m'y être engagée. Je remercie la Vie de m'avoir donné les outils pour m'en sortir.

Parlons maintenant de l'hypoglycémie : Les tests que j'ai passés n'ont jamais prouvé que j'en souffrais. Mais je n'ai pas attendu qu'une machine me le prouve pour changer mon alimentation. J'ai banni à plus de 90 % le sucre, la farine blanche et tous les produits raffinés, avec comme résultat, que mes réactions incontrôlables et subites de colère et mes grandes détresses se sont envolées en un temps record. Aujourd'hui je crois que si je retournais à mes anciennes habitudes alimentaires, ainsi qu'à ma façon de manger mes émotions, cela me ramènerait aux mêmes difficultés émotives, car le sucre et les aliments raffinés sont devenus pour moi ce qu'est l'alcool pour ceux qui souffrent d'alcoolisme.

Je me considère donc toujours comme une maniaco-dépressive, même si je n'ai plus besoin de lithium pour fonctionner. Ce n'est pas la posologie des médicaments qui nous distingue de la maladie, ni le fait d'en prendre ou pas. C'est notre mode de vie qui respecte notre métabolisme propre et qui fait que nous pouvons vivre dans la paix, le bonheur et l'harmonie. Ça je l'ai compris en me comparant aux personnes qui sont diabétiques car voici mon raisonnement : si l'une prend plus d'insuline que l'autre, celle-ci est-elle plus diabétique que la seconde ? Selon moi elles le sont tout simplement toutes les deux. C'est la même chose pour ceux et celles qui sont sur le lithium. En ce qui me concerne, le fait que je n'ai pas besoin de lithium depuis 1994 ne me garantit pas que je ne serai jamais obligée d'y retourner un jour. Et si jamais c'était le cas, je devrais persévérer dans mon mode de vie sans sucre et la gérance de mes émotions. Même si parfois je dois lui consacrer beaucoup plus de temps que je ne le souhaiterais.

■■

Il y a aussi des rêves que j'avais construits et que j'ai dû laisser de côté. Je m'occupe de ceux qui sont encore réalisables sans me préoccuper de mon âge ; j'ose y croire encore. Ah oui ! J'ai changé mes paramètres : Ma nouvelle maxime est : « Personne n'a de pouvoir sur moi, autre que celui que je lui laisse ». L'apprendre par cœur fut une chose, l'intégrer une autre paire de manches et la mettre en pratique m'a apporté l'essence de la paix que j'ai tant cherchée. Inutile de dire que je me reprends avec enthousiasme lorsque je manque mon coup.

Le fait de renaître à nouveau ne m'a pas changée du tout au tout ; je suis encore cette louve qui se préoccupe de l'avenir de sa meute et je ne peux étouffer cet élan qui demeure toujours en moi. Ce que je trouve dommage, c'est que les moyens qui existent pour garder son système émotif en santé sont simples à apprendre et à suivre mais, ils ne sont pris au sérieux que par trop peu de personnes. Moi incluse. Car je ne l'ai compris qu'après en avoir souffert atrocement jusque dans ma chair. Je sais aujourd'hui que nos émotions sont à la source de tous nos maux. Mais ça, ce n'est pas encore prouvé scientifiquement. Pourquoi devrions-nous attendre que la science l'atteste pour le reconnaître ? Bien qu'à ce sujet, pour le cancer, quelques médecins traditionnels utilisent cette approche.

Qu'en est-il pour la santé mentale traditionnelle ? Il y a tellement longtemps que je n'y ai plus mis les pieds ; peut-être qu'ils ont commencé à introduire une approche non traditionnelle ? Mais permettez-moi d'en douter. Pas plus tard que la semaine dernière, j'ai rencontré un jeune homme de vingt-huit ans, suivi en santé mentale avec du lithium, qui avait décidé de ne plus aimer de femmes pour éviter de faire souffrir celle qu'il aime à cause de ses sautes d'humeurs saisonnières. Quand je lui ai parlé de la maladie du sucre, il ne savait pas de quoi il s'agissait. Pourtant ce livre est sur le marché depuis plus de dix ans. De plus, il a été écrit en étant basé sur des recherches qui ont été faites depuis plus de cinquante ans. Qui peut le conseiller, autres que les spécialistes de la santé qu'il côtoie ?

Lorsque je regarde et que j'entends par les médias d'information ce qui se passe en santé mentale, je trouve que rien ne change, que rien ne bouge, que tout stagne, à part le fait que les spécialistes expliquent mieux leur rôle auprès de leur clientèle. J'aimerais qu'ils apportent des suggestions concrètes. Est-ce encore mon cœur de louve qui m'embrouille ?

Par contre, là où ça avance, c'est avec les gens qui se prennent en main, les gens qui bougent avant qu'il ne soit trop tard, les gens qui choisissent de faire leur part et respectent les conseils donnés pour éviter les grands tourments, les profondes détresses qui pourraient les amener en santé mentale. Ils suivent des cours de croissance personnelle et des thérapies qui sont à leur portée. Il y a une panoplie de soins thérapeutiques offerts aux goûts, aux désirs et aux besoins multiples de la société. Mais ces services ne sont pas tous reconnus ni à la portée de toutes les bourses, malheureusement. Selon moi, il ne devrait pas en être ainsi.

Que peut-on faire pour que ces services soient généralisés ?

Que peut-on faire pour que ça change ?

Je hurle peut-être encore, mais, j'ai été bouleversée de voir, il y a trois ans à peine, une jeune mère de deux enfants se débattre et ne rien recevoir d'autre qu'une ordonnance de lithium, sans explication et sans aucune autre sorte aide. L'assistance ne lui sera-t-elle apportée que lorsqu'elle sera complètement par terre, sans énergie ?

Personnellement, je crois que si nous prenions tous à cœur la santé de notre système émotif, comme nous prenons au sérieux un rhume et une fièvre, et ce, autant de la part du spécialiste que de celle du client qui se présente à lui, nous viderions les centres de santé mentale et pas parce nous manquons d'argent pour les faire fonctionner. Je crois qu'aucun spécialiste ne détient nos réponses, c'est nous qui les possédons intérieurement, mais nous avons besoin d'eux pour les trouver. S'ils nous faisaient confiance, leurs diplômes ne serviraient pas qu'à fournir des informations déjà connues pour éviter de réinventer la roue à chaque malaise, mais ils nous permettraient de participer au fonctionnement et à l'évolution de notre corps humain. Ce corps, cette « merveilleuse machine », que possèdent les hommes et les femmes, devrait être la première des priorités dans tous les pays de notre planète.

Bon, me voilà encore repartie comme le chef de la bande qui se débat pour sa meute et je ne suis pas encore élue ! Que vous dire encore ?

Si je suis parvenue avec vous aujourd'hui, à la dernière page de mon livre, c'est parce que je crois que, de nos jours, la force n'est plus de se taire, comme on nous l'avait enseigné, mais plutôt de se lever et de briser le mur du silence. Je crois qu'il faut parler de ce que nous avons vécu et ça ne s'accomplit pas sans faire tomber la barrière des a priori. En le faisant, nous retrouvons nos forces perdues et celles que nous ne connaissions pas. Nous découvrons nos qualités et des moyens pour créer encore et encore. J'ai envie de dire haut et fort qu'en faisant le grand ménage, nous n'effaçons pas de notre mémoire ce que nous avons vécu. C'est le contraire qui se produit !

Par contre, le fait de mettre son système émotif en ordre permet de reprendre le contrôle de sa vie en plus de retrouver la santé physique. Il ne faut pas oublier que ces pertes de contrôle existent partout autour de nous. Elles n'arrivent pas qu'aux gens qui sont traités en santé mentale. Selon moi, la rage au volant, la brutalité verbale et les querelles sont des pertes de contrôle. Pourquoi attendre de devenir malade avant de s'en occuper ? Faire son ménage périodiquement en guise d'entretien ne peut certes pas nuire. Que faisons-nous de la prévention ? Nos voitures ont droit à une mise au point régulière, pourquoi pas nous ?

C'est donc sur une note d'espoir et avec un désir profond que les moyens de vivre heureux soient mis à la portée de tous que je termine cette merveilleuse aventure qui est celle d'écrire un livre.

Que ce partage s'envole vers tous ceux qui le souhaitent ! Comme papier d'emballage j'ai choisi cette maxime que j'ai lu quelque part, il y a bien longtemps : « Les coups de poing subito presto démontrent notre grande sensibilité et dévoilent notre douceur non exprimée ». Je sais aujourd'hui que cet adage, qui m'avait frappée, m'a permis de me libérer de mes chaînes, c'est-à-dire de mon mors aux dents qui s'infiltrait dans le timbre de ma voix et jusque dans la pupille de mes yeux.

Puis à titre de nœud que l'on choisit et dépose sur un précieux cadeau, je partage avec vous la phrase clé la plus récente qui m'a été transmise le 12 septembre 2003, par un copain de travail qui œuvrait dans une maison de thérapie :

« Ce sont les scénarios que tu crées dans ta tête qui surchargent ton système émotif et non pas les émotions qui créent les scénarios comme tu sembles le croire ».

Merci Claude, depuis j'arrive à arrêter le flot de pensées épuisantes et inutiles qui alimentaient mon stress. Comprendre me donne des ailes. Puis, comme je sais que jamais rien n'est acquis, je garde mes oreilles ouvertes pour entendre une autre personne qui comme toi, me transmettra une autre clé ou encore me rappellera celles que j'oublie.

Marion Leloup.